获得浙江大学
"董氏文史哲研究奖励基金"资助

# 鲁迅影像的历史与价值

陈力君 著

ZHEJIANG UNIVERSITY PRESS
浙江大学出版社
·杭州·

**图书在版编目（CIP）数据**

鲁迅影像的历史与价值 / 陈力君著.—杭州：浙
江大学出版社，2023.9
ISBN 978-7-308-24242-4

Ⅰ.①鲁… Ⅱ.①陈… Ⅲ.①鲁迅研究 Ⅳ.
①K825.6

中国国家版本馆CIP数据核字（2023）第177979号

## 鲁迅影像的历史与价值

陈力君 著

| | |
|---|---|
| **责任编辑** | 牟琳琳 |
| **责任校对** | 张培洁 |
| **封面设计** | 周 灵 |
| **出版发行** | 浙江大学出版社 |
| | （杭州市天目山路148号　邮政编码　310007） |
| | （网址：http://www.zjupress.com） |
| **排　　版** | 杭州林智广告有限公司 |
| **印　　刷** | 杭州宏雅印刷有限公司 |
| **开　　本** | 880mm×1230mm　1/32 |
| **印　　张** | 11.5 |
| **字　　数** | 277千 |
| **版 印 次** | 2023年9月第1版　2023年9月第1次印刷 |
| **书　　号** | ISBN 978-7-308-24242-4 |
| **定　　价** | 78.00元 |

# 目　录

## 下编　视像内外

# 绪　论

## 一、视觉文化发展和鲁迅影像史料的扩展

社会现代化进程中，视觉文化也随之快速演进和扩展。照相艺术、连环画、电影、电视和动漫等诸多视觉艺术和文化形态应时而生，成为近现代以来中国人的精神生活的重要组成部分，不仅深刻影响了现代中国的文化生活和中国人的思维方式，也深刻影响了中国现代知识分子的精神世界和文化心理及其形象塑造。

鲁迅研究是中国现代历史研究、中国现代思想研究、中国知识分子研究、中国现代文学研究的重要组成部分，也是中国现代学术研究的重要领域和具有广泛影响力的话题，甚至影响到当代文化思潮变迁和当代文学创作。鲁迅形象的历史建构、鲁迅形象的精神定位和文化反思，映射出丰富的历史内涵和多层次的文化镜像。

20 世纪 80 年代以来，随着视觉文化的发展，其在传播鲁迅思想和价值中的作用愈发重要和突显。关于鲁迅影像的思考和见解日渐增多。这些文章或观点通过具体的事件和现象的梳理，问题和材料的考查，越发突显了视觉文化冲击下的鲁迅文化实践和鲁迅研究的内在关联。鲁迅研究与现代视觉文化间的关系也成为相当成熟的"鲁迅学"中的新的学术增长点，呈现出因应时代发展的研究新态势。具体来讲有如下问题：

（一）鲁迅精神资源与视觉文化的关系；

（二）鲁迅创作发生与视觉文化的关联；

（三）鲁迅思想与视觉文化发展的关系；

（四）鲁迅关注的汉画像、连环画、木刻和电影等领域的对象如何转化为视觉形象；

（五）视觉艺术如何传达鲁迅的思想内涵和作品意蕴。

视觉文化的发展带来鲁迅研究的扩展和深入，以视觉语言为基础的影像史料于鲁迅形象的构筑和鲁迅精神价值的传播也越来越重要。专门以鲁迅照片为资料考察鲁迅经历的论著频频出现，周令飞的《鲁迅影像故事》①和黄乔生的《鲁迅像传》②从不同的角度展现了镜头下鲁迅的生平事迹及照片隐含的背景信息。相较于文字资料，照片以更鲜活的史料呈现了鲁迅生活时代的社会背景、时代风尚和文化生活。它们将符号化的鲁迅还原到具体和现实的文化场域中，为鲁迅形象返回"人间"提供了可资感受体验的对象。然而，鉴于文字主导的学术传统，此类影像史料在鲁迅研究史上只作为文字材料的辅助或者补充说明，影像史料的形成机制和意义价值长期处于被漠视、忽略的状态。当下，视觉文化日益深入社会生活，鲁迅研究中的影像史料越来越丰富，可阐释的空间越来越广阔。这些充满人间烟火味的鲁迅影像突破了既定的研究思路，激活了静止和固化的鲁迅形象，渐渐成为鲁迅研究的新热点和新增长点。

首先，相比文字材料构筑的鲁迅形象，影像建构的鲁迅形象及其对鲁迅意义的阐发远未受到足够的重视，后者包含历史意识、价值维度、文化立场、时代思潮、身份意识和审美倾向等深广的内涵。影

---

① 周令飞:《鲁迅影像故事》，人民文学出版社 2011 年版。

② 黄乔生:《鲁迅像传》，贵州人民出版社 2013 年版。

像资料为认识鲁迅价值提供了新的史料基础。从影像视角进入鲁迅研究，意味着将鲁迅置于更广阔的中国现代文化进程中理解其文化价值和意义。除了文学创作外，鲁迅在中国现代美术史上的业绩同样值得重视，他在版画、木刻等领域都留下了珍贵的精神遗产。而以往研究中，探讨鲁迅与美术、与中国现代木刻艺术发展关系的论题大多并未引起足够重视。通过对鲁迅影像资料的挖掘和解读，可以认识到鲁迅是一位全方位的现代文化人。

其次，影像资料不仅丰富鲁迅研究的内容，而且改变了理解鲁迅的方式。作为现代文人的鲁迅，不仅运用现代汉语写作，利用现代刊物改变文化人的生存方式和思维方式，还逐步接受了现代视觉文化。青年时期开始接触的摄影文化，晚年在上海生活的观影经历都表明鲁迅生活的年代正是现代视觉文化逐步扩展期。现代视觉文化不断影响、改变着鲁迅的生活方式和思维习惯。除文学创作外，鲁迅还善用视觉思维认知世界，进行他的视觉表达。留学回国后，他收集汉碑拓片，关注摄影和木刻艺术等。这些都说明鲁迅的文化实践，除了文学创作之外，还包括了大量推动视觉艺术发展的活动。鲁迅在各种文化实践中积累的视觉"语法规则"甚至影响了他的文学创作，如鲁迅小说尤其强调"眼"的作用和"画像"的手法。

影像资料还丰富了鲁迅研究的层次，延展了鲁迅研究的广度。经由视觉语言的重构，在影像中落实鲁迅形象，能够在文字和视像的互动中延伸鲁迅的当代价值。重构的鲁迅形象，既通过文字符号限定鲁迅影像的范畴和内涵，又通过视像扩展了鲁迅形象。鲁迅影像与以文字资料为基础的鲁迅学术史不是简单的替代或包含的关系。在鲁迅形象的塑造和传播过程中，影像扩充和改写了鲁迅形象。鲁迅作品的电影改编的曲折和滞涩，鲁迅传记电影拍摄的艰难，关于鲁迅传记片的不同意见的激烈碰撞，都远远超越了文字建构的鲁迅形象。越来越多的鲁迅影像表达，包括绘画作品、照片、影视作品等，在阐释鲁迅精神和解读鲁迅原型意义方面拓展了文字建构的鲁迅世界及鲁迅研究领域。鲁迅影像直接关涉价值立场、知识框架和表述方式。

影像资料冲击了既有的鲁迅研究思路和方法，它们能够全面、完整和鲜活地复现鲁迅的生活和经历，并且成为可靠的历史见证。但在目前既定的学术范式下，这些影像史料只是作为文字史料的图像说明。照片只是作为鲁迅生平经历的图例，或者作为鲁迅思想的时代背景的图式再现。在文字的阐释框架内，影像资料的意义价值不能得到充分解释和发掘。

## 二、鲁迅形象的影像化进程

以影像史料为基础的"影像鲁迅"与以文字史料为基础的"文字鲁迅"形成参照。"影像鲁迅"是影像语言塑造的鲁迅形象，也是鲁迅形象发展过程中的另一种表现形式。这一影像化的过程经历了较长时段的历史积累。照片是鲁迅生活经历和文化活动的图像化日记。鲁迅一生共留下了100多张照片，这种现代仪式化的纪念方式，留存了过往，也是对遗忘的抗拒。目前留存着一部两分多钟的、拍摄鲁迅逝世情景的短片。这部短片记录了盛况空前的殡葬场面，成就了鲁迅形象的宏大意义。醒目的"民族魂"旗帜，浩浩荡荡的送葬队伍和难以计数的人头与花圈，再现了鲁迅葬礼的壮观场面，以强烈的视觉效果反映了鲁迅在文化界的影响力。照片和短片不仅保留了鲁迅活动的时代环境和形象原型，也成为鲁迅置身现代视觉文化场域的历史见证。

随着各类鲁迅纪念活动的开展，鲁迅生平经历与中国近现代文化史进程形成同构，开始出现以电影纪录片建构的鲁迅形象。最早的鲁迅纪录片为上海电影制片厂的《鲁迅生平》①。这部片子虽然努力以客观和平实的风格宣传鲁迅事迹，却显现了明显的意识形态色彩。这部片子基本确定了此后国产鲁迅传记片的叙述框架。20 世纪 50 年代，拍摄鲁迅传记片被视为重要政治任务，但几易剧本后终未开拍。20 世纪 70 年代名为《鲁迅战斗的一生》的鲁迅传记片集中表达了阶级斗争思想，大量史料被改写，该片因此成为政治宣传片。从 20 世纪 50 年代到 80 年代，出现了多种版本的鲁迅纪录片，反映了不同政治立场和文化视角下的鲁迅形象。

20 世纪 90 年代，多元化文化思潮使关于鲁迅在中国现代文化史上的作用和地位的讨论愈加激烈，对鲁迅原型、鲁迅作品和鲁迅精神的研究更为深入和广泛。随着视觉文化的发展、科技水平的提高、媒介的转换和文化研究方法的兴起，以鲁迅为主题的电视纪录片纷纷面世，其中以上海电视台的《民族魂》②和中央电视台的《先生鲁迅》③影响最大，另外还有浙江电视台的《鲁迅与许广平》④及凤凰卫视的《周氏三兄弟》⑤等电视纪录片。这些电视作品都侧重于从人性立场探讨鲁迅作为现代文化人的生活经历和文化活动。此外，还有专门的鲁迅照片集和画传问世，各种鲁迅影像作品努力将被"政治化"和"神化"的鲁迅还原成"一个幽默风趣、热爱生活的鲁迅，一个有血有肉、饮食男女的鲁迅"⑥，从生活、情感和文学创作、文艺活动、人际交往等方

---

① 唐弢编剧，黄佐临导演，上海电影制片厂 1956 年。
② 王韧编导，上海电视台 1999 年。
③ 中央电视台 2001 年（未标注创作者）。
④ 史践凡导演，浙江电视台 2001 年。
⑤ 阿忆编剧，凤凰卫视 2001 年。
⑥ 周令飞：《用图像和文字拼贴一个日常的鲁迅》，《鲁迅影像故事》序，人民文学出版社 2011 年版，第 1 页。

面刻画作为现代文化人的鲁迅。围绕着鲁迅生平、活动的大量图片、电影或电视传记片及相关节目，构成了丰富的鲁迅影像。这些影像资料更为感性和客观，汇聚成立体、全面、鲜活的"鲁迅全景图"。而今，影像鲁迅的内涵和研究视野，都处于逐步丰富、渐次扩展的过程中。

与视觉文化发展同步的鲁迅影像发展过程说明，鲁迅影像的不同特征不仅与影像语言的载体和传播方式有关，也与构筑鲁迅影像的时代背景及其价值诉求有关。鲁迅影像有助于大力传播鲁迅形象和精神体系，它们唤起受众更为活跃和全面的知觉感受和情感体验。而今，鲁迅影像在鲁迅形象塑造及传播、在鲁迅研究中日渐重要。

### 三、鲁迅影像的特征

连环画、影片、电视纪录片和电视系列片等多种影像文本，为研究鲁迅形象提供了广泛的内容和多维视角。较之文字材料，影像资料是将鲁迅形象自我表达与他者视角合一的建构方式，更为立体，更富于形象性。

在鲁迅影像中，既复现了当时的社会风俗、鲁迅的生活方式和各种语言表达，也体现了导演、编剧的观念、审美及叙述方式，并且通过后者对前者的选择、确定、彰显才使鲁迅形象最终成形。鲁迅形象在当代社会文化场域内，作为精神资源一直处于被建构和改写的过程中。

观众在接受鲁迅形象时，不断地从作为榜样的鲁迅身上获得精神资源，同时也在瞻仰的过程中被鲁迅形象对象化。建构鲁迅形象的主体通过鲁迅形象将自己的观念传输给"凝视"鲁迅形象的观看者。鲁迅形象包含三个层面：

（一）原初的本然的鲁迅形象。这是所有鲁迅形象的基础，它只存在于理论层面。

（二）建构出来的鲁迅形象，即通过创作者的一级"凝视"创造设置的鲁迅形象。它存在于各种文本中。

（三）相互交流的带着观者立场和视点的鲁迅形象，即通过二级"凝视"构筑的鲁迅形象。它是存在于社会文化层面的、从被接受到被评说的鲁迅形象。

后两个层面的鲁迅形象，一直处于交流和衍生的过程中。鲁迅形象作为符号，可以被不断创造，通过形象的叠加和衍生而形成新的鲁迅形象。鲁迅形象是当代中国人的精神榜样，成为中国人的"镜中像"。雅克·拉康在对"凝视"理论的阐释中，提出主体在凝视伊始，不仅开始了主体的建构，也开始了主体客体化和他者化的过程[1]。鲁迅形象变成一种景观世界的符号，是现实的幻化表现。而这种幻化景观常被错认为真实的鲁迅。鲁迅形象的建构者需要从鲁迅形象的建构过程中获得他作为主体所需要的鲁迅形象，从而体现其目标和诉求，即在建构鲁迅形象过程中体现的是鲁迅形象构筑者的主体诉求。所以，被塑造的鲁迅形象内含不同时代的欲望和诉求。20世纪50年代政治背景下的鲁迅形象，六七十年代的斗士形象，90年代以后消费文化时代的鲁迅形象，都投射了不同的诉求和目标。

需要指出的是，由于影像语言"想象的能指"[2]的特点，加上被文

---

[1]〔法〕雅克·拉康：《镜像阶段：精神分析经验中揭示的"我"的功能构型》，吴琼编，《视觉文化的奇观：视觉文化总论》，中国人民大学出版社2005年版。
[2]〔法〕麦茨：《想象的能指》，李幼蒸：《当代西方电影美学思想》，中国社会科学出版社1986年版，第166页。

字主导的鲁迅形象①，鲁迅影像并没有完全取得自主性，只是在文学化的深度意义模式下进行影像化的再现。鲁迅影像依然需要文学的鲁迅形象来规定其指向。

影像语言是描述、刻画和记录的一种符号、一种文化载体，提供了文字之外的另一形态。它不同于文字符号的抽象性，不擅长意义指认，而是通过一系列难以规范的、形象的、不连续的图像符号来展示对象，具有鲜活、具象和难以穷尽的丰富性等特征。影像史料本身在内涵意义上无法明确和固定，缺乏明确指向性；再加上影像史料在运用过程中易于分割或组合，信息可以随意地被挪移和嵌入，从而造成影像表征能指不断地自我繁衍和无限延伸。

鲁迅留下的 100 多张照片，成为后人悼念、缅怀鲁迅的基础。一方面，这些旧照片提供了情境性元素，通过视图显现鲁迅与家人和朋友间的关系，以衣着、体态、身姿和表情再现鲁迅当年的生活情景、时代特色、文化风尚和审美观念，通过角度、光线等把价值诉求编织在图像中。另一方面，影像信息是不确定的，多义的，甚至是有歧义的。以鲁迅为中心的图像符码，缺乏深度和连续性。各种鲁迅传记片中的镜头选择，都贯穿着制作者强烈的主观理解和传播意图。较之于文字符号，影像符号更容易被主观意图操纵，充满感性色彩。对影像的解读需要借助画外音、字幕或者对影像内容的指向性界定。

其一，当代记忆中的鲁迅形象是与黑暗抗争的，或是坚定的文化斗士，或是疑心重重的好斗文人。影像史料不如文字史料那样明确，

---

① 周蕾在《视觉性、现代性和原始激情》一文中论及鲁迅在遭遇视觉化的"幻灯片事件"的刺激后，依然通过"视觉性的困境回到了文学"，并没有选择更为现代的视觉语言的方式进行更为彻底的现代化。参见罗岗、顾铮主编《视觉文化读本》，广西师范大学出版社 2003 年版。

因此在影像史料的运用中，始终需要审慎地看待其多义的特性，理解影像语言的限定性困难，通过把握本质和理性思考对影像加以确定性使用。

其二，在文字化的鲁迅形象的基础上，影像化的鲁迅形象在建构中进行了适当的比例分配。人、物、场所和风景成为影像化的鲁迅形象的核心元素。对鲁迅生平经历和生活背景进行事件化的叙述，通过可视化的处理形成鲁迅形象的定位和概貌。鲁迅影像的呈现需借助影像符号和文字符号的综合运用才完整。因此，文字符号和影像符号的共同存在和相互映照于鲁迅影像塑造缺一不可，且各有特点和优势。文字文本中的鲁迅形象是从现实生活中提炼出来的，集中于中心意识和价值观念。鲁迅影像则将价值观念还原到现象状态，更接近日常观感。20 世纪 80 年代以来，随着社会的转型，"人间鲁迅"成为鲁迅形象书写的新诉求，而大部分传记片为了"复现"鲁迅原型，在内容选择上，将情感的因素和生活事件作为描述的重点。鲁迅的婚姻爱情、鲁迅与周作人失和的家事、鲁迅在文坛上的思想交锋被演绎成恩怨情仇的"好戏"。《周氏三兄弟》和《民国文人·鲁迅》[①] 这两部电视系列片都突出了此类内容在鲁迅思想形成中的重要作用。被定位为现代中国思想者的鲁迅作为"活生生的人"，更容易拉近了与受众之间的距离。在观众平视鲁迅的过程中，鲁迅对中国现代思想界的独特贡献和精神价值不再那么重要。生活戏比重的增加改变了鲁迅过于政治化的"文化斗士"形象，容易使观众产生共鸣，但也容易落入迎合观众消费心理的陷阱。因此，随着不同视点和不同层面的鲁迅影像的出现，"影响鲁迅"越来越需要"文字鲁迅"为它提供确定的指向。较理想的文本

---

① 刘晓梅编导，凤凰卫视 2006 年。

应该是文字符号和影像符号并存且相互照应，而不是硬生生地简单比对或表浅的转换。这种不足在鲁迅影像塑造中普遍存在。最典型的是在《鲁迅战斗的一生》这部"文革"时期拍摄的鲁迅传记片中，直接引用大量鲁迅作品中的文字，整体风格刻板单调。无论文字符号转换为影像语言，还是影像符号转换为文字表达，都需要跨越不同符号系统障碍，否则将会造成延异和误读。

其三，鲁迅影像的交织与对话。鲁迅影像在当代中国产生了强大的传播效果。如在当代中国的各种鲁迅传记影片中，鲁迅的照片常用特写，产生强烈的视觉冲击力。鲁迅的外表——头发、眉头、髭须都被赋予强烈的意识形态性，成为具有崇高感的文化符号。这些具有神性的文化符号不仅体现了鲁迅形象的真实，也体现了影像主创崇拜、敬仰鲁迅的态度和立场。再如史践凡的《鲁迅》中，采用成人拍摄孩童鲁迅的俯视镜头，不仅表达了对童年鲁迅的关切和疼爱，也在消解被神化的高高在上的鲁迅形象。不同的观视角度，反映了不同的创作立场和视角。在不同视角的交织和对话中，鲁迅影像不断贴近真实的鲁迅形象。

其四，鲁迅影像在不同的作品间形成了各种互文关系。鲁迅影像作品常引用鲁迅作品改编成的影像文本，如由鲁迅小说改编的电影成为传记片中解读鲁迅作品的注脚而反复出现；之前的鲁迅影像作品被后来的影像作品引用，如《周氏三兄弟》中关于鲁迅兄弟失和的解释在《先生鲁迅》和《春秋 鲁迅和胡适》[1]中一再出现。20世纪末关于否定和批评鲁迅的论争的材料在《民国文人·鲁迅》和《春秋 鲁迅和胡适》中都出现过。鲁迅影像不仅重视鲁迅形象的再现和对其的独

---

① 张问捷编导，阳光卫视2014年。

特理解，也重视材料的剪辑和运用，在各种不同的作品间形成对话和交流。

需要注意的是，虽然影像语言以真实为基础，但是影像在不断自我复制中，在虚拟、假定中实现自我指涉。这些不断延伸和扩展的影像因为脱离了影像史料的语境和本体，可以摆脱真实性的限制，进而形成越来越大的影像史料危机。创作者或着眼于形象局部，以突显某些特征，进行材料的选择和剪裁；或强化创作者主观认知和理解，整合为有序统一的鲁迅形象。鲁迅影像在表达和传播中，受限于不同的时代和地域风格，抑或因创作主旨的强化，会出现鲁迅形象被曲解和误解的现象，也会出现鲁迅形象失真的现象。

通过影像建构鲁迅形象、传播鲁迅的思想和文化贡献成为当代文化思潮的重要组成部分，鲁迅形象的影像建构成为当代文化的意义丛集。迄今为止，国内外共有 20 种以上鲁迅传记影片或者电视纪录片。这些传记片不仅通过影像来呈现鲁迅形象，也通过文字符号提炼了鲁迅的价值意义。鲁迅形象已经被赋予强大、宏阔、沉重而丰富的意义，成为时代、历史、民族书写的多元镜像。无论是完整地重现鲁迅生平，还是撷取其中部分片段再现鲁迅事迹，诸种历史的陈说都是鲁迅形象史变迁中难以略去的文化景观。从这些作品中，我们可以非常详细又具体地了解到特定的历史情境中的鲁迅形象定位、书写方式和背后的意识形态。影像鲁迅不仅提供了历史印记，也呈现出明显的空间意识。

鲁迅影像在传播鲁迅形象的过程中发挥了重要作用，也影响着对鲁迅形象的理解和塑造。随着视觉意识、视觉文化的丰富和扩展，鲁迅影像将越来越受重视，将成为鲁迅研究领域的新热点。鲁迅影像不仅在数量上不断增加，而且在研究思路上不断进行着深层变革。鲁迅影像将会在营构鲁迅形象的过程中，在遵循原型和展开想象间进行不懈的意义追寻和学术书写。

## 四、不朽与超越：鲁迅影像的"纪念碑性"

艺术史学者巫鸿在考察美术史时发现，人们努力构建某种熟稔的视觉形式，强化此视觉形式的威力、礼仪和社会地位等象征功能，体现伟大文明的"纪念碑性"。而他在考察中国美术史时，发现了中国古代礼器的视觉形式中也隐含着"纪念碑性"。将对这种艺术传统的认识延续到当代社会，可以发现新中国成立后的人民英雄纪念碑也是此类诉求的表达。

不难发现，在不同历史阶段的鲁迅影像中，不变的是一直强调其"精神纪念碑性"。这种面向大众的、有着明显的时代特征的鲁迅影像，通过还原他的存在，还原其存在的历史现场，来探讨鲁迅的意义，强调他超越时空的价值。

最早留存的鲁迅影像是1936年明星电影公司摄录的鲁迅逝世及葬礼、出殡的影像。不管是文献材料还是影像作品的渐次增扩，都表明鲁迅影像具有稳定的物质材料基础，并在最初纪录短片基础上，不断重现鲁迅形象。另外，影像化一直在参与鲁迅形象的书写和改写，它们扩展鲁迅形象传播的渠道和范围，在不断积累和增长中影响鲁迅的形象定位和人们的认知，共形成了三种类型的鲁迅影像：电影文献片，电视纪录片和演剧影视片。鲁迅影像的发展过程就是这一"精神纪念碑"的垒筑过程。进而，以伟人传记的叙述结构、历史化的材料和场景以及指引性的影像语言和编码规则，构筑了鲁迅影像的"精神纪念碑性"特征。以上的这些论述将在后面的章节中具体展开。

根据巫鸿对纪念碑概念的梳理，"真正使一个物体成为一个纪念碑的是其内在的纪念性和礼仪功能"①。纪念碑的存在不只具有视觉效果，更重要的是通过雄伟壮观的外观引发人民内心的崇敬、敬仰等高尚的情感，以及由此而生发的带有纪念仪式的活动。鲁迅影像的目标是建立人民心中崇高的伟大的鲁迅形象，不同于具体的真实的鲁迅本体的回忆和记录。各种形式的鲁迅形象的创作和被展示的过程又与各个时期的鲁迅纪念活动联系在一起。鲁迅纪念活动几乎贯穿于当代中国历史。鲁迅葬礼成为全国性的纪念活动，各种关于鲁迅的纪念活动也随之延续和推广。在鲁迅的出生年份和逝世年份，举办各种关于鲁迅的纪念活动成为惯例。纪念活动过程中，关于鲁迅的各种学术活动和文化纪念也在不断挖掘和积累着对鲁迅形象的解释。不同时期拍摄的各种鲁迅影像，也是纪念活动中鲁迅学术研究和鲁迅形象再解读的阶段性结果。在各种纪念活动中，鲁迅形象的深度和厚度不断增加，对鲁迅形象的崇敬情感不断累积。电影文献的鲁迅传记片代表着当代中国不同历史时期的认知；而鲁迅电视纪录片体现了不同地域的电视频道对鲁迅形象的塑造；演剧类的鲁迅传记片则表现了不同阐释者理解和形塑的鲁迅形象。它们各自以不同的媒介和样式表达着纪念鲁迅的程序仪式，体现了不同时代和不同观念的鲁迅形象的崇高价值，而从不同向度改写鲁迅形象，导致"形象"在话语层面不断积累，当然也会产生误读、曲解等可能。不断地被组合的鲁迅影像因纪念的目的和纪念的过程得以经典化，在每一历史阶段都能获得与时代对应的崇高价值意义，持续被拔高或者被膜拜甚至"成圣"而不朽。

另外，满怀敬意的纪念活动内含超越时空和生死界限、承担历史记忆、连接未来的价值功能。鲁迅影像与许多实体性的纪念碑一样，

---

① 〔美〕巫鸿:《中国古代艺术和建筑中的"纪念碑性"》，上海人民出版社 2009 年版，第 4 页。

超越时空成为精神象征符号。从鲁迅逝世时的纪念活动开始，此后的各种纪念活动都意在发扬逝者的思想和精神，实现鲁迅形象的生死跨越，努力使鲁迅形象延续直至不朽，这种诉求可与中国当代社会的历史价值诉求联系在一起。一方面，在当代中国，鲁迅影像中每一次重塑鲁迅形象，都是因不同时期的价值诉求激活了鲁迅形象的内涵，使之与时下勾连而不会被历史遗忘。另一方面，鲁迅影像构筑又在不断地弥合分歧，整合不同观念。新中国成立之初，鲁迅影像的诉求是建立社会主义社会情境下的鲁迅形象，与旧社会反抗对立，这种形象的定位与新建立的新社会目标是一致的；而在"文革"中，《鲁迅战斗的一生》中的强烈的阶级对立和阶级斗争理论也贯穿在鲁迅影像的摄制中。此后塑造鲁迅影像，不管是在电影文献传记片、电视纪录片中，还是在大量的画像和塑像中，甚至在连环画中，有一个共同的方向：超越已有的鲁迅形象，追求鲁迅影像的共时价值，复原与共时关联的关于鲁迅本体的记忆，使鲁迅形象不断获得再生。

交织在时代性中的超越性形成了鲁迅影像的"精神纪念碑性"，也决定了当代中国的鲁迅影像塑造的脉络和走向。20 世纪 90 年代，塑造政治神性的社会文化基础发生变化，出现许多否定鲁迅在现当代中国文化地位的激烈观点，然而在激烈的论争中引发了鲁迅形象的再解读和鲁迅精神的再发现，世纪之交再度出现鲁迅影像塑造的热潮，不管是上海电视台的电视连续剧《民族魂》，香港凤凰卫视的《周氏三兄弟》，还是台湾春晖影业的《作家身影·鲁迅》[①] 中的鲁迅影像，应和同时代的文化思潮分别塑造鲁迅影像。这些影像作品中的鲁迅形象不再集中统一，不同的作者的意图和作者观念塑造了不同的鲁迅形象。具有更为丰富人性的启蒙思想家和文学家的鲁迅影像塑造，体现了社

---

① 蔡登山编导，台湾春晖影业 2001 年，时长 50 分钟。

会文化精神的分化，也体现了鲁迅形象的社会文化精神的定位和被认同。

鲁迅影像中的"精神纪念碑性"的塑造范式，不仅在时代变迁中延续，也影响到国外对鲁迅影像的塑造。如法国电视台摄制的鲁迅影像，在借助中国鲁迅影像作品材料和拍摄经验的基础上，体现了异域视野下对鲁迅影像的挖掘和改写。不论是对鲁迅故乡影像中寺庙地理空间的关注，还是影片开头和结尾都出现鲁迅在国际上影响最大的文学作品《阿Q正传》的漫画画像，都表现了法国导演对中国作家鲁迅的独特的理解和形象塑造手法。这部作品将鲁迅视为最重要的、有世界影响的现代作家，并侧重于他对中国现代历史的理解及其在现代思想影响下的创作理念，正是深受当代中国鲁迅影像塑造的影响。西方文化视域下的鲁迅影像塑造，对鲁迅做出了别样的阐释。不仅如此，东亚视域下的鲁迅影像也别有风貌。在日本也出现过太宰治的小说《惜别》、仙台剧团的剧作《远火——鲁迅在仙台》和日本著名剧作家井上厦的《上海月亮》等鲁迅影像作品以及多种关于鲁迅的漫画作品，它们塑造鲁迅形象的侧重点不同，但是这些作品致力于从鲁迅形象中找寻精神力量，通过塑造鲁迅形象来体现他们民族所需要的精神力量。这一现象回应了中国鲁迅影像的基本内涵，也体现了鲁迅影像影响力的辐射。

鲁迅影像是鲁迅形象的一种表现，其"精神纪念碑性"成为鲁迅形象的特质，它拥有比文字符号构建的鲁迅形象更广的受众。鲁迅影像的基本特点有利于建构鲁迅形象的崇高感和权威效果，而有别于文字符号建构的鲁迅形象。然而，这种特性也成为其潜在的限定，在对鲁迅的精神丰碑表达极高的崇敬，追求鲁迅精神价值的不朽的同时，容易偏离定位在"人之子"的鲁迅的真实，甚至某些时候成为被仰视的符号化的景观而偏离真实的鲁迅形象。"精神纪念碑性"特征使鲁迅影像超越时空限制，成为精神世界的象征符号，不断地衍生，成为"不朽"的存在。

## 五、思路和框架

在当代中国，鲁迅形象不断累加价值意义，鲁迅影像在一次次地呈现影像化的鲁迅形象时，将过往、当下的鲁迅形象连缀成一条精神流脉，指向永恒和不息的未来。本雅明认为机械时代的摄影师"依靠提高照明度来征服黑暗，却消灭了图片中的灵氛"[①]，鲁迅影像也试图指向意义，却因不能明确意涵而"徘徊"和"挣扎"，鲁迅影像的载体、媒介越来越丰富，而其精神价值却在不断加深的影像化过程中渐趋疏离和涣散。本书以鲁迅影像史料为基础，分类别和专题进行梳理、归纳和概括，并联系产生现象和问题的时代背景和文化逻辑，探寻其历史进程、对象之间的纵横关联和发展变化。

本书在将长年收集的以鲁迅传记片为中心的各类资料加以整理、比照的基础上，梳理鲁迅影像发展史；通过剖析鲁迅研究与鲁迅影像相互关系，了解鲁迅形象影像建构的内在脉络及其逻辑关系；分析研究各个具体的鲁迅传记片中的鲁迅形象的语言模式、主题内容和形式变化，探究它们所体现的时代语境、文化思潮和价值定位，从中探讨鲁迅研究对鲁迅影像的影响和传达。通过不同语言、媒介、载体和空间的鲁迅影像的全方位表达，探讨鲁迅影像的社会文化背景、历史演变和内在逻辑，已有经验、过往得失及其未来可能，为鲁迅形象和鲁迅研究的历史价值提供理性审视的视角和启迪意义。

---

① 〔德〕瓦尔特·本雅明:《摄影小史》，倪洋译，罗岗、顾铮主编:《视觉文化读本》，广西师范大学出版社 2003 年版，第 34 页。

根据上述思路，本书分为上、下两编及附录：

上编为鲁迅影像史的梳理，集中探讨影视传记片中的影像化的鲁迅形象的书写、修改和再现。第一章分为两节，分别为电影文献片中的鲁迅形象发展史和电视纪录片中的鲁迅形象发展史；第二章则重点选取了影响较为深广的具体的鲁迅传记片进行深入解读分析，阐释不同的创作者呈现的不同的鲁迅形象；第三章的内容探究完整地呈现鲁迅生平经历，跨度二十年的史践凡导演的作品《风雨故园》《鲁迅在南京》《鲁迅在日本》《鲁迅与许广平》中的鲁迅形象的塑造及其在当下历史语境中的内在衍变。

下编的内容主要是对各种影像媒介中的鲁迅形象的研究。第四章的内容探讨了连环画中的鲁迅形象，这些形象不仅成为鲁迅影像的史料基础，还与鲁迅影像构成互文关系；第五章探讨了鲁迅作品的改编，这一部分内容揭示了另一层面的鲁迅形象的影像化呈现；第六章探讨了鲁迅影像内部的风格表达和绍兴地域空间；第七章则将日本的鲁迅影像化作为典型例子，观照海外的鲁迅影像的历史和现实及别种可能。

附录内容是在进行主体研究时完成的。附录一所列的鲁迅影像作品均为本人所搜集的基础材料，为将来的进一步研究提供了条件和准备。附录二的内容是在寻找材料过程中的随感。附录三的两篇论文探讨的是对鲁迅形象的定位和认知。论文一探讨的是对鲁迅作为留日归国的现代知识分子在特殊的时代背景和文化境遇中的行为抉择，某种意义上也是宽泛的鲁迅形象。论文二探讨现代文学史中的鲁迅形象，梳理学科知识谱系中的鲁迅形象，为本书展开的前史。附录编入这两篇文章以扩展对鲁迅形象的认知。

# 影像历史

# 第一章　鲁迅影像发展历史与演变

　　如果以鲁迅逝世视频为起始，鲁迅形象的影像化塑造已经经历了80多年的历程。伴随视觉意识的丰富和影像基础的扩大，鲁迅影像作品渐次增多，80多年来，共形成了三种类型的鲁迅影像：电影文献片、电视纪录片和演剧影视片。前两种类型属于纪录片。在21世纪前以电影纪录片为主，进入21世纪后以电视纪录片为主（上海电视台的《民族魂》和法国电视三台的《鲁迅①》完成于1999年）。电影与电视两种不同媒介和载体的鲁迅影像纪录片体现出不同的价值目标和审美风格。电影纪录片中的鲁迅影像致力于建构"革命祭典式"的鲁迅形象。它以绝对、集中的政治观念来统帅材料的遴选、叙述的设定、手法的运用，通过形式的规定和符码的编排形成明确决断的立场、是非分明的表述，成就了被尊奉和传颂的鲁迅形象，使之成为当代中国政治激情下的"文化圣人"。鲁迅形象本体在政治热情高涨的历史语境中被抽象和神圣化，也被简化和纯化为政治符号。电视纪录片中的鲁迅影像因受20世纪80年代的文化思潮的影响，体现出对过于抽象的、概念化的、政治工具化的鲁迅影像的反思和解构，倾向于让鲁迅形象回归真实人间。在创作中，通过鲁迅本体和阐释话语的并列、离散的、散漫的形式结构，多元化的观念和交流沟通探讨的立场，试图让形象回

---

① 亨利·朗日编导，法国电视三台1999年，时长48分钟。

归本体，返回到历史语境，塑造内涵丰富的且不断由历史话语衍生的鲁迅形象。电影纪录片中的"塑像"和电视纪录片中的"再现"的鲁迅形象分别映射了鲁迅形象塑造的创作主体的理解和期待。无论是电影纪录片还是电视纪录片，都是影像化的鲁迅形象塑造。不同媒介的鲁迅影像，都是从鲁迅本体出发的鲁迅形象塑造，不可能绝对化地返回本体和真实。而鲁迅形象的塑造只能在不断累积的话语中进行多向度的延伸，在原初的形象上进行各种向度和程度的改写。纪实类鲁迅影像确定了鲁迅形象的定位、价值和范式，也形成了鲁迅影像的发展脉络。

## 第一节 鲁迅传记电影文献片历史

鲁迅形象被逐渐扩展并日渐影像化的过程，是从最初的片段的备忘录式短时记录，到后来图像和影像共生显现，再到完全影像化的过程。

首先，鲁迅影像的变化发展的推动力来自视觉文化的技术和媒介的快速发展。最初的鲁迅影像为拍摄鲁迅逝世和葬礼的短片，现存仅为 2 分钟时长。此项令人瞩目的记录历史事件的举动表明在彼时的上海，触碰过摄影机器的部分中国人已具有视像记录的意识。记录鲁迅生平、神态、状貌和活动的图像或者影像资料，都将影像语言符号作为鲁迅生命的记录和文化活动的证据。而这些影像材料，也因有文字所不可比拟的真实和确定的记录功能而流传下来，成为传播鲁迅形象的基础资料。随着视觉文化的发展，鲁迅形象的影像化也在不断变化发展。其间，既有媒介的变化，也有形态的变化。既有电影和电视不同的媒介载体，也有故事传记片和纪录片不同的形态，它们各自从不同的角度和手法，以不同的媒介和话语形成鲁迅影像。除了塑造鲁迅本人形象之外，鲁迅作品的改编也在形成次生层次的影像化的鲁迅形象。与一级层次的演绎相较，媒介和载体更为丰富多样。其中有电影电视的改编，也有连环画、漫画动画的演绎。如此丰饶的鲁迅影像体系的建构与同时期的视觉文化渐次发展和带来的表现手段和话语的扩展是密切相关的。

其次，鲁迅影像的发展和鲁迅研究的学术史密切相关。除了基础资料外，鲁迅形象的建构也受到研究者的观念、立场和视角的深刻影响和限制。不同的时期、不同的地域及不同的文化立场下形成了不同的鲁迅形象。早期的鲁迅作品的评论文章与鲁迅创作几近于同步。这些评论奠定了最初的鲁迅形象的建构的基调，并随着历史的发展而成为再评论的前提和基础，在不断层累的历史材料和时代语境中推动鲁迅形象的构筑。李长之《鲁迅批判》[①]、小田岳夫《鲁迅传》[②]、郑学稼《鲁迅正传》[③]，延安文艺座谈会上毛泽东对鲁迅形象的定位，塑造了不同的鲁迅形象。而新中国成立后的不同历史时期的鲁迅研究和鲁迅传记，则从不同侧面和角度塑造鲁迅形象，形成了更为起伏的影像化的鲁迅形象史。尤其是在鲁迅影像越来越丰富的新时期，鲁迅研究的学术成果在鲁迅影像作品中的传达力度大为增强。而国内的不同状貌的鲁迅影像又与域外的鲁迅影像相互参照和呼应。

鲁迅影像潜存着两个源头：一是记录的鲁迅形象；二是建构的鲁迅形象。这形成了鲁迅影像的两种样貌：一是以记录方式完成的鲁迅影像建构；二是以故事传记片完成的鲁迅形象建构。

---

① 李长之：《鲁迅批判》，北新书局 1936 年版。
② 〔日〕小田嶽夫：《鲁迅傳》，筑摩书房 1941 年版。
③ 郑学稼：《鲁迅正传》，胜利出版社 1943 年版。

## 一、树碑奠基期：逝去的鲁迅

这一阶段的影像语言被视为记录事件的一种新手法，它主要体现为记录功能，在记录过程中尽量避免情感因素的干扰，少见修辞功能。

鲁迅葬礼视频时长不到 2 分钟，记录了从鲁迅家中到殡仪馆，再到入葬的全过程，呈现了参加人数多达 6000 人的盛大葬礼场面。虽然当时人们主要通过文字记载这一重大事件，但这段简短的影像资料却具备了完整的突显价值意义的记载和叙述功能。视频中鲁迅遗容的特写镜头和鲁迅遗像的特写镜头，无论在画面位置的选取上还是镜头语言表达上，都致力于确立鲁迅形象的主体位置；再通过摄录的鲁迅的家、万国宾馆告别仪式和出殡送葬的群众队伍的几个场景的叙述蒙太奇串接，简略有效地交代了过程。而视频中以俯视视角摄录的参加葬礼的人头攒动的场面，与以鲁迅为主体的系列镜头形成呼应。在事件叙述中穿插文化名人和社会名流的演讲或者行为的镜头，也是为了烘托鲁迅形象的主体地位。这段短视频在当时的拍摄技术条件下，影像的像素并不高，拍摄手法也不丰富，大多镜头都只是定点拍摄，有限的几处摇镜头也显生涩，过程剪辑也欠连贯，然而，这段视频已经清楚地体现了鲁迅逝世时所引起的强烈的社会反响，产生的社会"震惊"，并具有无可置疑的真实性和即时性。葬礼过程强调了鲁迅的高大形象，并将此形象的价值意义延伸至其身后。视频有效地运用了镜头的不同的景别、角度和运动方式，建构了被众人瞻仰的纪念碑式的鲁迅形象。

纪念碑式的鲁迅形象塑造，确定将鲁迅形象作为后人瞻仰的精神遗产，具有稳固性和公共性。

短视频充分展示了纪念碑式的鲁迅形象建构方式。这一摄录过程将鲁迅逝世的生命过程转变成社会政治事件，引起了强烈的社会反响。随着鲁迅逝世事件热度的减弱，其作为信息的效用逐渐式微，而作为事件的历史记录却被再三援引和再造，在其后的鲁迅影像作品中不断出现。《鲁迅生平》以更为完整和更具长度的鲁迅故事开始了新中国成立以后的鲁迅形象的构造。这部定位为文献纪录片的鲁迅传记片，创作于鲁迅墓迁建之时。作品以鲁迅塑像和毛泽东对鲁迅形象的定位在片头为作品定调，成为新中国成立后的鲁迅传记片的基本格式。作品的材料选择和叙述结构都围绕着当代中国的鲁迅影像而展开。作为新中国的第一部鲁迅传记片，它也为后来的鲁迅影像作品确定了统一规制和叙述模式。作品的影像资料从属于画外音所表达的强烈的观念，影像只作为注脚而存在。50分钟的纪录片塑造了革命化的鲁迅形象。虽然时长更长，手法也更多样，但是影像表现的基本手法仍旧相对固定而呆板，大部分只是定点拍摄或者横向的摇镜头。作品通过三种方法的改写，突显鲁迅生平事迹的革命性：

（一）集中选取鲁迅生平经历中体现革命斗争的行为活动。如20世纪30年代参加并领导左联的活动。

（二）强化了鲁迅生平事迹的革命性。如在介绍鲁迅生平时，用到了大禹、勾践和太平天国的壁画；而在叙述鲁迅留日期间的经历时，特意提到了鲁迅认识的陶成章、徐锡麟和秋瑾等革命烈士的名字；塑造了接近革命者的爱国鲁迅形象，并在这些史实的介绍中，加以评论话语，以增强其政治色彩和意识形态化。

（三）选择性呈现鲁迅生平。如谈及鲁迅在日本仙台留学时，说"鲁迅的成绩震惊了全校的师生"（08：37），"他的作品和革命采取了同一步调，这一时期，鲁迅的创作最为旺盛"（14：15）。通过压缩和省略所有日常生活和私人空间的鲁迅形象，进一步树立鲁迅崇高的革命者形象。又通过果断、勇敢又顽强的行为，体现鲁迅坚决的革命者形象的战斗姿态。

《鲁迅生平》紧随毛泽东的评价和阐释来塑造作为革命者的鲁迅形象。作品中，毛泽东在延安文艺座谈会上关于鲁迅的论断贯穿鲁迅生平经历叙述的全过程。鲁迅的生平经历被置于中国革命史，尤其是中国共产党党史进程中进行关联叙述。在形式上，作品采用观念主导的宣教片模式：高调强势密集的画外音，而影像表达仅仅是观念的展示。纪录片的画外音传达的观念起到了主导性和决定性的作用，而作品中的影像只是作为观念的注解、声音的附属。该作品中所用到的资料的影像化表现单调而刻板。自然风光影像景别单一，视点固定。文献资料尽管提供了丰富的史实和丰赡的信息，但不管是图像还是文字资料，大部分镜头用定点拍摄单幅照片，少见场面的调度和场景氛围，缺乏动感和表现力。作品通过强化政治语境，把思想争论叙述为政治斗争。如将鲁迅与梁实秋和胡适等的论争，加以政治化（27：40），以突显政治观念。这部作品表现了浓厚的宣教功能，而宣教片中的鲁迅影像建构模式基本上限制和缩减了影像的表现力，使之成为画外音下的画面注释、观念的附庸，也降低或者消解了作品的艺术性和生动性。

由于接近于政治宣教片的鲁迅影像塑造，太迁就于对立又狭窄的政治观念，也太拘泥于同时代的社会语境，这部电影文献片也因受限于时代和观念，仅仅成为宣传作品而存在。而更值得关注的是，这部作品确立了当代中国鲁迅形象影像化的基本模式：以鲁迅生平经历为基础，挖掘与时代对接的价值意义，尤其强调其政治性。影像和画外音相互参照契应、运用资料构筑鲁迅生平事迹的手法都成为后来的鲁迅影像塑造的基本手法。

## 二、政治观念改写期：意念鲁迅

《鲁迅战斗的一生》[1] 这部作品以更为直接的政治理念的传输，更具政治合法性的叙述立场和更高昂的情绪塑造了在文艺战线上"革命斗士"的鲁迅形象。为强化作为"文艺斗士"的鲁迅形象，鲁迅生平经历进一步被抽离和简化，浓缩为充满了激昂斗志的"战斗的一生"。

作品选择体现鲁迅"战斗精神"的材料，并加强材料的"斗争性"和斗争的"紧张性"。作品开头就以钱塘江滚滚而来的大潮隐喻中国革命发展史，配以高亢洪亮的画外音："1840 年的鸦片战争，揭开了中国人民反帝反封建斗争的序幕。不久，太平天国的革命风涛席卷全国，也冲击着鲁迅的故乡——绍兴。从此，鲁迅那个已经走下坡路的封建家庭更加一蹶不振。"（01∶45）以中国近现代革命史叙述为基本框架，作品意在把鲁迅的生平经历纳入宏大的历史背景中，并运用政治概念和革命理论展开对鲁迅家世和生平的叙述。如在对鲁迅少年时期的介绍中，分别选择鲁迅厌恶批判的材料和同情珍惜的事件，将它们分别视为对立的阶级立场的直接体现：一方面是没落腐朽的封建统治阶级的生活，另一方面是被统治阶级的爱好和兴趣，在叙述过程中表达鲁迅的分明的阶级立场。在事实和事件的展现过程中随时出现尖锐的评价、批判和控诉，如在叙述鲁迅少年生活时，一出现《四书集注》和《书经》的画面，马上响起愤懑的画外音，"读着这些孔孟的书，简直要枯燥而死。所谓孝道，是多么的虚伪、残酷。这一切都引起鲁迅对孔孟之道的厌恶和反感"（03∶15）。这部作品多处都依此模式处

---

[1]　石一歌、傅敬恭编导，上海电影制片厂 1976 年，时长 60 分钟。

理画面和声音的关系，只对画面上的事件、物象或者人物动作和关系
做简化的介绍，而加之大段政论语言的画外音，给以强烈情绪化的评
价和判断。以此模式，介绍和叙述的事实或者事件成为斗争理论推演
的证据，成为政治观念的直接对应物。整部作品紧密地统摄在阶级斗
争理论的叙述框架中，鲁迅成为革命斗争理论实践者的榜样。鲁迅变
成思想坚定和行动坚决、立场分明的行动者。如鲁迅在中山大学的辞
职行为，被简化为只为营救学生遭受挫折的社会行为，且表现出强烈
的阶级情感，"辞职之后，鲁迅强压怒火，坚持战斗。他编书、演讲、
写文章，痛斥国民党反动派的滔天罪行，无情地剥下了反革命两面派
蒋介石的画皮"（30∶15）。此番表达，把鲁迅阐释成一位革命活动的
参与者，文艺战线的行动在此也被理解成等同于现实的斗争实践。以
此逻辑，完成了对鲁迅的革命战士形象的塑造。

情绪化的表达是该作品塑造鲁迅形象的另一特点。该作品情绪
化表达的手法之一，即在作品中的人、物和事件上加上修饰性的限定
词，以强化其情感色彩，如"热情友好的藤野先生""农民朋友依然热
情接待"等。介绍鲁迅在日本的经历以体现其革命性时，申明"鲁迅
在班上第一个剪去辫子，以示同封建统治的决裂"（06∶40）。此处在
运用材料时隐去鲁迅是和同学同去剪辫子的史实，把鲁迅的表现从具
体的历史语境中抽离出来，有意拔高了鲁迅的政治高度，强调其剪辫
子行为的"坚决革命性"。作品为突出鲁迅行为的战斗性，在叙述到鲁
迅在日本的坚决态度时，特意用白话改写了鲁迅的《自题小像》，将其
转变为战斗的口号，"鲁迅发出了战斗的誓言：祖国啊，为了您的解
放，我要献出我的鲜血和生命"（06∶50）。

作品中情绪化表达的另一手法是，通过政治口号简化和纯化政
治观念，赋予客观事物或者平常事件以主观化的情感和有倾向性的立

场。如将鲁迅生平与同一时期的中国共产党的历史进行嫁接，"1926
年春天，毛泽东同志在这里举办农民运动讲习所，并亲自讲授中国社
会各阶层分析，为中国革命培养了大批骨干。在中国共产党领导下广
州的工农革命蓬勃发展"（11：00），并行叙述，从而把对鲁迅生平的
叙述纳入到权威化的政治叙述中。"在深重的民族危机中，鲁迅的心
和党和革命根据地紧紧地联系在一起。"（43：15）作品直接以政治化
的标签标注鲁迅的具体行为，以此压缩人物形象的塑造过程，用外加
的政治观念替代观众的感受和理解。如在叙述鲁迅走上文艺创作道路
时，尤为强调社会主义思想和反封建的决定性作用："在十月革命的
鼓舞下，鲁迅积极参加了《新青年》的编辑工作，鲁迅准备用文艺武
器投入战斗。从古到今，反动阶级利用孔孟之道愚弄杀害广大人民的
种种罪行，一件件在鲁迅脑海里盘旋，盘旋。多少个寂静的春夜过去
了，鲁迅酝酿成熟了，创作开始了！古老黑暗的中国大地响起了新文
化运动的第一声春雷，《狂人日记》第一次以鲁迅这个响亮的名字发出
了战斗的呐喊，深刻尖锐地揭露了孔孟之道的吃人本质。"（12：35）
将鲁迅走上创作道路的事实叙述转换成强烈因果关联和情绪化的革命
合理性的逻辑叙述，造成强大的话语攻势。

　　较之以《鲁迅生平》中的影像语言，这部作品的表现手法更为丰
富多样，减少了定点拍摄的固定镜头数量，而加强了摇镜头和推拉镜
头的运用，使静止的印刷材料增加了动感。如在表现鲁迅出入当铺的
画像时，用12秒（04：40）完成了自下而上的摇镜头，先在银幕上展
示木刻画的下半部分，少年鲁迅踮起脚尖将包袱举向当铺的柜台，周
边是充满慈爱目光的底层农民和妇女；镜头渐次上移，显现出高高当
铺上从柜台探出头的手托着镜架的长着山羊胡子的似是掌柜的人，画
面右上方则高高悬挂着大写的"当"字。这个引导观众观看路线的摇

镜头，展示了当铺柜台的设置给鲁迅带来的心理压力，把静止的画面转换为连续活动的影像，生动形象地呈现了鲁迅在当铺的行为活动及其遭遇欺辱的心理感受。影像语言的表现力增强了作品视觉效果，带来逼真和鲜活的视觉感受，但影像语言指代的内容和观念，不能完全涵盖人物的动作和微表情，又因为画外音的不同的观念指向，造成了作品的间离效果。

当然，影像化的丰富和表现力的增强也在多处强化了作品的主旨的传达。如通过推镜头最终引导观众的目光定格到某一关注对象上，获得了强化其表现对象的效果。

除了镜头语言的丰富扩展外，色彩及声音元素在权威的政治化表现中得到了丰富增强。作品中在段落转换处都以红色底的毛主席语录来串接，强化权威政治对观众的直接灌输。不仅色彩的象征意义得到了强化，而且声音元素在表现叙事、情感和节奏等方面也得到了丰富的运用。新中国政治电影的象征化的影像话语也在该作品中多处运用，如迎风招展的红旗、怒放的鲜花和绵延的群山都是革命英雄主义影像话语的象征和隐喻。作品还将《自题小像》等鲁迅的诗改编为歌曲以增强作品的艺术表现力。不仅如此，作品中所引用的材料元素也更为多样和丰富，不仅有文字资料、画像资料、实景拍摄、静物拍摄，还有影像资料，这些都丰富了作品的内容和形式。而作品中出现的许多这一时期的连环画作品，更是以强烈的鲜明的主题意识、模式化的人物和形式感特浓的绘画风格，赋予该作品明显的时代特色。

在这部紧张战斗的作品中，也有节奏和缓处，对鲁迅生活环境的体现和表达，气氛和缓、描摹细致：如绍兴、北京或厦门、广州的住所空间环境，都体现了鲁迅形象的生活化的一面，透露出人性化鲁迅形象的可能空间。

《鲁迅战斗的一生》延续了《鲁迅生平》中鲁迅形象塑造的基本框架。1976 年创作的这部鲁迅影像作品，继续把鲁迅形象的塑造纳入中国近现代革命史演进过程以确立鲁迅形象的价值意义；依据时间顺序叙述鲁迅生平经历和以文字图像史料及相关的刻画鲁迅形象的图像和作品为题材，并使用了通过画外音赋予镜头画面确定强烈的观念的纪录片手法等。然而，《鲁迅战斗的一生》体现了 20 世纪 60 年代后浓厚的政治意识形态氛围，以强烈的情感色彩构建了同时期的中国政治观念下绝对的鲁迅形象。与 50 年代的《鲁迅生平》比较，这部作品具有更权威化和绝对化的政治意识形态观念，使鲁迅生平经历和阶级斗争理论密切关联，所有的活动行为都在阶级斗争理论范畴中。作品强化了公众化、政治化的鲁迅形象，挤压了鲁迅所有的生活层面和私人空间，使形象变得狭窄，被简化为抽象的政治符号，甚至远离了本体的真实，也造就了被政治权威神化的鲁迅形象的集中极致表达。

### 三、多向扩展期的形象鲁迅：突围和想象

《鲁迅传》[①] 的基本框架是对《鲁迅战斗的一生》的调整和扩展。这部作品减少了毛主席语录的运用，从激烈昂扬的革命背景音乐转换为舒展悠扬又较为平和的古典民族音乐，叙述的语调也放弃了尖锐对立的阶级斗争理论和语调，转化为相对宽广的社会历史背景的斗争史叙述。纪录片为避免过于浓厚的政治色彩转而重视史实叙述，开始表现鲁迅形象在新的时代语境下的价值和观念。

首先，在片头部分，用钱塘江大潮、长城体现象征寓意。长城意象不仅赋予鲁迅形象历史文化价值，还试图还原鲁迅形象的丰富广阔

---

① 王相武编导，中央新闻纪录电影制片厂 1981 年，时长 70 分钟。

的历史沧桑感。整体作品试图突破相对固定的塑造模式，改变具有浓厚政治色彩的片面的鲁迅形象。

其次，与高度政治口号化的《鲁迅战斗的一生》相比，整部作品也体现出在新时期历史语境下，鲁迅形象塑造时使用的丰富材料和开放的叙述方式。在史料的选择上，作品做出更加尊重历史事实的努力，如体现了瞿秋白在鲁迅形象塑造中的角色地位，较为详尽地介绍了两人交往的过程，这也是新时期的政治反思在鲁迅纪录片中的反映。倾向于革命史实的史料内容丰富了鲁迅的生平经历。不管是鲁迅形象的社会历史性，还是鲁迅形象的内涵都在新的历史时期得到了扩展。

当然，这部鲁迅传记作品仍然实践着宣教功能，延续着文艺战线战士的鲁迅形象定位。在新的时代语境下，作品增加了斗争理论以外的大量鲁迅生平经历，增加了鲁迅文学创作的内容，如增加了《狂人日记》《阿Q正传》等作品中的内容及对其的阐释理解；首次在纪录片中提及鲁迅在美术上的实践和贡献；丰富了鲁迅个人生活的内容；甚至还关注到鲁迅在国际上的影响。增加的领域和材料使鲁迅的文学家形象和文人形象有所展露，浓厚政治观念形态下的鲁迅形象开始被改写。即使如此，纪录片还是表现出强烈的政治意识形态，延续对日常生活、史实材料继续进行改写和强制阐释的既定模式。以政治抒情的语言替代事实的介绍和事件的叙述，赋以行为和事件充溢政治色彩的评判，急切体现所选择的材料的意识形态目标。而述及鲁迅1928年与创造社的关系时，有意淡化了两者间的激烈论争："这时创造社、太阳社正在倡导无产阶级文学革命运动，鲁迅也早就想和他们联合起来，并且共同发表了《创造周报》复活预告。但是在革命阵营内部就革命文学问题发生了争论，这次争论在客观上促进了马列主义文艺理论的传播。"（45：00）此番表达，是传记片的作者通过情感和立场的给定及后果评判，突出鲁迅和创造社之间的积极正面的关系，是有意强调鲁迅符合政治立场的典型例子。如此的强行叙述和嫁接逻辑，使该作品在总体尚未脱离稳固的当代中国鲁迅传记片的宣教模式。

这部为纪念鲁迅诞辰100周年而拍摄的鲁迅传记片，虽然在史料上有了一些扩展，叙述上较"文革"时期拍摄的纪录片更显平和，但是依然是一部意识形态色彩浓厚的作品。而同一时期鲁迅研究的新拓展，不管是观念上还是史料上，都并未在影像作品中得以充分体现。电影纪录片观点滞后于学术研究进展，或是未能吸收学术研究新观点并进行改造，在鲁迅影像中是普遍现象。影视纪录片是面对大众塑造的鲁迅形象，尤其是公映的作品需要充分考虑接受语境和观众心理。鲁迅生前曾经有过交往的尚健在的当事人，在这部公映的作品中都进行了加工和处理。鲁迅形象的影像塑造更需要考虑复杂的社会现实和条件限制。通过影像化的方式塑造鲁迅形象时，言说历史的时代印记随处可见。

《鲁迅之路》[①]作为鲁迅电影纪录片，延续了一贯的观念化的鲁迅形象定位。在政治、革命功能和宏大叙事的基础上，开始突出鲁迅在思想文化方面的价值。作品开头部分在以鲁迅《自题小像》为歌词的歌曲之后，则是选择中国近现代历史的概述性的镜头——香港和上海的码头、西方列强的军队、圆明园的断壁残垣以及劳苦沧桑的清朝民众的脸，而后以画外音开始深远的抒情性的历史叙事："一百多年以前，也就是公元19世纪的中叶，帝国主义的大炮轰开了我们关闭已久的国门。在地球上绵延了悠悠5000年的中华民族，忽然面临一场

---

① 余纪编导，上海电影制片厂1999年，时长77分钟。

生死攸关的严峻选择。要么，继续守着老祖宗的成规，浑浑噩噩地混日子，直到亡国灭种；要么，忍着空前的剧痛，砸碎心灵的枷锁，在新的世界上去争取一块立足之地。一百多年的腥风血雨，多少志士仁人前仆后继；一百多年的拼死抗争，多少英雄豪杰慷慨捐躯。"（03：00）此番开头，将鲁迅形象置于民族的历史危机时刻来体现其价值意义，在更为广阔的视野和时空中，在民族危亡的关键时刻，探讨鲁迅的精神价值和思想贡献。

为塑造历史演进中的鲁迅影像，该片进行了多方面的改写和调整。首先，增加了更多的史实介绍，鲁迅在日本生活的住所、照片及他翻译的文学作品内容和创办的杂志，都是首次被介绍。介绍鲁迅和朱安婚姻的曲折过程；谈及鲁迅和许广平的爱情与相处；对鲁迅创作的小说《孔乙己》《药》《阿Q正传》《祝福》《伤逝》进行介绍和理解时，通过图画和电影片段，选取更具有思想性的小说来突出鲁迅的文学贡献，强调鲁迅作为文学家的探讨国民性的深刻意义。该片用了将近15分钟（00：50起）来讨论鲁迅的小说创作，这在新中国成立以来的鲁迅传记电影中是第一次。在政治斗争之外，把鲁迅参加的文艺活动和交流活动，尤其是和国际友人的交往视为重要素材。淡化了政治色彩，加大了鲁迅作为现代作家和文人的形象，真实客观地再现鲁迅的生平经历。

其次，强化了情境化的表现方式。政治色彩的淡化和宣教功能的弱化，使该作品在叙述上改变呼告式的语调，而是通过具体的空间和语境营造氛围，强化观众的感受和体验。如详细叙述鲁迅出生时的情况："公元1881年9月25日，美丽富饶的江南小镇浙江绍兴东昌坊口张马桥边新台门的周家，诞生了一个男孩，他就是后来的鲁迅。此时，爷爷周福清正在北京朝廷里做官，听到家里添了长孙，便给孩子取了个名字叫樟寿。"（06：00）如此娓娓道来鲁迅的出生时的细节和场景，拉近了观众与历史和被叙述主体的距离，唤起了观众的多方联想和回味。该片不仅在人物的活动中营造情境，而且在宏大的历史事件中提供情境。如作品中叙述到辛亥革命的成果被袁世凯篡夺的历史事实时，特意运用了扫落叶的镜头和穿着军大衣的孙中山在雾气重重中背对着观众走出城门的镜头（21：30），来想象孙中山下野的落寞和寂寥，以及空阔苍茫的历史语境。而为了减少观念化的形象塑造方式，该片更多地运用事实材料和通过历史细节来展示人物形象的活动和表现。如再现鲁迅于20世纪30年代在上海接受马克思主义理论和参加左联，通过书籍、书单、书店、书房、书柜等影像镜头的组接，完成对这一过程的影像叙述。

这部作品带来了鲁迅形象的改写，提供了鲁迅的个人化形象和生活空间，但它依然是一部有明显意识形态色彩的电影纪录片，这部作品依然延续着当代中国确定的鲁迅形象的塑造模式。整部作品塑造了积极主动参与社会变革和各种政治活动，并进行激烈的革命斗争的鲁迅形象。作品多方面表达了鲁迅与国民党的直接对立和对其的否定评判，与中国共产党的友好关系和对其的支持立场。同时，该作品也体现出对新的鲁迅研究观点的吸收和改写。由此，作品不再只是展示纯粹的单一的政治框架和革命化的形象，新时期之后的鲁迅研究成果，如鲁迅生命意识阐释、鲁迅的个性心理阐释及新的历史时期下鲁迅作品的新解读都在鲁迅形象的再造过程不断地得以显现。

除了定位、观点和角度，鲁迅影像塑造模式的手法和规则也在继续被套用和沿用。如写实镜头，依然是作品的主要镜头。如关于鲁迅各处的寓所及其家居摆设：绍兴的居所先用全景，而后再用推拉镜头展示细节和周边的环境；而南京的江南陆师学堂和江南水师学堂则一般用从侧面拍摄的全景镜头来展示这一古迹，说明鲁迅曾经在此学习的历史事实。另外，还有沿用一些相对模式化的象征寓意的影像话语，这些影像在当代中国的革命题材和革命英雄题材的电影作品中已经成为固定的、程式化的镜头语言。如灿烂的杜鹃花，汹涌澎湃的钱塘江，连绵起伏的群山，翻滚的乌云等，或是象征急剧变化的革命形势，或是象征祖国的大好河山，或是象征波澜壮阔的时代浪潮等。

从20世纪50年代到20世纪末，电影传记片所形成的鲁迅影像都表现出明显的政治意识形态色彩，也体现了面向大众的鲁迅形象所承担的强烈的社会宣教功能。不断地复拍和再现"鲁迅故事"的过程，就是鲁迅形象不断再现和再造的过程。这一过程既形成了中国当代的鲁迅影像的传统，也通过定位、观念、材料、规则和镜头语言的变换和调整，折射了不同历史时期的不同的需求和期待。鲁迅影像构筑，其实是不断地在革命化的文艺战士的鲁迅形象和真实的现代作家之间寻找平衡点。直到世纪之交，鲁迅形象更多地体现鲁迅的个性和个人生活，作为革命家的鲁迅形象已难以完全涵盖鲁迅形象丰富复杂的内涵。与之相适应，影像语言愈发鲜活。

## 第二节　鲁迅传记电视纪录片历史

随着新时期思想文化思潮的演变，鲁迅研究日益广泛和深入，当代中国塑造的政治色彩浓厚的鲁迅形象逐渐解蔽，重新塑造鲁迅形象、回到真实的鲁迅形象的要求日益强烈。同时，随着影像载体和媒介的变迁，影像话语中的鲁迅形象也逐渐发生变化。20世纪末，电视纪录片塑造的鲁迅传记片成为主要的载体和媒介。世纪之交，出现了一大批鲁迅影像的电视纪录片，这些作品汇成这一阶段鲁迅影像的集群，冲击着僵硬的政治化的鲁迅形象塑造模式，完成了对固化的刻板的鲁迅形象认知的改写。这一时期鲁迅影像的电视纪录片，长度不拘，有单集作品，也有多集系列连续剧；地域不同，有上海电视台、广东电视台、中央电视台，也有香港台湾地区的作品，甚至法国电视台也开始播放鲁迅纪录片。并且，在打破单一的政治化视角后，价值定位、选择的材料和叙述的角度，经历着全方位的变化：有着眼于现代知识分子形象的，有着眼于生命意志的，有偏重于现代作家角度的，有侧重于民国文人形象的，形成了不同的鲁迅形象。在这段以电视媒介为主导的鲁迅传记片拍摄时期，上海电视台的《民族魂》和中央电视台的《先生鲁迅》影响深广。后面的章节将专门对这两部作品进行分析。下面部分的内容主要对其余的电视纪录片进行梳理。

## 一、《作家身影·鲁迅》

这是台湾出品的第一部鲁迅电视传记片。出于历史原因，包括两岸的政治隔绝和意识形态的对立，很长时期内鲁迅作品在台湾是禁书，鲁迅形象传播在台湾一片空白。这部电视纪录片对于台湾的鲁迅形象塑造和影像传播具有拓荒意义。

首先，该纪录片选择以现代作家的角色定位来构筑鲁迅形象，以期得到理解性的共识。不仅在片头就通过逐步推出动感的阿Q头像展示鲁迅的文学成就，而且在这部仅50分钟的受限于篇幅的鲁迅传记片中，以近三分之一的时长来解读鲁迅的作品，尤其是细致而深入地解读了小说等文学作品。通过李欧梵和汪晖等的访谈，以同期文学研究者姿态来解读鲁迅的作品，其中关于鲁迅语言的特色，关于叙事理论的运用等专业性见解，与同一时期的鲁迅传记片的影像表达，是直接引用鲁迅研究新近成果来体现作品创作期的鲁迅形象定位。围绕着现代作家的形象定位，鲁迅生平经历在作品中被视作形成他创作题材、风格和形式的动因或者源头，或者是他进行文学创作的心理基础。鲁迅在东京的文艺活动是他试图通过文学进行国民性改造的尝试；后来从文学创作转到社会批评①的原因则被归结于与许广平的婚恋。"许广平一直将鲁迅看成是一位社会斗士，而忽略了他文学创作背后的阴暗心理。鲁迅早已意识到文艺创作和社会批评之间的冲突，这个冲突随着许广平走进自己的生命而激化。结果是鲁迅选择了社会批判，而逐渐放弃了创作。"（38：00）在此评判立场上，纪录片认同鲁迅的现代作家的身份角色，而否定其社会批评的行为，以此来判断鲁迅的人生行为轨迹。

其次，在开头部分就确定该纪录片的定位，"鲁迅是现代作家中最能深入探讨民族心灵黑暗面的作家"。由此，纪录片展开的鲁迅世界都是围绕着鲁迅本人的精神痛苦而建构的。这种鲁迅形象的定位是从鲁迅精神解读，从对鲁迅心灵的探索中获得的。纪录片中选择的几位访谈者都是深度解读鲁迅精神世界的专家，且强调鲁迅内心的深刻痛苦的形成和表现。尤其是访谈专家王晓明教授的观点，大量都是关于鲁迅精神负面情绪的理解和分析。而纪录片又将鲁迅作品中的民族心灵黑暗面和鲁迅自身的心灵黑暗联系在一起。而如是的角度和形象定位，颠覆了当代中国政治化语境下的鲁迅形象模式，是对政治化鲁迅形象的大力度的反思和解构。谈到20世纪30年代鲁迅与左联的关系时，通过专家访谈（43：00），强调鲁迅作为自由知识分子在加入左联后因出现矛盾而产生的精神痛苦。

最后，这部纪录片立足于当下鲁迅形象的认知和鲁迅的影响来

---

① 该纪录片的文学观念中，鲁迅的杂文创作不算是文学创作，而是社会批评。

反观鲁迅的生平和行为。沿着鲁迅所生活过的绍兴和东京等地，纪录片选择现场拍摄当下的环境和生活场景，并将它们与旧有影像资料对照编排在作品中。这种拍摄方式不再只是客观地展示鲁迅曾经生活过的环境，还使观众获得更为生动和丰富的感受体验，如彩色影像展示的绍兴人的水上生活，东京学者对鲁迅日本生活的研究理解。更重要的是此间的对比显示了纪录片作者理解鲁迅形象的当下立场。在对比中，记录的影像不只是客观叙述，也包含着作者面对鲁迅本体的原生态时空时的理解和评判。纪录片开头以鲁迅文章中表达的自己身后不愿被纪念的意思，和当下现实中鲁迅书籍热卖的镜头形成对比，来表明后世违背鲁迅意愿和误读鲁迅的历史现象。由此，这部纪录片潜在地表明了创作者试图纠偏鲁迅形象，还原真实鲁迅的创作意图。如在纪录片的结尾，从不同的角度来表明态度立场。一是通过被访谈的专家谈及的原有的鲁迅研究中的问题和弊病；二是通过揭示现实中的社会现象：在上海鲁迅纪念馆的鲁迅像周边，一群民众在锻炼身体，画外音："据说生前不喜欢逛公园的鲁迅，如今被供在公园里。我们看到每天有人围着他的雕像做操、锻炼身体。'而他们的精神呢？'鲁迅也许还会这么问，'他们的国民性呢？'直到最近，还有人认为，鲁迅所指责的国民性依然存在于中国人的骨子里。"（48∶30）画外音中通过质询表明了鲁迅并未被真正理解的现状，也表达了创作者自己的拍片立场。

　　这部纪录片较多地表达了创作者自己理解的更多个人主义的鲁迅形象。在这部较为个性化的鲁迅形象塑造中，也较多地发挥了创作者的艺术理解和表现，显示了作者的别具一格的表达和独特发现，多处还保留着作者自己的理解和判断。如纪录片开头部分引用鲁迅葬礼的影像，一反沉重或悲伤的情感基调，而是在镜头中出现了一只在脸上飞后又停的苍蝇，紧随着画外音，"鲁迅不愿意别人曲解和误读他的作品，因此也不愿意别人为他作传。他曾说他看见自己死后，有一只苍蝇停在他的脸上，舔他的鼻尖。他于是怒恼地说，'足下，我不是什么伟人。你无须到我身上寻做论的材料。'"随后的绍兴水乡的镜头画外音却是"我们现在又在为他立论了"。（01：27）如是开始鲁迅生平的叙述，却体现了更复杂和丰富的鲁迅形象及其矛盾丰富的叙述立场，充满了反讽的意味。另外，一些更为细腻的细节的填补，使得该作品更为形象真实。如日本学者对鲁迅留学期间的日本历史的补充，对鲁迅留学时期的成绩的补充，以及对鲁迅行为的理解，不仅丰满和丰富了鲁迅形象，还获得不同视角的认识和理解。并且，纪录片还有意显露拍摄者或者作者的视角。如在东京、仙台寻找鲁迅踪迹时，特意拍摄了导演组让日本青年学生模拟演示鲁迅当年看幻灯片的场景。这段场景镜头，不仅丰富了纪录片表现手法，而且通过公开作者行为，使观众获得和叙事者平等地位的感受。还有在纪录片所需的史实和材料之外，插入这些拍摄手法或者呈现作者的个性立场，或者衍生出一些内容，如在介绍鲁迅故居时对副馆长（即闰土孙子）的插入性介绍，诸如此类，使这部纪录片风格上更为活泼生动，更易于拉近与观众的距离而具有更大的亲和力，获得更多的信任和真实感。

这部电视纪录片选择的相对单一的视角和相对自我的鲁迅形象的建构，既体现了台湾历史文化视角下的鲁迅形象的解读，也留下了许多未能展示的空间以及差异性的感知和理解。

但是在塑造手法上相对统一：根据史实材料架构鲁迅的生平经历；利用鲁迅创作的作品来充实和延展其思想内涵和精神内核；通过不同角度和观点的学者专家访谈来进行阐释和解读；在相对统一的框架和结构内部，在追求客观、真实的前提下，保证其内涵的丰富和立场的宽松及多元的理解。

## 二、《周氏三兄弟》

如果说《作家身影·鲁迅》开始了对固化了浓厚意识形态的、高大的、社会化的鲁迅形象的松解和缓释，那么凤凰卫视的《周氏三兄弟》则更进一步地把鲁迅形象从高台上请下来，置于平地上进行审视和叙述，从俗世和人间俗常情理的角度来确立新世纪的鲁迅形象。这两部以中国大陆之外的视角塑造的鲁迅形象对鲁迅形象的影像塑造起到了紧要的推动作用。

《周氏三兄弟》以鲁迅和周作人两人的关系为主体，兼以三弟周建人的人生道路和现代文化价值，叙述了周家三兄弟的聚合离散及其不同的命运。在这段让人唏嘘不已的中国现代史上的人生传奇和情感纠葛中，大哥鲁迅是最有价值和分量最重的。这部电视系列剧的各专题（一、《八道湾十一号》，二、《上下求索》，三、聚散天注定，（四、《在各自跋涉中》，五、《五十年代的抉择》，六、《身前身后事》）都是以鲁迅和周作人的关系为主要叙述线索而串接的关系史。这部电视剧作品选择亲情关系变化这一叙述角度塑造的鲁迅形象，较大区别于政治历史和公共视野下的鲁迅形象。亲情是中国文化心理中最重要的内容，也是经历传统到现代转变的周氏兄弟所面对的最复杂最丰富最凝重的话题，也是周氏兄弟这一代知识分子难以绕开的精神困惑。在五四新文化文坛上从双星并峙到猝然失和再到后来的讳莫如深，此事在鲁迅形象塑造中一直是难解的谜，也是叙述的难题。该电视纪录片选择亲情关系尤其是与周作人的关系来塑造鲁迅形象，是对近半个世纪以来的整合式的一体化和政治化的鲁迅影像塑造的离析和反驳，也是在世纪之交的历史语境中，在新的历史文化思潮冲击下，对现象化的、记录式的和有人情味的鲁迅形象塑造的探索。

在关注点更集中的前提下，这部电视剧也呈现了更为具体的家庭事务和细节、更多的日常生活行为及其事件过程内容。作品中关于鲁迅和周作人的关系的叙述相当详尽。如他们少年时代的共同生活情景、鲁迅无奈放弃德国留学计划的原因、鲁迅推荐周作人为北大教授的行为、兄弟失和后的观点和立场及其两人不同的人生命运都得到了前所未有的具体表达。在相对集中的话题中，也呈现了更多相关事件的史料内容和细节刻画。如在分析北京八道湾中大家庭的矛盾时，详细地介绍了家庭的基本状况，尤其是经济状况。通过对鲁迅、周作人两人的收入数目，当时家庭所雇佣的司机车夫及八道湾的寓所状况的对比，还通过史实和描述详尽地呈现了整个过程。如1921年早春，因周作人住院，鲁迅向友人借700大洋，周作人向鲁迅提出要求接日本的岳父母来北京居住遭反对，鲁迅在回家拿书时兄弟两人的激烈争吵乃至相互扔掷东西等。该剧正是通过这些史实材料和画面场景复原当时两人关系的旧状貌和原生态，提供具体而形象的历史氛围和真实可感的场景。从对这一具体的家庭裂变的内幕的叙述中，通过客观的旁观者的视角来塑造日常生活空间中的鲁迅的性格和表达，以更贴近内心真实和生命本体的姿态来塑造鲁迅形象，展示了更为日常的，也是更为鲜活的和具象的有血有肉的鲁迅形象。

这一日常化的、人情化的鲁迅形象完全有别于史诗英雄化的、精神纪念碑式的鲁迅形象。这一鲁迅形象同时也体现了对历史真实的追求。电视剧通过具体的历史事件，表现鲁迅在新文化运动中的态度。为追求历史真实，还保留了周作人的行为和态度。首先在关于新文化运动的发起者和领导者的定位上，非常清楚地提到蔡元培、陈独秀和胡适三人的地位和作用，尤其是非常客观地肯定胡适的价值和作用。

其次，还指出新文化领导阵营中胡适和李大钊的分歧等历史史实。再次，还指出鲁迅和周作人在"五四"前夜正在忙着计划把绍兴大家庭迁到北京的家事。最后，还特意指出鲁迅和周作人之间所开始表现出的差别：周作人开始致力于政治革命的新村运动，而鲁迅此时社会活动日渐减少等。通过这些史实和描述，真实地叙述鲁迅在新文化运动时期的行为和表现，有意体现了此时的鲁迅并不处于政治中心，更不是政治运动领导者的真实形象。这一鲁迅形象是对一贯政治化的、处于中心的鲁迅形象的纠偏和匡误，同时也表达了对于鲁迅具体个体生命中的平凡和个性的尊重，也是对真实的鲁迅形象的追求。

同时，为了避免材料的琐细和零散，这部电视纪录片将家庭故事和亲情关系的诉求指向周氏兄弟的思想观念，指出他们共同在关心人，关注现代人的尊严和精神追求层面所表达的共同或者各自追求。他们的个性特征或者社会实践都指向了他们在现代中国历史中的思考和表达。在此前提下，鲁迅形象塑造被纳入到与周作人及周建人的表现的对比参照中，其中，与周作人的比较更多更突出。特别是在兄弟失和后，他们交织着的亲情关系和各自的人生命运又构成了深刻的反向结构。而鲁迅与周建人的关系又在表达着他们共同的价值选择和政治立场。

以周作人和周建人为参照，以与两兄弟的人生选择和历史命运进行比较的视野下塑造的鲁迅形象，一方面使鲁迅形象获得了坚实又宽广的历史基础，另一方面在更具体的比较支撑点上构成繁复的多声道的评判和表达，呈现更为立体和客观的鲁迅形象。如在叙述鲁迅和许广平的婚恋关系时，谈及周作人的态度："这是对新文化运动和五四精神的背叛。实际上，周作人始终认为，大先生和三先生在婚姻问题上充满瑕疵，是一夫多妻，是家风不正。"（第4集07：50）这显示了同一事件背后的不同的情感态度，也体现了更为复杂和宽广的历史现场及其多元的话语。这种复杂和缠结的矛盾还延伸到他们身后的历史评判中，比如20世纪30年代开始的毛泽东对鲁迅的推崇和新中国成立后鲁迅被推崇为精神领袖的历史事实；在对他们相互关系的梳理中，兄弟三人所表现的性格特征和历史判断及其各自实践行为相互对应，映射出他们的表现和形象的差异或者背后的更大的推动力量，把对他们形象的思考引入对历史的反思。

电视纪录片中对比参照的多向度和价值立场的悬置造成了鲁迅形象的矛盾和丰富，而电视剧中的历史事件的介绍和人物行为过程的态度也有意地倾向于情感维度。如在20世纪30年代，九一八事件后，鲁迅曾经写信给章廷谦提示周作人南下一事："接到信之后，感动得伏案感叹：兄弟分手多年，一遇风吹草动，还是如此关怀。倘若周作人此时可以迷途知返，一定能够'相逢一笑泯恩仇'。不过遗憾的是，章廷谦所感受到的热力，在周作人身上没有激起丝毫的反应。鲁迅对周作人最关键的一次眷顾，就这样无声无息地被撞了回来。"（第5集05：20）在这时运用鲁迅写信给章廷谦这一史实，解说词在此时进行了假设，又在假设基础上进行了推断，在推断中融合了历史结果的对照反观。在解说的过程中，对鲁迅和周作人关系进行了补充和评判，这里解释说明和判断引导着观众对两人关系的理解和评判。这样的理解即立足于基本人性角度和亲情角度表达了对兄弟两人错失弥合机会的感慨和失落心态。

这部电视系列剧区别了不同形态的声音运用功能，分别运用了资料画面的旁白和主持人解说两种方式。如果画面上为遗址或遗物资料，通过旁白中的男生的解说词用来说明当年的情景或事件。如果画面上为当下场景，则由女主持人边走边介绍，或陈述当年历史事件或者历史人物的活动情景，或对事件和活动的历史影响进行评判。这两类解说词的穿插运用，丰富了解说词的形态，也扩展和丰满了人物形象和历史事件。这两种解说词，它们一方面整合了作品中所提供的大量的各种类型的资料，起到串接材料和叙事的功能，另一方面，也通过解说词的叙述整合确定了内容和人物的理解框架和方向。这一理解指向大致规定了观众基于大量的基本人情定位对于中国现当代历史的反思。

这部作品体现了对鲁迅形象的反思受到了新历史主义思潮的影响，再现了不同时空语境下鲁迅形象新话语再次叠加的新状貌。这一鲁迅形象，一方面体现了通过对细节的挖掘，在对鲁迅形象的对话中，对宏大叙事和社会价值目标诉求的鲁迅形象的解构，在多向度和对话的叙述视角下回归历史真实的鲁迅形象；另一方面也呈现了在消费主义话语和文化保守主义思想影响下，对于民国文化的一次想象性的接近和再造。这种碎片化、资料化和影像化的历史重组中，潜藏着新的故事编织机制和符码，在重构的历史图景中隐含着创作者自己的理解和判断。同时，这也体现了从世纪之交鲁迅形象政治化和社会化的塑造模式中跳脱出来的趋向和可能，其作品中沿用的材料、组织方式和叙述方式在《民国文人·鲁迅》和《春秋　鲁迅和胡适》等作品中得到了进一步的发挥。它在否定鲁迅和崇拜鲁迅的对立交流中展示了当下语境中的鲁迅形象的价值和令人迷惑之处。这种交互式交流的鲁迅形象话语模式成为塑造鲁迅形象的基本模式，在《先生鲁迅》中再一次得以延续。

## 三、《鲁迅》

《鲁迅》是法国电视三台拍摄的纪录片，这部纪录片概括性地介绍了鲁迅的生平事迹，在遵照鲁迅人生经历的基本时间顺序的基础上，囿于时长的限定，进行了选择性的介绍。

（一）具有强烈反抗精神的现代作家

这部纪录片塑造了作为作家的鲁迅形象。纪录片不仅简练地介绍了鲁迅主要作品和作品集的创作历程，而且大量地直接引用鲁迅作品中的内容来体现鲁迅的思想和精神。纪录片除了对鲁迅的小说作品进行声画并茂的介绍之外，还展现了他的散文诗集《野草》、回忆性散文集《朝花夕拾》和杂文创作。《阿Q正传》作为最重要的作品被加以介绍。纪录片开头和结尾部分都模拟《阿Q正传》这一作品在竖格信笺上的书写过程，画外音则朗诵着作品中的语句。除此之外，中间还多次出现连环画《阿Q正传》的画面和画外音的作品朗诵。这部纪录片突出鲁迅这位伟大作家的成长经历和人生过程及其文学作品的思想价值和文学贡献，不少内容都是对鲁迅作品的介绍或者对鲁迅作品中的观点的直接引用。除了鲁迅作品介绍之外，还尤为注重鲁迅作品产生的社会历史背景及其社会历史在作品中的表达，将作品中的内容和产生作品的社会历史语境紧密关联。如简单地介绍了中国第一篇现代白话小说《狂人日记》的产生背景后，马上切入了对作品内容的介绍。镜头画面模拟狂人的视觉感受，打乱了正常的节奏，营造颠倒错乱不平衡不稳定的画面感觉，随后叠映中国社会的各种景象，包括朱安的面容、慢慢打开裹脚布后的小脚……各种意象伴随着画外音对《狂人日记》中狂人在癫狂状态中所联想到的各种吃人的场景的描述；通过声画组合强化了鲁迅作品反映这些社会历史现象的表现效果；强调了由传统中国走向现代中国这一特殊历史时期造就鲁迅这位中国现代作家的必然性，提供了认识鲁迅作为作家的价值意义的特定视角。

在此基础上，纪录片强调了鲁迅作品中的现代思想表达。介绍鲁

迅生命经历和创作历程时，确立传统中国儒家思想和儒家文化对中华
民族深刻影响和对民族性格的塑造、儒家思想和传统在现代化中的历
史语境及逐渐瓦解的趋势，以此突显鲁迅批判传统文化、追求现代精
神的意义和价值。因此，在叙述鲁迅童年成长时，创作者确立了以儒
家思想为主的传统文化的核心地位。剧作努力说明：儒家思想全方位
地影响了中国历史和社会，其权威思想造成了中国人的等级观念，使
中国人受到精神压迫。深受影响的中国百姓，尤其是中国女人的境遇
最为悲惨。纪录片选择小说《祝福》改编的电影片段，说明鲁迅反传
统主要针对儒家思想，说明其历史价值和思想深度。纪录片中不仅把
儒家思想对中国社会的影响视为鲁迅作品的文化背景，还叙述了儒家
学说在鲁迅儿时教育中的强大作用和鲁迅的反抗心理及鲁迅作品的立
场和态度。儒家思想的强大的负面作用造成了社会历史的愚昧和黑
暗，也成为鲁迅反传统和追求现代精神的历史基础。为了反抗传统，
纪录片中的鲁迅作品和行为表现出更为鲜明的现代精神。如通过俞芳
的访谈了解到鲁迅搬到砖塔胡同后与孩子们嬉戏游玩，并教俞芳姐妹
做体操等，在作品中提出了鲁迅对现代思想中的个人精神的重视。还
通过王富仁的访谈强调了鲁迅作为作家与西方文学的关系，又通过林
贤治的访谈强调了鲁迅作品和思想指向未来的特质。因为反传统而追
求现代精神，并致力于现代精神探索和民族文化的现代化成为这部纪
录片中的概括出来的鲁迅精神的精髓。

　　纪录片在塑造鲁迅形象时还有意突出他的反抗性。这种反抗行
为不仅体现在他的作品和思想上，还特别指出他的具体的反抗行动。
鲁迅在日本对清政府行为的抗议，在女师大事件中支持学生反抗校
长，在广州期间为营救学生而对抗校方最终辞职，在20世纪30年代
反抗政府的独裁统治，支持反抗政府的青年木刻家曹白等具体的革

命性的坚决的反抗行为，都在纪录片中得到肯定和赞赏。如在评价鲁迅30年代在上海的表现时，叙述中表现出强烈的政治立场："当鲁迅和许广平于1927年10月3日抵达上海时，五四运动已是很遥远的事。蒋介石这个孙中山的改良派革命接班人，已成为一个独裁领袖，他先前的合作伙伴——中国共产党已转入地下，并在南部山区建立了苏维埃政权。当形成不久的中国独立派知识分子的生存受到了威胁，鲁迅在各大学里举办讲座会时开始与日俱增的新独裁的反对斗争。"（33：30）这一点不同于中国大陆范围内的20世纪50—70年代鲁迅形象的革命者阵营内部认定的政治反抗行为，也不同于20世纪80年代后根据鲁迅性格对其反抗性的客观理性分析和保留态度，而是从客观的角度来理解鲁迅行为中的反抗精神，并给予肯定和理解。

纪录片中的具有强烈反抗精神的现代作家的鲁迅形象的塑造，是在鲁迅形象史上一次鲜明集中又客观确定的塑造和提炼，同时也表现了创作者鲜明的政治立场，立足于对革命反抗行为的认同和赞赏来肯定鲁迅的创作和塑造鲁迅形象。

（二）鲁迅形象的私人空间表达

纪录片中的鲁迅形象除了具有在社会性、历史性的公共空间的表现之外，还体现了作为鲜活的人物形象在私人空间的表达。纪录片完整地介绍了鲁迅与朱安的婚姻，与朱安的关系，与许广平的恋爱结合过程，以及鲁迅和海婴之间的感情。中国婚庆的镜头和鲁迅故居的卧室设置及门锁这几个镜头，代表了鲁迅对其不愿意的婚姻的事实及其无可奈何的痛苦感受（14：00）；俞芳对朱安学体操时表现笨拙的事实讲述，表现了朱安希望讨好鲁迅又无能为力的尴尬境地；通过访谈者梅志和周海婴的讲述，再现了当年鲁迅和儿子海婴相处的情景和父子间的情真意切。这些具体的生活细节和情感经历成为有血有肉的、鲜活的鲁迅形象不可或缺的一部分。这些细节记录和情景描述充实和丰满了鲁迅形象，体现了更为丰富宽广的人性的认同和理解。

纪录片的此类史实材料既是同时期鲁迅研究成果的体现，符合现代性叙事中的普遍人性的定位，也是20世纪90年代后消费观念和欲望化的投射。私人空间作为作家传记传统，私人空间的材料既提供了作家个性化的维度，又提供了可延伸和想象的广阔余地。鲁迅作为中国现代作家，他的传奇色彩和人性维度都是被不断探究，并得以传播的话题。

（三）异域传播的视角

这部电视纪录片由法国电视台制作，因此会考虑到更多的异域观众的理解和接受情况，努力使作品既客观真实理性又生动形象鲜明，将情和理、论和述结合起来，在基本史实中不失趣味性。为此，该纪录片在媒介、载体和形式上也进行了选择和设计。

第一，为了塑造鲜明又生动的鲁迅形象，运用了多种表现手段和多种媒介的史实材料。有客观的史实，也有关于史实的阐释；有文字材料，也有影像材料。这些材料以不同的角度复现鲁迅人生中的瞬间或场景，复原鲁迅形象的历史情境。

第二，努力维持材料的视觉化效果，获得鲜明的感受。鲁迅生平经历或者行为过程，都是用文字史料或者照片、影像材料来展示。如陈述鲁迅在日本的文学实践活动，前后用日式房屋、《新生》杂志、西方油画图片、鲁迅和友人的两张照片串接，通过画外音叙述了鲁迅创办《新生》杂志最后失败的过程。使用具体的史实材料，通过镜头画面诉诸视觉，尽可能用史实材料复原历史场景或者构筑历史情境，体现了对真实和客观的追求，再借助画外音补充连缀或解释说明细节和过程。

第三，保持内容的形象化。镜头画面不仅要客观真实，还要能够为观众经验所接受和理解。纪录片选择鲁迅《失掉的好地狱》中的那些象征话语来表现鲁迅面对上海的社会文化环境和时局时的情绪和体会，而与此声音相呼应的则是半殖民地上海的社会环境的影像画面。由于画面上的内容是旧上海的底层社会的苦难困窘和杂乱的生活处境和上海纸醉金迷的腐败生活的对照，《失掉的好地狱》中那些抽象的象征和隐喻的超验话语因为同步的画面内容获得了具体的所指，指向画面中的上海社会现实，凝重的沉郁的画外音因为画面的阶层生活对比变成鲜明的政治立场和情感态度。声画组合则转变为针对同时期的社会现象和历史事实的谴责，指明和确定了作者的意向，引导观众进行观看和理解。

表现手法的丰富多样，材料内容的视觉化和形象化，都保证了直戳扼要又明确清晰的叙述，指引着观众朝着作者的价值取向和意义目标去接受和理解。

这部鲁迅传记纪录片有明确的鲁迅形象定位，宽广的人性维度和丰富的手法运用，较一直以来的鲁迅形象塑造拥有更为宽广的视野和言说空间。作品中表现的鲁迅形象的价值意义，体现出鲁迅形象在面对西方世界时的空间拓展和未来可能。

以上所探讨的三部港台地区及国外的鲁迅影像的电视纪录片，不仅各有侧重点和表现层面，也体现出一致的诉求和表达。与中国大陆的鲁迅影像塑造相比照，它们更强调以置身于中国大陆现实之外的社会文化语境来塑造鲁迅形象，表现出更多的"他者"的立场和心态。这种旁观者的视角和平视的角度，带来了鲁迅形象的神性色彩的减少，更强调历史真实。它们各自表达着创作者自己的审视和理解，增减繁简都因融入创作者的价值期待和意义需求，传达着创作者的认同或拒绝。

从 1999 年的上海电视台的《民族魂》开始，电视纪录片逐渐成为鲁迅形象塑造的主要方式。不管是单集的《作家身影》还是系列剧《鲁迅先生》，不管是合传《周氏三兄弟》《春秋　鲁迅与胡适》还是个传《民国文人·鲁迅》，这些作品都体现了 21 世纪以来的鲁迅形象的新构建。它们在电影影像基础上，逐渐从故事集中浓缩的形象塑造转变为再现和铺展的鲁迅形象塑造，充分适应着电视冷媒介的特点，在建构和反观中进行鲁迅形象和鲁迅形象话语的对话和交流，甚至在鲁迅形象话语的讨论中进行鲁迅形象的辨析和建构。在电视纪录片的鲁迅影像中，鲁迅本体和鲁迅形象话语相互交织，衍生出新的鲁迅影像。

# 第二章　衍化的鲁迅形象

　　鲁迅影像主要包括电影文献片、电视纪录片和演剧影视片三类，其中电影文献片与电视纪录片主要体现为纪实风格，而演剧影视片则有更广阔的阐释空间。这些作品围绕鲁迅这一人物形象，将鲁迅的经历和史料进行不同程度的加工，通过讲述鲁迅故事的方式获得观众的情感认同，都是基于向鲁迅致敬的立场塑造鲁迅形象，创作者的认知和视角在形象构建中作用明显。下面分别以三个作品来呈现不同角度的鲁迅影像，理解当代中国特别是世纪之交鲁迅形象的"有限"的真实和丰富。

## 第一节　从 20 世纪 30 年代上海出发的鲁迅生命塑像——《民族魂》解读

　　20 世纪 30 年代，在上海的鲁迅完全融入了现代文坛。当时上海印刷业和出版业繁荣，书店数量众多，形成了繁荣的文化市场。鲁迅以迥别于传统文化的文学创作和文化传播方式，介入现代市民空间的文化活动，确立了现代文化体制下的知识分子的身份定位。他以作家为职业，以自由撰稿人的身份进行创作，选择适合上海文化的文体形式：以报纸副刊为阵地发表有关社会批评和文化批评的杂文。鲁迅推动木刻运动，培养青年木刻家，还看了 100 多部电影。时隔半个世纪，上海鲁迅纪念馆和上海电视台联合摄制了鲁迅传记片《民族魂》。电视系列片以此阶段为中心，确立了现代文化现场中，左翼文化蓬勃发展的背景下，身处激烈的矛盾中心地带进行精神抗争的鲁迅形象。

"1930 年中国左翼作家联盟的成立，标志着鲁迅过渡性的革命文学同路人的终结，也是他要直面文艺政策的挑战的开始。"[①]20 世纪 30 年代的历史环境中，鲁迅在上海文坛已经处于社会文艺论争，甚至现实矛盾斗争的中心，以此时的鲁迅形象为基准，其抗争姿态无疑会在形象刻画上占据重要位置。选择这一时期的鲁迅形象，突显其具有抗争姿态的精神文化战士的定位，同时，也契合了世纪之交意识形态观念的变化。

该纪录片可以概括出以下几个主题：一、精神界战士（第 2 集）；二、人之子（第 2 集）；三、文学创作与文化时间（第 3、4 集）；四、鲁迅形象的最终确立（第 5、6 集）。

## 一、塑像："精神界战士"

"精神界战士"这一称号，确立了该纪录片的鲁迅形象的基本框架和方向。

该片以日本牙科医生奥田杏花在鲁迅死后为其翻制石膏面模开始，抓住了历史瞬间的具象行为，这组意味深长的镜头既是历史事实的复述，反映了人们怀着崇敬的心情纪念鲁迅，也表达了这部纪录片的拍摄本身就是为鲁迅再度"塑像"的意味。开头的安排预设了为鲁迅"塑像"的主观倾向和内在限定。

"精神界战士"，即在国民性精神探讨过程中表现出不屈与抗争，

---

① 施淑：《序》，〔日〕长堀祐造：《鲁迅与托洛茨基——〈文学与革命〉在中国》，王俊文译，人间出版社 2015 年版，第 9 页。

积极且有目标。整部片子对鲁迅的刻画描摹、选取的环境、设置的基本关系都是围绕着这一核心主题展开的。为突出鲁迅形象的鲜明特点和历史文化价值，首先设置了对立和抗争的环境。正如该片所展示的那样，鲁迅所面临的环境是压抑、黑暗和险恶的，鲁迅看到和感受到的、所处环境的紧张和危险程度，甚至超出正常人能够忍耐的范围。安排的事件和场景都是紧张和激烈的，甚至是生死攸关的情境。而此种情境在1930年鲁迅定居上海时尤为明显。他在上海经历了多次逃离，他的译作大部分被封杀，他的挚友或者学生（柔石、瞿秋白、杨杏佛）都惨遭杀害，他感受到自己的生命安全时刻受到威胁。鲁迅在上海的生活充满了紧张焦虑和危机，以此为出发点，更集中和充分地表现出鲁迅抗争的合理性。

柔石被害后，镜头中出现花园庄的旧式房屋，通过风雨飘摇中依然挺立的芭蕉树和松枝来表现鲁迅不屈的抗争姿态，并配以诗句"忍看朋辈成新鬼，怒向刀丛觅小诗""灵台无计逃神矢，风雨如磐暗故园。寄意寒星荃不察，我以我血荐轩辕"。两首诗，同一语境，共同体现鲁迅面对黑暗势力和周遭环境的积极抗争精神。这一事件中鲁迅的表现，与"战士"的定位相吻合，代表了鲁迅一生的追求。

抗争成为贯穿鲁迅形象塑造的主线。很显然，这部纪录片将鲁迅的抗争姿态视为立足于公义的抗争，他的一切论争，都是"公仇"而不是"私怨"。这是对鲁迅作为战士形象的最好阐释。将鲁迅定位为精神界战士，最核心的问题是国民性改造，侧重于鲁迅如何发现精神疾病，以期国民的精神强健，以及鲁迅如何实现理想精神的思考和行为。为此，该纪录片将与之论争的陈源、林语堂、梁实秋等众多具体人物都虚化或匿名处理。当然，这种方式使得鲁迅形象获得最大层面的公义支撑，使得"精神界"涵盖面无限宽广，在抽离其抗争的具体历史情境和具体对象时也契合了塑像的导向性效用。

## 二、成像：学术视野下的"人之子"

该纪录片片头有江泽民的题词，指出"民族魂"是对鲁迅最中肯贴切的评价（第1集00：19）。该片带有官方纪念色彩，同时，该纪录片努力弱化政治色彩，努力从文化人和作家的角度来阐释鲁迅的思想和价值。基于史诗的人性化塑造的形象定位，该纪录片以专业化立场和真实性的要求完成鲁迅形象构建，尤其突显学术性和客观性。在保留鲁迅形象统一完整的基础上，尽可能地呈现多样和丰富。为此，该纪录片通过史料来叙述、阐释和说明，也通过史料来体现观点，并通过史料来保持多角度的观点阐发，保留客观和多元视角。

第一，该纪录片选择了"从颂扬到阅读和交流"视点，依循此原则，改变了意识形态强化下刻意拔高鲁迅形象的倾向，让形象贴近生活和返回自身。

在展开鲁迅人生经历的叙述中，以"人之子"来定位鲁迅的生平和家事情事，注重私生活空间中的鲁迅形象的建构视角，重视情感在鲁迅人格中的比重，给予社会文化维度的刚性的鲁迅形象更丰富感性的色彩。与之相对应的，在场景选择时，从宏阔的时代背景转换为更温情的人情冷暖，更多地选择了环境静景，使得形象的活动空间也相对缩小。

在介绍鲁迅生平时，这部纪录片改变了之前纪录片以中国近现代历史为背景和个人经历同构的叙述方式，更重视鲁迅与家庭成员的关系。围绕着鲁迅与周边的女人和孩子的关系，再现鲁迅的生活形象、婚姻生活和爱情故事，在家庭诸多角色中，塑造儿子、父亲和爱人的角色。同时通过儿子、母亲和爱人的视角塑造生活中的鲁迅。为表现鲁迅细腻的情感，还特意叙述了儿子出生时他给许广平送文竹的细节。这些体现了鲁迅各种方式的疼和爱，疼是经历过无奈和受压而对人善良的体谅和理解，爱是主动和积极的感情表达。这些与他对弱者的关心关注是一致的。

除了表现生活中的鲁迅形象之外，纪录片还特别重视表现疾病与死亡。在纪录片的最后一集，由鲁迅逝世后的影响回溯到鲁迅的死亡和疾病。以鲁迅面对疾病和死亡的人性表达和意志表现来描摹鲁迅形象，呈现自然生命真实状况和生命个体表现出的不妥协不放弃和抗争的鲜明的个性特征。疾病和死亡这样糟糕的生理条件本身就是对生命个体的严峻考验。以死亡为切入口，考察在重病和死亡面前鲁迅的表现既具有真实感和现场感，同时也能够体现鲁迅鲜明的个性。在经历了危险、压迫、被指责等各种外界环境赋予的负面感受之外，疾病和死亡成为考验鲁迅和成就鲁迅形象的另一维度的条件和现实环境。这一部分的内容以《死》这篇文章为中心，细致地分析这篇文章，以此来寻求鲁迅的内心表达。这种倒叙的结构对鲁迅的形象书写从外围回到本身，重点还落实在鲁迅身上。通过鲁迅面临的疾病与死亡表达鲁迅的生命意识和价值观，这样的安排是真实的，也是让人震惊的。鲁迅的特殊之处为常人所无法企及，却是从个体生命出发的。这一设置是最让人感动的，也是最具有说服力的。

该纪录片改变了倚重社会文化角度构筑鲁迅形象的方式，以与鲁迅接触过的人对鲁迅的印象为结尾，构筑了人性化和具有亲和力的鲁迅形象，突显集深刻和温和于一身的鲁迅形象。以入葬作为结尾，既是因为鲁迅生命的自然结束，也是因为鲁迅葬礼的特殊的巨大的影响力。从这点来看，该片中的鲁迅形象塑造是成功的。但是在形象的整合过程中，前面部分强调了鲁迅与政治意识形态间的关系，后面部分非常细腻和深情地解读《死》这篇文章，探讨鲁迅的个性化的生命特征，以及他面对死亡的生命话语，结构上似有脱节，稍显突兀和生硬。

该纪录片突出鲁迅的人情人性层面，是对"革命者"的鲁迅形象的疏离和校正，也是有意弱化激烈的革命斗争的选择。在这种主导观念下，纪录片中出现不少偏离意识形态意识而有意将鲁迅复位至知识分子身份和"启蒙者"的形象定位。

第二，拥有了丰沛而坚实的人性基础，该纪录片进而彰显鲁迅形象的历史文化意义，在文化史的背景和文化价值意义的体现中完成形象塑造。

该纪录片延续了鲁迅形象塑造的既有传统，以宏阔的视野将形象建构置于广阔的时代背景和社会文化语境中。在文化史和学术史的视角下，才能突出历史感和国族意识，鲁迅作为复杂而丰富的个体，其产生、存在和变化才被理解和被赋予明确又鲜明的价值和意义。在纪录片中，此番效果都是通过文字资料的介绍阐释和照片的解读来达成的。由于所援引的材料都与鲁迅存在和鲁迅研究的年代有着同构关系，这种学术式的鲁迅形象建构的优点是能够贴合鲁迅，严谨且可靠。为此，该纪录片在具体介绍鲁迅生平和创作等个体的和个性化的介绍叙述之外，还大大扩展鲁迅价值和影响。如拍摄了鲁迅逝世之后的多个纪念场馆和鲁迅陵墓，将鲁迅价值的影响空间从横向的地理空间跨越到纵向的历史空间。

为了拓展鲁迅的价值空间，纪录片通过对众多的研究专家的访谈来评述事件或者表达观念。这是鲁迅传记片惯常的手法，但是该片的专家访谈的分量是可观的，共采访了20多位专家。这种手法既构筑了鲁迅的研究学术史，也将鲁迅的价值延伸到当代的意义体系中，通过活着的人的对话强化了当下的价值意义。专家访谈在这部传记片中的比重很大，同时也体现了这部传记片激活和延伸鲁迅精神资源的一大当下性和实践性努力。专家访谈，包括了专家的观点及佐证专家观点的材料和史料。与其说是阐释，不如说是论证。不同专家的不同解释和论证，都是从不同的向度扩展鲁迅作品或是思想的价值和意义。这样既可以丰富材料，也可以把材料自如地进行组织，系统地得以传达。同时专家的现场观点的陈述，对典籍史料的解读意味着激活了史料，在与史料对话交流过程中拓展了史料的空间，又因为增加人物的个性化的语言和动作，增加了多样性、丰富性和趣味性。

但是，历史空间毕竟是全方位的系统性的表达，仅通过资料来表现缺乏了感性的体验和更具立体的认知，这部传记片中再现鲁迅作品时的抽象化人物形象和强调鲁迅写作背景的虚化，突显了鲁迅的思想资源的历史价值和精神资源性表达。在尽可能真实、严谨的同时也显得平面、单一和枯燥。

第三，展示了全面真实的鲁迅形象，既具有人性化的温暖，又有广阔的历史时代感。

该纪录片对于鲁迅生平中颇多有争议的事件不避讳，不是基于意识形态的框架，而是基于鲁迅本人的人性立场进行形象构建。通过引用史料，使得被意识形态神化的鲁迅形象变得更为真实。比如，该纪录片在介绍鲁迅生平时，强调母亲鲁瑞对他的性格的影响，真实地展示鲁迅作为长子在家庭中的角色。真实的家庭角色使鲁迅的人生经历、思想脉络、情感发展和政治立场更为真实可信，而摆脱了社会政治学的片面拔高其功利价值的偏颇。

该纪录片使用多种样态的史料进行鲁迅形象塑造：有具体的鲁迅作品，有研究资料；有文字资料，有照片、图片、塑像、影像资料；

有印刷典籍资料,有实物资料;有宽泛的时代地域背景,还有具体的故居、博物馆……这一切,共同组成了丰富的鲁迅史料库。它们成为该纪录片的话语基础。这些史料在纪录片中的共存共生形成了联结专家观点和观众认知的、立体而系统的、鲜明的鲁迅形象。如在介绍鲁迅的文学贡献时,首先选用 1938 年出版的《鲁迅全集》中蔡元培的观点,又通过 34 篇小说和 23 部散文诗的文学实绩,加上杨义的观点"鲁迅划分了古代和现代,是现代文学之父""塑造了 20 世纪中国文学的特性",体现了文化界和学术界对鲁迅文学价值和贡献的最大首肯。纪录片通过史料表达的方式既具有权威性,也预留了鲁迅形象的多维向度,为解读和阐释留下了足够的空间。

该纪录片选择通过具体史料,展示了鲁迅作为从传统向现代转型的知识分子的真实的生存状态、情感向度和思想观念,得出鲁迅的革命左翼立场基于人道主义的结论。鲁迅对于国民党当局的反抗基于受压迫阶层的立场,他的创作基于对妇女儿童的关注,对弱者的关爱和替他们反抗和呐喊的目的。而他自身的生死体验更是对一个真实的生命的人性呈现,所有鲁迅相关的政治和文化思想或者行为都被纳入人性的基本立场。通过沿用史料和通过影像语言构建人性化的鲁迅形象,不会从政治上过度拔高鲁迅形象,也避免了因直接运用"话语"产生的误读,使得鲁迅形象被真实传达和易于接受。

## 三、影像化的纪录片

影像化的鲁迅形象塑造基于影像语言的感性、生动和鲜明的特点,从而带来受众的普遍性和广泛认知。同样,该纪录片的拍摄为了达到观众认知和理解的广泛性,也努力挖掘了影像语言的优势。

为此,该纪录片在希望收集尽可能齐全的史料,塑造客观又鲜明，且具有独特生命意识的鲁迅形象的基础上，也在努力避免文字资料的晦涩、单调和乏味，对大量的材料进行了图像化和影像化的处理；努力摆脱文字资料的抽象和深度思考所带来的理解困难，以期符合影像的视觉规律来使观众接受和理解。

鲁迅作为一名作家，其社会角色和个人价值主要体现在文字铸就的作品空间。通过文字符码表达思想，在思想空间形成精神价值。然而，由于书籍和文字的理性色彩浓厚，只能诉诸抽象思维，由此，除却影像中的书籍展示，书籍作品中的扼要的文字除了作为字幕呈现之外，只有通过画外音才能呈现。当然，通过声音呈现思想的方式也是无奈之举。因为人们接受声音的效能远不如接受图像。为传达文字意义，该纪录片选择了大量自然或文化景观影像，通过象征性的功能降低理解的难度，增加观影时的生动和形象，获得鲜明的感性认知。

首先，大量选择采用了各种形式的图像。有插画、连环画、版画、封面设计、照片、塑像，甚至还有影像资料。这些图像或者影像的内容包括鲁迅的作品、照片，以及由相关主题衍生开来的各类图像和影像。甚至在无法图像化的文字资料中，也总是不间断地插入各种图式和图像，以此达到降低理解难度和适合影像传播需要的效果。如在介绍鲁迅作品时，除了尽可能将内容图像化再配以画外音之外，还添以封面和插画。例如《孔乙己》《祝福》《阿Q正传》等作品选择以连环画或者插画来展示内容，这对于有着鲜活的人物形象和故事情节的叙事作品效果比较好，但是于散文诗和杂文似乎就不具备优势了。在形式上也尽可能地做到丰富多样，有相片、插画、版画，还有塑像。在图像化和影像化的过程中，既增添了趣味，也能防止通过声音和字幕传达信息的主观过强的倾向。对于鲁迅的文化活动和社会交往，则通过照片和历史遗迹来介绍和说明，并进行叙事。如用内山书店的门额来唤起人们的惦念和历史的回响，让观众充分感受鲁迅与内山书店的诸多情形。由于照片只是历史瞬间的表达，将历史定格的同时势必趋向抽象和简化，在真实性诉求上颇有难度。而通过声音来强化和补充的手段在表现上难免打折扣。

其次，在运用这些图像资料时，运用多种手法构成影像的丰富和生动。如，通过影像的不同格式来区分时代和功能，历史和旧式的材料和印迹，用黑白影像来呈现。当下和共时的现场影像用彩色影像来表达。对有些画像的细致解读起到了非常好的形象建构的效果。比如通过移动镜头反复地映现鲁迅在斯诺《活的中国》中的卷首照片，通过部分特写强化鲁迅的容貌和神情，还通过画外音诵读斯诺对鲁迅画像的感受（第6集下11：10）。将相片的瞬间印象通过具有时间长度的细读过程，转化为全面系统的和深入内心揭示相片背后意义的立体感受和认知，巧妙地把感性印象变成稳固的性格特征和精神特质，使其典型特征被接受。

再次，如鲁迅葬礼上的系列照片（第6集下32：30）的串接，呈现了鲁迅葬礼的连续性过程。这些照片原来只是截取过程的瞬间纪录，通过叠映的方式可以连缀出大致的过程，时间不连贯可以通过观影者的视觉体验进行想象和组接，较之以单张的不连贯的照片，更具有现场体验的效果，更生动和鲜明。影片最后把鲁迅故居的几处室内影像依次播放，房间内空无一人，只有这些无声的遗物，书桌、椅子、文具、床、台灯等家具和摆设，使得鲁迅形象在一次次的播放中得到回顾、认同和强化（第6集下57：20）。

由于图像意义的不确定性，有可能出现对同样的图像进行不同角度解读的情况。如《活的中国》中的鲁迅像，在介绍鲁迅和外国文艺的关系时，是作为介绍性的资料加以运用的。"被鲁迅认为最为精神饱满的照片"成为鲁迅性格特征和精神气质的有力证明。鲁迅像不仅在评述鲁迅的行为和创作时出现，还在表现时代背景时出现。例如在许寿裳评价鲁迅的观点时出现鲁迅像，表明鲁迅在同时代人心目中的地位和影响。而将鲁迅像与鲁迅早年论文中的人物如拜伦、雪莱并置的影像，则体现了鲁迅与他们精神相通。

纪录片还会对静态的图片进行各式各样的处理。通过镜头的连续移动或是镜头的推拉模拟人眼看画的行为，增加图片的动感。通过镜头横移或者上下移动，将景物或者静物以特写镜头等方式展现。有并排陈列的，有局部放大的，还配以各种移动或者推拉的镜头运动，使得图片能够得以动态化传达。

由于传记纪录片的类型的限制，影像的发挥始终是受限的。手段和方法依然服务于内容和主题。很多图片仅仅起到充当背景的作用。意义传输的主要功能承担落在字幕和声音上。因为这样对于文字的意义解读更稳定和确切。由于受传记片体裁的限制，总的来说，该纪录片还是采取以追求真实的鲁迅形象为目标的拍摄方式和组织方式。因而，无论声音还是画面修辞都比较少。

但是，也不能完全无视声音在传记片中的作用。因为传记片是对历史上的人物进行回顾性的纪念和评价，遗存的资料只有通过说明和阐释才能被传达、感知和理解。图像资料容易被感知和理解，但通过视觉只能接受到文字符号，往往需要加以二度阐释。在此过程中，传记片常常通过声音和文字图像化两种渠道来完成。该纪录片采用几种声音汇合的方式，鲁迅本人的观点，研究者的观点和阐释，都努力统一在创作者的创作意图中。鉴于只能采用以静态呈现为主的风格，该影片除了采用了声画同一的方式，还采用了声画对位的方式，扩展了画面的内涵。

该纪录片还使用了大量的史料，保证了客观、真实和理性。但是，由于这些史料与观众的认知和理解存在时间差，常需要声音来辅助认识和理解材料，传记片中声音的主观导向作用非常明显。而在此过程中，意义的灌输也就在所难免了。较之前的鲁迅传记片，该片运用声音阐释史料时，还存在声音和画面不匹配而导致效果很差甚至失效的情况。尤其是在意义过度强化、创作者主观意图过强时，在史料本身或者图像化后的史料并不具备相关信息时，这种情况尤为明显。但总体上看，由于该纪录片基本保持了真实和平的叙述基调，并未出现那种意义强化后声音画面分裂只得提高音调强迫观众接受的情景，所以避免了为达到目的突兀甚至失真的情况。

## 四、具体的空间意象

鲁迅生命的最后十年，是在上海度过的，这是作为个体的鲁迅最矛盾、痛苦、生命内容最丰富的时期。他所遭遇的生活变故和生命危险，思想观念和政治立场的调整变化，都与当时思想活跃的上海文化空间密切相关。为表现这一特殊时期的鲁迅生命形象，该纪录片构造了20世纪30年代的上海这一空间意象。

20世纪30年代的上海都市空间对鲁迅来说是现实的生活空间。在这一充满了现代性质素的地理空间中，鲁迅以个体融入了现代性，深度参与现代生活和现代文化建设。该纪录片摄录了鲁迅其时所生活的外部空间，展现了正在逐渐现代化的上海住宅，吸纳了许多外来尤其是西方元素的建筑物。

然而，与上海鲁迅形象相关的，无论是建筑物还是自然景观，大多只是片段的、室内的和部分的表达。即使出现移动的影像，也是对静态景或物进行细致化和深度审视和解读的形式外化。鲁迅在上海生活，依然保留着来上海前的生活习惯和情感记忆，他仅仅是把上海作为生活栖息地，而对上海文化和上海生活保留着旁观者的立场和冷静审视态度。在上海生活的鲁迅与同时期的上海生活依然保留着距离。这些片段式的、部分的景观本身正体现了鲁迅与其时通行的普遍的上海生活和上海文化的隔阂，以更为单一和传统的方式表明鲁迅形象需要崇高的纯粹性。而传记的创作者依然保留着传统的审美习惯和传统鲁迅形象定位来塑造鲁迅形象。能够摄入镜头的景观或者景物依然延续着传统的审美观。如缓慢移动镜头的一组松柏或者玉兰或者芭蕉的影像，它代表着被压抑的内蕴的强烈激情，体现着被遏抑的情绪波动，代表着主观心态对客观对象的选择、摄入和阅读。同样，被作为客观表现对象的鲁迅也一直延续着传统的审美观和解读方式，被赋予更为稳定的更符合传统审美习惯的形象符号。该纪录片虽然努力表达以上海为中心的鲁迅形象的构建，但还是很难放弃传统的鲁迅形象的审美视角和价值观设定。该纪录片在鲁迅的上海影像（包括景观物象和文化氛围）的表达上，基本放弃了具有强烈的现代气质的影像构建，而是返回传统审美话语，寻找传统精神和传统审美心理的庇护。这使纪录片不能提供 20 世纪 30 年代在上海的鲁迅的完整形象。内山书店的门额，落寞的巷弄，故居的大门，使观众难以感受到鲁迅生活在处于蓬勃现代化过程中的 20 世纪 30 年代的上海。在画外音和画面影像内容不同步时，观众只能回到传统框架下的鲁迅形象。

反之，在再三出现的鲁迅上海故居中，家居空间的现代性特征得以加强，鲁迅居住的内部空间镜头比较多。砖混式的建筑物内部空间的划分简单明确，减少了传统建筑家庭空间的幽谧和修饰。现代建筑的内部空间以直线和方形为主，简约而有效，内部装修的颜色也是洁净而单一。鲁迅的居室一律白墙粉刷，家具统一而且摆放整齐，并留出空间，显得宽敞明亮。进门的一楼楼梯直接出现在镜头中，还有二楼的寝室兼书房空阔明亮，简单直接。这样的空间表达与现代性的审美观是一致的。在居住空间的功能上，书房的比例最大，书桌最重要，必要的寝具很朴素。空间设置和家具摆设，集中表现了鲁迅作为作家的身份特征，也表现了鲁迅在上海的生活现实。在都市化环境中，家居空间的生活功能得以突出，私人生活的个性化得以加强。

这种现代都市化空间镜头的间或出现，在不断地提供鲁迅活动空间的同时，也营造了现代氛围。剧作在表现鲁迅的生活空间时，以历史光晕渲染其镜头语言，表明鲁迅所生活的年代正处于现代化进程中，生活或审美日渐同质化。而剧作中出现的鲁迅的现代生活方式或者现代设备，说明鲁迅在上海都市社会中，其个性化的生活空间和生活方式逐渐融入现代化潮流。

而此类显现现代的活动空间或生活方式，在剧作中既没有过度渲染，也没有泛化处理。剧作在设置时代背景和空间环境时，忠实表现鲁迅受传统影响形成的生活方式和行为习惯。20 世纪 30 年代，鲁迅来到上海，这是他的主动选择，但他又与上海及其现代生活方式保持疏离。在空间和氛围的营造时，剧作中也出现了一些巷弄空间，虽然占比不高，却体现了 20 世纪 30 年代的上海现实，仍是新旧杂陈的文化地理空间，也体现了现代化进程中江南市镇文化的变迁扩展。剧作中，类似传统色彩的深深庭院和滴水屋檐等空间意象，呈现出忧郁、沉重甚至压抑的情感基调，影响了鲁迅形象个性特征的体现和传达。

在这样的具有现代精神特质和审美特征的空间中，还是在家居陈设上留存着一些传统的元素。如书桌上的毛笔和砚台，那张具有标志性的藤椅。这些都在表明鲁迅的传统文化气质，也在表现上海的亦新还旧的时代烙痕。静态景物显然不适合上海都市化的表现。即使是在

20 世纪 30 年代，该城市的审美气质可能依然不能完全为中国人的审美心理所接纳吧。

在与鲁迅形象相关的空间意象上，除了 20 世纪 30 年代上海空间意象外，还通过绍兴故居和北京故居及绍兴古镇来丰富和延续鲁迅形象。无疑，这些具有传统风味的老故居的建筑物，包括它的风格、样式、材料和装饰，都在拥有传统标志的同时也具有否定传统的文化特征，都是与鲁迅形象一致的乡镇景观，因年代久远而破损或者有缺口、坑洼不平的条石台阶，砖块垒砌的墙壁，覆盖的小径青苔，还有刻着古字却又墨迹不清的矗立的古碑。旧式建筑物，或整体或局部特写展示。通过镜头的横移，摄录绍兴纪念馆屋顶的绵延的青瓦时伴随着对鲁迅家世的回顾和介绍，表现出传统的悠久且绵延不断的感觉（第 6 集 58 : 00）。闭塞、压抑，无论在整体结构还是部分布设上都有所体现。回廊、玄关乃至门扉上的雕花都成为此空间中的表达元素，以一些古旧、破败和积满灰尘的景观来隐喻破败和萧条。老物件体现的传统气息代表了古老的文化压迫。自然景观和社会环境景观交替出现，相互配合。成为一种更为系统和完整的环境整合效果。还有内景和物件，如砚台和毛笔，这些表明鲁迅身份的物件都作为前景呈现，伴随着声音对思想的信息传输，这些物件都构设了一种语境和氛围——"斯人已逝去"的沧桑和回响。这与鲁迅作品所涉及的旧时代的对象联系在一起，也更确定了鲁迅反叛旧时代的合理性。

绍兴江南水乡的景观成为上海都市空间的对应，那是构成鲁迅精神资源不可或缺的部分，也是时常诱惑他精神返乡又是他努力对抗和挣脱的部分。鲁迅时常有否定甚至逃离这种少时记忆的言语和举动。作为中国传统文化地理的典型意象，绍兴水乡体现了深潜在鲁迅内心深处的传统文化。在论及鲁迅家事或者反叛传统的因由时，这一空间提供了很好的历史背景。该传记片采用彩色影像复现绍兴的文化景观，与 20 世纪 30 年代的鲁迅形象在影像风格上难以统一。如果能够选取这一时期的资料影像，在整体风格上则会更加贴合。

在空间意象上，突出了现代特质，塑造了更具思想性、革命性和反抗性的鲁迅形象。因为生活在矛盾的漩涡中，产生矛盾的现场本身就富于强烈的戏剧性，突出了构筑鲁迅形象的过程。

立足于当代中国现实，既有对当下状况的清醒思考，也有对未来目标的衷心期待。这部纪录片力图系统和全面地呈现鲁迅在从传统到现代转型这一过程中表现民族痛苦的深度和力度。剧作所对应的上海鲁迅纪念馆关于鲁迅一生的陈设，将鲁迅事迹通过影像、典籍和实物多种材料的史料呈现，使观众和鲁迅最终完成了沟通和融汇。在鲁迅学术史的视野下，立足于当下的社会文化现实，创作者既丰富又细腻地探索鲁迅形象的史诗性影像书写。

## 第二节　现代知识分子生命意识的诗化赞歌——《先生鲁迅》解读

在鲁迅影像塑造中，标签化成为主要模式。鲁迅作为一个真实的生命，其被遮蔽和隐去的鲜活、生动、矛盾和复杂，提供了不断塑造下一个鲁迅形象的理由和肇端。2011 年中央电视台 CCTV10 推出了 8 集电视纪录片《先生鲁迅》，用影像方式为鲁迅塑像，放弃概念标签化的鲁迅，呈现历史中作为个体的鲁迅，带来了影像鲁迅的新变。

### 一、形象：现代知识分子的生命意识

这部创作于新世纪的鲁迅影像传记片集结了卷帙浩繁的鲁迅研究

成果，综合了国内及世界汉学界大量鲁迅研究的观点，试图重塑影像化的鲁迅新形象。每集30分钟左右，分别为《故乡记忆》《歧路彷徨》《思想风暴》《铁屋呐喊》《黑暗闸门》《我可以爱》《上海岁月》《1936年》。这八集基本是按照鲁迅生平经历顺序展开，更侧重于从情感记忆、心路历程和精神探索等心灵层面塑造作为现代知识分子的鲁迅的生命意识。

鲁迅的人生选择和社会行为在中国近现代社会变迁中具有普遍性和典型性。不同的社会历史观念产生了不同的鲁迅形象。《先生鲁迅》作为影像化鲁迅形象的改写和再塑造，同样也体现出自己的理解和价值定位。

首先，这部纪录片提供了广阔的中国近现代发展历史。鲁迅生平的经历和人生选择及文学创作分散在各集中。如在鲁迅参与新文学运动的叙述中，呈现了鲁迅影像塑造中迄今为止最宽广的新文化运动史。纪录片不仅介绍了《新青年》杂志的历史事实，这一历史事实体现了新的同人知识群体的形成过程（第3集），既不是通过政治立场，也并非通过审美差异。而且，在对新文化运动的介绍中，特别介绍了蔡元培的先进的现代理念和作用，提供了较为完整的历史文化场景。这部作品中的中国近现代历史的叙事不仅宏阔，而且不乏生动的细节和具体事件，以及各种逸闻趣事。如20世纪初的留日大潮的壮观盛况："当年，一批又一批赴东洋留学的，不仅有20岁左右的青年男女，还有年过花甲的老翁。这听起来好像是个虚构的故事。然而，这确是清末天津港、上海港出现过的真实景象。"（第2集16：00）对于这些历史隐秘处的情形的关注，以小见大，激活了那些概括式的历史宏大事件，将宏观表现和微观刻画交织在一起，对接了历史心境。

在广阔而精微的社会历史背景下，纪录片进一步提供了知识分子群体形成的条件和契机。如在介绍鲁迅出国留学的时代背景时，将鲁迅的个人行为纳入同时期的日渐壮大的留日求学的社会潮流（第2集16:20）。而在提及辛亥革命之后北京政局的动荡、北洋军阀割据的政治场景时，还特意指出当时社会文化环境的改变，诸如现代汉语的形成及其知识团体话语方式及知识谱系间的关系（第3集11:15）。在鲁迅的生命历程中，身处现代社会对鲁迅的生命体验及审美趣味影响很大。介绍鲁迅在上海的经历时，有意阐述了鲁迅看电影的经验，并且指出身处现代文化场域中的鲁迅在回应着他所面对的新的文化环境，表明现代知识分子的自觉行为背后的文化推动力与文化环境紧密联系。

在社会历史和现代知识群体的发展中，鲁迅的精神探索之路和生命意识获得强烈的历史感。纪录片突出鲁迅作为现代知识分子的精神特征和生命意识具有强烈的现代价值和普遍意义。纪录片放弃了故事化的鲁迅形象传统，进入鲁迅的心灵世界，刻画经历了历史过程的鲁迅形象，具体深切又翔实地提供了鲁迅生命中难以排遣的悲观情绪和痛苦心理。鲁迅的心灵世界，一方面是对时局的反应和表现，具有历史典型意义；另一方面却是非常独异的表现，才成就了不可替代的"这一个"。

作为在20世纪中国社会剧烈动荡中从传统走向现代，逐渐感受现代化的知识分子，鲁迅深刻地感受到时代，深层次地理解了时代，却又保留了自己独特的个性和表达。在此过程中的步履的沉重，转变的艰难，犹豫而煎熬又孤独抗争的精神气质，是这部电视纪录片呈现出来的鲁迅形象。这种表达较之前的鲁迅形象要更为丰富复杂，也更为客观深邃。

作品不断地用鲁迅的生平史料、文学作品和专家观点确立现代知识分子的鲁迅形象。如在新文化运动伊始，鲁迅表现的冷眼旁观的态度及左联时期不肯放弃的坚守，都在纪录片中得到了充分的表达。并且，纪录片还以此角度来理解鲁迅的文学创作动机和内容，说明鲁迅的创作正是对社会历史的反映式的表达和深刻思索。这样的观点和论断颠覆了"榜样式"的鲁迅形象，却更贴近历史真实。叙述鲁迅在上海的经历时，把鲁迅看电影的业余爱好和他的观点联系在一起，指出他正在探索新的变化了的中国社会，但囿于疾病未能像对待古老中国农村社会那样理解现代都市，得到深刻的答案（第7集35：00）。

鲁迅在上海看电影的历史资料往往被看成鲁迅融入上海生活、理解中国社会的行为，一般都是从正面的角度理解，而这部作品从现代化中的鲁迅和鲁迅对中国现代化进程的探索的角度，并将它和鲁迅的疾病联系在一起，视为生命体验过程。这种创造性的解释也是把鲁迅形象置于历史情境进行还原和相互印证的结果，并借此对上海时期的鲁迅形象进行改写和重构。

## 二、侧影式的材料的选择和运用

### （一）具象化的个人经历和亲身感受

鲁迅传记片的宣教片传统和鲁迅形象在中国当代社会文化语境中的定位——强调鲁迅在中国社会历史进程中的重要价值，宣传鲁迅的伟大功绩，阐释社会主义的革命理论，宣传鲁迅与中国共产党的亲密关系，成为鲁迅传记片的既定传统。这种传统中的理论性和政治性，将鲁迅的生平经历与社会历史链条相关联，关注鲁迅在社会活动和公共空间中的表现。而鲁迅的个人生活或者个性癖好，尤其是情感经历、婚姻生活和生理健康等话题相对薄弱，被忽略或者抑制。如果出于需要在作品中出现，也是经过改写甚至扭曲。这在几十年的鲁迅形象中成为沉疴，积习难改。由此，《先生鲁迅》为了塑造真实的能够为当下的语境所接受的鲁迅形象，更突显鲁迅个人经历、个体的精神世界，突出了他的生命过程和情感体验；在纪录片的八集内容中，不仅有鲁迅的成长经历、留学生涯、文学创作、文艺活动等社会化的行为，更有细致的行为习惯和日常生活的展示，而情感经历、婚姻生活、疾病死亡体验都在作品中得以充分展现。日常生活、个人经验的增加更丰富了鲁迅这一形象主体，并淡化了概念化的和社会化的鲁迅形象。

在关于鲁迅形象的整体表达上，《先生鲁迅》尤为侧重鲁迅个别的和独特的经验。共八集的内容中，其中第3集到第6集，差不多近四集的内容叙述鲁迅在北京的生活。这段时间，从最初来京极度寂寞无聊，其间经历了兄弟失和的巨大伤痛，到最后收获爱情，离开，是鲁迅一辈子情感经历最丰富、变化最大的人生阶段。重视鲁迅个人的情感历史和体验，使这部纪录片赋予鲁迅形象更丰满更真实的精神世界。

纪录片不仅在选择内容上更翔实，更细化和具化，而且更关注鲁迅在具体行为和表现中的感觉感受。在具体环境和客观物象的观察审视中还直接引入鲁迅的主观视角。如鲁迅故乡绍兴在纪录片中的再现，体现了鲁迅的视角和感受，画面上是乌篷船划过荡开的粼粼水面，画外音为"当鲁迅睁开双眼环顾世界的时候，这个世界已经和他父辈生长的年代完全不一样了，没有什么像二十世纪之交西潮东来时的风云激荡那么深刻地影响着中国，并改变着普通中国人的命运，现代文明的林林总总，正悄然改变着绍兴这座小城"（第1集04：40）。从鲁迅的角度审视绍兴，表明纪录片中的绍兴在鲁迅的记忆中。观众随着镜头游走，老戏台，或者戏曲人物，又或者书籍物件，跟随鲁迅回返记忆中的故乡。如是对绍兴城的描述，与大多数把绍兴作为鲁迅出生环境进行客观描述的传记片并不相同。

心理体验和精神探索是作家生命中最重要的领地，《先生鲁迅》这部纪录片对于丰富复杂又痛苦矛盾的鲁迅个人生活和感受体验的重视，体现了新时期以来的鲁迅研究中建构的鲁迅形象从外在到内化的演变，也表达了纪录片作者对鲁迅形象的深层次理解。

（二）以史实材料营造体验和情境

为贴近鲁迅形象的真实，除了对个体生命体验和状态的描述外，这部电视纪录片还加大了对材料的细节挖掘和运用。大量细节材料的增加，使观众获得更为具体而丰富的形象认知。如鲁迅形象塑造中，除了冷峻、严肃和横眉冷对的集中而单一的肖像，只是革命家、思想家和文学家等概念化的符号，并无切实具体的外形刻画。这部纪录片不仅展示了大量鲁迅照片，塑造不同视角和情境下的鲁迅形象，而且还注意到鲁迅形象在不同的人生阶段的变化。纪录片中多次具体描述其外貌。如他 1909 年回国，"从日本回国后的两年，鲁迅的心情十分沉郁。他因发蓝衫，不修边幅的形象，使他显得格外苍老，而他实际上只不过刚刚三十岁。这一时期他拼命抽烟喝酒，近于自暴自弃"（第 2 集 33：35）；"这是鲁迅归国初期的照片。留在照片上的是一副西装革履、英气勃勃的神情。可是才一两年的时间，到辛亥革命之后，他竟是以这样的模样，出现在绍兴师范学堂：神色苍白，面容消瘦。头发长到一二寸，不修剪，根根直竖，简直像四五十岁的人"（第 2 集 35：10）。另外，到 1936 年还有鲁迅疾病日久的形象，"他的体重降到 38 公斤。穿着棉袍子在街上走，仿佛一阵风就能将他吹倒。"（第 8 集 05：25）。这些具体的形象刻画，调动观众更为直接和丰富的感知，使观众获得具象可感的认知。

　　纪录片中细节材料的运用不仅仅表现在鲁迅形象的刻画上，在历史事件叙述或者人物关系的展示中，都注意运用翔实而具体的材料来加强生动和形象。如作品在表现推动新文化运动的蔡元培、陈独秀和胡适三人时，专门提到三人属相均为兔子，因此并称"北大三只兔子"，这一细节使故事更加生动。在讲到鲁迅为北大设计校徽时，提及刘半农戏谑地称之为"哭脸校徽"。纪录片用生动可感的、有趣的事例使平实的事件更丰富，增添了细节材料，能给观众留下深刻印象。

　　概念化的鲁迅形象常因强调理念疏忽或者淡漠了具体的细节，或因细节的增加将突破概念的框定。这部纪录片通过史实材料的填补和细节的再现，也扩展了具体的鲁迅形象被看到的部分和细微处，在更为真切和近距离的凝视中靠近了观众。

　　（三）在具体的情境中还原事件

　　为构筑具体可感的鲁迅形象，纪录片还在具体情境中还原事件。20世纪中国社会急剧变化，人们的生活习惯和行为模式都发生了重大变化。历史人物的行为想法因时代语境的变化而变得令人费解。作品中情境化的创设有助于对于历史人物行为和思想的理解认同。这在以影像语言为载体的纪录片中优势更为明显。如对鲁迅从绍兴到北京教育部工作的旅程，如是描摹："1912年，鲁迅再次告别故乡，北上京城，他人生又一次改变由此开始。从绍兴到北京要分四段走，先乘船至上海，再在上海北站乘车到南京下关，称沪宁路。再渡船过江，从浦口直到天津，称津浦线。再改乘京奉铁路，才能到达北京。"（第3集03:20）声画一致的画面上逐次出现长江上的随风而动的帆船，码头和急速行驶的列车。如此详尽地叙述鲁迅的行程，隐含着当时从绍兴到北京交通不便，同时也复现了鲁迅生活年代的生活节奏和方式。如是具体的表达中，还表现了变动的语境及其不同语境中造成的理解和认知的差异。而纪录片中如此详尽地叙述鲁迅行程，也在表明当下生活环境中观众该给予鲁迅形象表现以历史的同情和宽容。

同时，这种情境化的复原还能将观众带入历史空间，使之获得一种移情共感的体验，并在此体验中获得认同。如对鲁迅在上海的生活中有一段非常温馨的家居生活的刻画：镜头缓缓扫过鲁迅的居室、生前的卧床和书桌时，画外音响起："每天深夜，海婴睡熟了。鲁迅就着灯光写作，许广平坐在一旁阅读报纸或做手工。倦了，两个人放下工作，饮茶谈天，吃些零食。这是一天中的黄金时刻。"（第7集39：10）或是，在北京生活的刻板、固定、寂寞及无聊："他每天的安排是这样的。上午九十点钟起床，梳洗后直接去部里办公，到黄昏时返回会馆。吃过晚饭，八点钟开始抄碑，看佛经，读墓志。常常要到半夜一两点钟。买来的汉碑拓片大多残缺模糊，抄起来极费心思，有时候抄清一张要好多天。一夜连一夜的孤灯枯坐，时间也飞快地流逝，一眨眼，竟抄了五六年。"（第3集05：55）这里的叙述连同画面上缓缓翻过的古旧的碑帖，让人仿佛置身于当时的情境中，感受着此番情景漫溢开来的声色气味。在这些共时性的动作行为的展现中，仿佛不断地展现当时的情景，通过环境的设定，氛围的营构，人物的活动和状态的呈现，唤起观众更多的感觉进入到形象的生活和活动中，获得更强的共鸣。

（四）多元话语的交织

这部电视纪录片在参考之前鲁迅形象塑造的基本手法的基础上，综合运用了各种不同的手法来组织材料，安排结构。整部作品的材料种类非常丰富，包含鲁迅的生平材料、文学活动和思想言论的历史材料，其中包括典籍、图像和照片。这些原生态的史料保证了这部纪录片的历史感和真实感。除此之外，还有纪录片的创作者根据鲁迅的遗迹重拍的一些影像，它们既是构成鲁迅形象的史料内容，又包涵不同时期多视角叠加的鲁迅形象话语。除此之外，还有大量的关于鲁迅作品和鲁迅形象的影像资料的补充，包括鲁迅小说改编的电影和鲁迅形象的影像作品。

这些材料既补充和丰富着鲁迅形象的塑造，也在累积鲁迅形象的层次和深度。纪录片如此丰富地运用不同层次的鲁迅史料和鲁迅形象史料，表明作品中鲁迅形象只能在已有的历史话语的叠加中、在已然深厚的鲁迅形象塑造的传统中再一次尝试突围。纪录片中，原生态的材料和次生的材料构成映照和比较的关系，大量的专家访谈构成当下语境对鲁迅形象的理解和认知。整部作品总共选用了20多位中外专家的访谈，基本上都是20世纪80年代后活跃在鲁迅研究界的专家学者。通过不同专家的观点交织和相互补充，以不同的交互感受和理解激活了材料和史实，深入和丰富了对鲁迅形象的理解。他们细致又有创见的对鲁迅形象及其作品的解读，形成多元多向度对鲁迅形象的内涵的理解，不仅代表了新时期以来的鲁迅研究的成果，也确定了这部电视纪录片的鲁迅形象。

以上这些材料的安排和设置，努力涤除那些标签化、政治化的观念的简单套用，或者生硬地把鲁迅的行为、思想、作品和意识形态的解释强制关联。纪录片以鲁迅的创作、行为和思想表达为中心，围绕着鲁迅的生命意识和现代知识分子的角色意识而展开鲁迅形象的建构。

### 三、叙事和修辞：经纬交错，诗性表达

纪录片在基本按照时间顺序和空间转换的基础上，以话题为中心安排鲁迅的生平事迹，讲述鲁迅坎坷多变、曲折离奇又顽强抗争的一

生经历。

在结构安排上，基本上是以鲁迅的生平经历为顺序，但又放弃了单一的线性结构模式，相对集中安排话题有关联的内容和事件，分在不同的主题下进行叙述和讨论。如在第 5 集《黑暗闸门》中，把鲁迅从 1924 年到 1926 年的北京主要生活和言论作为主要内容进行介绍和展现。其中谈论到鲁迅和朱安的痛苦婚姻关系，与周作人的兄弟失和事件这两件在鲁迅生命中影响重大的情感经历这一生活状态，与鲁迅对传统的态度和言论联系在一起；其中通过泰戈尔访华事件和鲁迅对梅兰芳及京戏的理解联系在一起，鲜明而集中地体现了鲁迅对中国传统文化的社会制度的理解，也清楚又详尽地呈现了鲁迅面对传统的行为和思想。如此安排材料和内容，符合观众的观赏和理解方式，又清楚地刻画了鲁迅形象。

每一集片头部分先通过照片或者材料确定话题，营造氛围或者框定主题。每一集的内容，都有社会历史背景说明，或者同时代的重大历史事件和重要人物活动介绍，作品借此使观影者获得历史的认知，再以此为理解的基础和前提对鲁迅经历、文艺活动或者文学作品进行介绍、说明和解释。在对鲁迅思想或者作品进行理解时，又会将对其内涵的理解返回到具体的对应的社会历史语境中。就在鲁迅—社会—鲁迅的轮换叙述中，形成鲁迅个人和社会时代间的对话和交流。所有关于鲁迅创作和思想的理解，既有社会历史的宏观视野，又有行为和思想的具体回应。如纪录片中对《阿 Q 正传》的分析，指出它"就是要唤醒昏睡的大众，因此，向读者描画出我们沉默的国人的魂灵，以此来促使人们反省自身，扫除愚昧的麻木"（第 4 集 11∶25），在"刻画民族的精神病态"之外，"还具有了另一方面的意义，那就是以一种概括的方式，表现出辛亥革命的实际情形"。（第 4 集 14∶10）而这些在鲁迅文学创作的过程中都是有迹可循的，在小说之前就有杂文表达同样的反抗传统的意思，也有其他的小说作品为"阿Q"形象做预备。纪录片将鲁迅的作品和他对自己生活的社会历史阶段相结合，并指出这是鲁迅创作过程中的合理逻辑。剧作在说明作品内容和评价作品价值时，都娓娓道来，有理有据，做到观点和例证及材料的有效缝合，逐渐将这些互文世界黏合，形成有过程有特征的完整的易于被接受的鲁迅形象。

## 四、画外音和影像语言的诗性表达

电视纪录片中的画外音主导着作品的主旨和风格。显然，这部新世纪创作的电视纪录片已经充分吸收了文化纪录片的审美风格。在作品中充当导引者和讲述者的角色，将观众带入具体的情境或者鲁迅的精神世界。纪录片常以充满抒情色彩的画外音，模拟发现和探寻对象世界的眼光和心态，有意强化面对对象的感受和体验。不管是社会历史语境还是鲁迅的行为创作和思想，在纪录片的画外音角色叙述中，都转换为"分享记忆和人生经验"的语调，引发人们的情感共鸣。如对鲁迅故乡的描摹："不同于帝都南京，绍兴没有那种霸气，也没有大都会一般的奢华。这是一个中小城市，也可以说是边缘城市，四围毗连乡村。除了官僚、工匠、市民、有名的师爷之外，经常有无数的农民、渔人、乞丐混杂其中。在城市文化与乡村文化相叠合的中间地带，鲁迅有机会从小接受相当完好的教育，一方面是众多儒家经典；一方面是日常生活的民俗民风。两者都紧连着乡土中国固有的文化血脉。在其后鲁迅50多年的生涯中，故乡的山水、习俗、戏曲文化等等一切，几乎成了他一生中仅有的一点诗意，并常常成为他慰藉内心的记忆。"（第1集12∶50）此种叙述姿态，不是以宏大历史进程中一个典型范例来支撑社会理论的规律，也不是纯粹客观平静的记录。这里的故乡的描述充满了人情味，充满了各种生活状态，是离乡后的反复思念后的回味，更是联系着传主鲁迅的情感基础，且充满了情韵和美感。从生活经验和成长经历出发的民间的视角，牵动着内心，缠绕着眷恋和不舍的生命体验抒发。这种确立原生态生活和生命本体为主调的画外音语言贴近了鲁迅这一本体，也贴近了观众的情感感受器，成为连接两者的有效通道。

同样如此靠近心灵的感受理解也用在鲁迅个人的行为和思想中，如面对鲁迅与朱安的婚姻时进行如此解读，"在热闹的婚礼中，谁也不会想到一个男人与一个女人的一场漫长的婚姻灾难开始了。婚礼的当天晚上，鲁迅彻夜未眠。第二天晚上鲁迅在母亲屋中看书，后半夜睡在母亲屋中的一张床上，第三天晚上鲁迅仍在母亲屋中。可以想象朱安姑娘经历了怎样的煎熬，在新房中独自做着各种各样的猜测"。（第2集29：10）这是通过后来的鲁迅的婚姻生活的过程和表现再来回看婚姻场景的一种叙述方式。在作者细数初婚几天的情景时，形同映现当时的真切的情景，说明画外音的角色不独有鲁迅的立场。以充满了狐疑和焦虑的口吻来刻画朱安的心情，更能说明这种婚姻的遭难是无妄的痛苦，无人能够承担责任，也无人能够解除痛苦的根源，也更预示了婚后无法预测的痛苦深度。纪录片通过想象复现场景，获得历史现场感，也使得观众易于对作品中的人物命运产生同感。

这部电视纪录片以真诚的态度选择能打动人心的画外音，获得真实感，建构应和了现时代的人们想象和期待的真实鲁迅形象。当然，此时新建构的鲁迅形象不只是由于声音对形象的贴近和塑造，更有镜头画面的大力参与。

《先生鲁迅》在运用了鲁迅形象塑造已有的镜头语言、编排方式和修辞手法的基础上，更强调了镜头的作用。首先，虽然纪录片中模式化和固定的镜头比例比较大，但是在有发挥余地的镜头运用中，突出了形象的作用。在整部作品的开头部分，首先用猫头鹰像来给鲁迅形象画像。随着镜头的推进和定格，猫头鹰画像就确定了鲁迅在这部电视纪录片的定位。以动物来比拟人物的形象，较之以观点来给传主定位显得更有活力，更形象生动。并且，在每一集开头，都以一组照片或者画像编排作一个小引，这样既相对集中地提炼了这一集的内涵，又多了变化和趣味。如第2集片头部分将鲁迅剪掉辫子的纪念照、在日本穿着马甲的照片、穿着中式长袍的三张照片串联在一起，表达鲁迅衣着打扮和肖像上的变化，从外表来审视鲁迅人生道路和精神心路轨迹；第4集的片头部分则是用了三张鲁迅演讲的照片，第一张是行色匆匆地走在去演讲的路上，第二张是表情冷峻的照片，周围围绕着层层叠叠的人群，用了推镜头，第三张照片则用了一个拉镜头，先浮现的是鲁迅亲切的笑容，而后慢慢地将他还原到重重叠叠的人群中。纪录片的镜头表达比较丰富，在这些史料材料等旧物中形成动感，有助于寻找生命的轨迹。

这部电视纪录片不仅形象定位精准，而且手法也很丰富，并且能够很好地传达意涵。如在用镜头语言表现鲁迅故居时，花三分多钟的时间运用一组镜头组合（第1集）：

（摇镜头）（远景）周家故居，熙熙攘攘的游客。

（定格）（近景）周家故居匾额"鲁迅祖居"。

（推镜头）（全景至近景）大厅。

（定格）（中近景）模糊的大厅画面，右侧是周福清的画像。

（摇镜头）（全景）长廊和后院。

（定格）（近景）飘着雪花的画面，左侧是中年鲁迅的画像。

（摇镜头）（全景）祖居的另一门厅，匾额"德寿堂"。

（摇镜头）（中景）水缸、灶台等厨房场景。

（摇镜头）（全景）沿街的门厅及街景和零星的行人。

这一组不断切换的镜头已体现了周家当年的气派和排场，又以不同人物画像的插入表明家庭曾经历过的变迁。在不断切换的镜头语言中，观众跟着镜头在古老的宅子中漫步或者驻足凝思，在空阔的大房子中随镜头的游走感受曾经的历史，追寻或许留下的痕迹，可能还会生发物是人非的嗟叹。这组镜头摄录的是鲁迅祖居，用的是黑白影像，在影像中获得陌生感，也唤起沧桑感。

对于照片和资料的镜头表达，纪录片或是用平稳的摇镜头，或是用推拉镜头，一般节奏比较缓慢，主要符合该纪录片塑造的鲁迅形象的审美特征。对于一位具有精神高度和思想深度的现代知识分子，无论是手稿还是照片，这些精神遗产的物象镜头都需要后人从内心唤起回应、怀念和沉思，需要有足够的镜头长度获得历史感。类似的镜头在这部电视纪录片中运用较多，如在鲁迅即将搬入的八道湾的房子前的一段北京旧居的拍摄，还有朱安过世后的室内景的拍摄，都在传递着对逝去年代及逝去历史人物的感喟。

名人传记片是以名人事迹为中心的一种纪录片形式，它强调以客观、理性的态度对传主的事迹进行叙述和记录。然而绝对的真实是不存在的。《先生鲁迅》在鲁迅本体和鲁迅形象积累的基础上，不再延续被既定的和观念化的审视方式所扭曲和遮蔽了的鲁迅形象，而借助影像媒介和影像之外的众多的物质媒介开启了许多开放边沿和许多不确定性。

这部作品坚持以鲁迅作为现代知识分子生命意识的展示和实践为中心，又在表现上迎合了当下语境中的重视细节、再现历史暗角、生活民间视角和形象化表达的影视创作潮流。它是知识和想象交织的鲁迅影像，是新世纪历史语境下的时代和作者的再一次共谋的鲁迅影像，是鲁迅影像话语的延伸和重叠。

这部电视纪录片体现了当前鲁迅影像创作的新高度。它表明经历了一个多世纪的鲁迅影像的不断改写、重构、积淀和生长，这部电视纪录片在吸取鲁迅学术史大量研究成果的基础上，努力挣脱附加在鲁迅形象之上的各种强硬观念和秩序结构，以更加多元的立场和开放心态接近鲁迅本体。所沿用的丰富的史料，鲁迅研究专家不同角度的阐释，以及充满诗意的哲性表达，使这部作品成为鲁迅影像的集大成者，成为迄今为止难以逾越的存在。

## 第三节　记录传统下的镜像捕影——丁荫楠导演的《鲁迅》解读和反观

电影纪录片和电视纪录片构成当代中国鲁迅形象的影像建构的主要部分，真实、客观和理性的典籍材料和权威的专家访谈构筑了理性的、深邃的、有着固定审美范式的现代知识分子典型代表的鲁迅形象。真人扮演的电影传记片因为追求演员近似于原型，常常难以得偿所愿，20世纪60年代曾经呼之欲出的电影最终流产。然而，鲁迅形象在现代中国的魅力价值，诱惑着许多影视导演倾情投入。1999年，丁荫楠导演的电影作品《鲁迅》问世。这部由濮存昕扮演鲁迅，张瑜扮演许广平的电影作品受到很多的关注，获得极高的褒扬，被认为"成功打破伟人固定形象"[1]。时至今日，涌现出借助各种不同艺术媒介

---

① 李亚奇：《洞悉人生，重塑形象——论影片〈鲁迅〉的价值与意义》，《参花（上）》2014年第10期。

重塑的鲁迅形象，如张广天的现代史诗剧《鲁迅先生》和李静的戏剧《大先生》等，回顾这部有争议的鲁迅影像作品，或许能给我们一些新的启迪。

## 一、题材：传奇或真实？

该片放弃了绝大部分鲁迅传记片完整地介绍鲁迅生平的书写模式，只是选择了鲁迅过世以前的三年的人生经历，集中于一些能够突显鲁迅性格特质和人格魅力的相关事件。这些事件打破了以时间为顺序的编排方式。以鲁迅的生命过程展示为中心，安排事件序列的方式更有利于人物性格特征的表达。

鲁迅形象的书写已经历了近百年的历史，鲁迅传记和关于鲁迅的影视作品数不胜数。面对中国社会的政治文化主潮的核心文化人物——鲁迅，以其生平经历为基本素材，塑造在鲁迅影像史上别具一格的、能体现作者独特理解的鲁迅形象，并不容易。在政治意识形态的影响下，由于鲁迅的特殊地位和受文化功利目的的驱使，单一化、道德化、神化鲁迅的传记片占很大比例。在希望将鲁迅奉为革命思想之神的观念下，往往从道德或政治意识形态层面肯定鲁迅的反抗和斗争。而持反对立场的则片面地从文化心理或者精神分析角度，扩大鲁迅的紧张心态和负面情绪，从性格和心理层面否定鲁迅的道德人格，指责其脾气古怪、心地狭隘等。在两种对立的评判立场上，鲁迅都遭到单向性的简化，或者片面地受到强化。对鲁迅与左联关系的评价，对鲁迅在上海创作的杂文的评价，关于鲁迅对革命思想的接受吸收，这些问题都在学术史上和文化史上不断更改书写，不断地经历评价、再评价的过程。它们的再三出现与不断涌现的时代风尚相关，与政治意识形态有关，也与文化思潮相关。重写和再写鲁迅形象需要考虑纷繁复杂的历史成因和已有的形象定位，在此基础上，只有选择特殊的视角，才能对人物形象设定和书写有所翻新和突破。

20世纪80年代后，在鲁迅学术史和鲁迅形象史建构中，人性观念深刻地影响了单一、统一的鲁迅形象建构。在深入鲁迅心理和精神层面的基础上，提出了鲁迅内在世界的痛苦和矛盾，提出了还原鲁迅形象人性特征的诉求。这种痛苦和深刻在鲁迅生命的最后三年尤为突显。但是鉴于总体和统一的鲁迅形象的建构，有着集中特征又深刻复杂的最后三年时间在鲁迅形象史上并未得到足够重视。鲁迅传记片大多以塑造观念集中、特征明显、意义明确的鲁迅形象为目标，面对鲁迅作为生命个体丰富痛苦的情感体验和精神世界，难以详尽备述。大多数作品只侧重于鲁迅的行为或者经历，对其矛盾复杂的精神世界只做简化表达，或者省略不提，而鲁迅最复杂最丰富的最后三年，变成了一段语焉不详、模糊不清的经历。该影片特意截取了最后三年独立成篇，既可以更加深入而细腻地探讨这三年，也可以更加鲜明地确立鲁迅的形象特征。

该作品选择了鲁迅生前的最后三年，无疑是一次新的尝试。截取特殊的时段来表现人物形象，于鲁迅如此复杂的性格和漫长的性格发展来说，可以更加集中和深入。相对固定的时段无须考虑因时段跨度而差异过大，前后难以一致的情况。另外，横断面式地铺陈事件，也不用过多考虑前后发展的内在逻辑。在有限的电影时长内，可以更为集中和有效，表现得更有深度和更加鲜明。

由于各种观念的碰撞和变迁，由于矛盾的尖锐和复杂，由于文坛的论争和意见分歧，对鲁迅最后三年的价值、贡献和观念的评价也变得模糊，难以厘定，叙述尤为困难。并且，这也是鲁迅的自然生命过程中最困难最痛苦的时期。由于疾病，由于劳累，也由于处于矛盾漩涡的中心，文学家鲁迅陷于痛苦、犹豫和各种纠结中。在三次撞见死亡的人生境遇中，鲁迅从意外、被动地接受死亡到主动思考死亡，体现了他既能完整地正面地迎接生命，又有足够的力量和成熟的心态承接死亡。

影片在集中的三年时段中，完整、深刻和细腻地展示了鲁迅生命逐渐走向衰亡的过程。集结在他周边的意象都指向黑暗，在生命的寂灭通道中寻找存在和意义。影片添加了合理想象。鲁迅临死之前，出现的母亲、妻子和孩子等各种与他密切相关的形象，显示了鲁迅对生的惦念，对亲情和温暖的记忆。所有这些点滴、细节都完整地展示了鲁迅死亡的过程，也体现了他面对死亡的深入细致的体验和深刻透彻的思考。最后的葬礼，起到了仪式的功能，在视觉上成就了鲁迅生命的宏大价值。

鲁迅生命的最后三年，是身处中国现代文化中心上海的三年，也是鲁迅的思想观念与整个文化圈进行交流碰撞的三年，还是鲁迅个我与时代和历史语境进行沟通甚至痛苦冲撞的三年。这是现代知识分子在现代文化场域中角色展现的过程，正是鲁迅形象的充分体现过程。从题材选择和剪裁角度而言，这部鲁迅传记片无疑是鲁迅形象构筑历史上的一次探索，也是对鲁迅形象构建的广度、深度的扩展。然而，鲁迅的生平经历是丰富又痛苦的，影片中的最后三年固然是基于电影结构的策略性选择，但还是难以涵盖鲁迅形象丰富和深厚的内涵。

## 二、形象：文化生活还是生命体验？

该片放弃由历史背景决定人物形象的创作方法，从鲁迅形象本身及鲁迅与他人的交往着眼，聚焦日常生活和朋友交往领域，贴近人物形象，展开思考。该片放弃了编年体式的线性的记叙手法，而是根据主题整合事件，渐次展现鲁迅的自然生命过程。立足于生命哲学的探讨与反思，整部影片更加具有诗意和哲性的风格。这种偏重思考又熔铸了抒情手法的影片风格，适合现代知识分子鲁迅形象特征的表达。鲁迅的生命向度由三部分组成。

第一个向度是个体的人性特征，主要驻足于日常生活空间，包含亲情和爱情、兴趣和嗜好、审美观和行为习惯等方面的内容，将鲁迅形象还原为一个世俗生活中的个体。这部分内容体现了鲁迅对于家庭充满了感情，享受着平凡的日常生活，在家庭空间中是个有着丰富情感的人。影片通过日常生活审美化，刻画了平凡朴素又充满了诗意的生活。

影片中，鲁迅与儿子、妻子的情感关系表现得分量很足，也很细腻。既有精神的交流、生死的依托，也有平常夫妻的生活和交流表达。关于健康、抽烟、死亡等话题的讨论，既符合人物身份和相关特征，也表达了夫妻间真挚的感情。

日常生活和家庭关系是鲁迅作为生命个体的自然本性存在空间，也是完整的生命个体不可或缺的部分。在无限拔高的鲁迅形象建构中，它们是被省略、遮蔽和剔除的。这部分内容的加入，有利于更加完整和自然地展现鲁迅形象。无论是影像修辞还是内容选择，这个向度的鲁迅是轻松的、自如的、惬意的，也是率性的，也是他倾心和钟爱的，展示了鲁迅内心深处温暖的感觉。认可鲁迅的自然人属性，也认可鲁迅的情感天性，这些被公理大义遮蔽和挤占的烦琐细微之处，却是构成鲁迅完整形象不可或缺的部分。

在这样的氛围中，鲁迅形象的情感的暖色调，也更坚实地构筑了平视鲁迅的视角。这种平视的视角来自影像自身的特征，唤起更大数量的观众的心理感受和诉求。电影作为一种文化产品，必须是面向大众的。而能够唤起大众普遍感知的则是能够被大众接受的题材内容和感知方式。当影像依赖大众能够接受的信息和理念时，当大众能够接近鲁迅的内心世界、理解鲁迅的情感方式和思想观念时，影像对于鲁迅形象表达中生活内容的加大和生活空间的扩容来说，则是有效的中介。鲁迅传记电影在通过影像的方式传输鲁迅形象的过程中，面对传输效果和形象的真实和完整，始终存在着传输的信息、信息的结构形式与信息的渠道的效用匹配。显然，这部鲁迅传记电影更多地也是更为深刻地理解了以影像语言为载体的电影基本特征和作用机制。对剔除生活空间和私密领域的、只有政治意识形态和社会空间的鲁迅形象的解蔽和真实表达，是该影片非常突出的探索意图。

另一向度是鲁迅在社会公共空间的活动和交往。这一部分内容延续了既定鲁迅形象的建构，也是对鲁迅形象的调整和纠偏。在此向度上，影片设置了三种关系，从不同的角度展现了鲁迅的社会角色。有政治组织上的共事关系，如中国民权保障同盟的杨杏佛；有精神上的伙伴，如瞿秋白；另外还有文坛上的师生关系，如萧军、萧红。通过这些关系设定了鲁迅的社会存在，以及相应的社会角色。20 世纪 30 年代的上海，是现代知识分子最重要的文化活动平台，也是社会实践的文化公共空间。鲁迅在上海的交往是精简的，也是典型的。他与杨杏佛的盟友关系，体现了他的政治立场。他们不顾生命安危参加中国民权保障同盟活动，向国民党政府要求政治民主的行为，体现了现代知识分子的精神品格。与瞿秋白的交往，体现了鲁迅作为知识分子的精神追求和情意旨趣，作为知识分子共有的人性困惑和哲思追问。而与更为年轻的作家萧军、萧红的交往，则体现了鲁迅的师者角色，表现出他的现代文化实践方式（包括文学创作和出版传播等方面），还有他的美学观念及情感态度。

这些体现鲁迅关爱友朋的柔性表达，使影片的节奏张弛有致，同时在更为宽广的领域表达人性。在生活空间中，人的行为和说话更符合生命自然规律。艺术原则和美学理念都是自然的流露，美好的情感与紧张之下的激烈情感不同。

第三向度是鲁迅的文化实践活动和交往交流活动。这是鲁迅作为现代作家在现代文坛上的实践。既有具体的事件，也有更多的细节。包括推广木刻艺术，推动文学翻译，积极参与各种文学活动，支持青年作家的创作和出版等。这些事件都是贯穿在生活中的，它们是片段式的，也是零星的，没有传奇，没有跌宕起伏的叙事的过程，但是拓展了鲁迅形象的文化活动空间，在更为宽广的领域展示鲁迅的文化贡献，进而全面展示现代文化空间的整体面貌及其与鲁迅作为文化人的关系。因为这些个人经验都是孤立的、分裂的，因此，在整体叙述中只能以碎片的场景存在，作为鲁迅影像的补充资料。当细节只是细节，背景只是平凡的场景时，鲁迅形象以消解伟大和神化的姿态走近观众，在人性立场上与常人进行平等交流。这是内容题材上的突破，也形成了多样化的影像风格。

在展示鲁迅活动的过程中，为努力追求历史的真实，影片还特地展示了鲁迅与左联文化圈子的关系，以及鲁迅对左联的情感态度。这是该影片在描述鲁迅经历上的一次大胆的尝试。由于左联内部的矛盾和复杂的历史原因，鲁迅与左联的关系往往被回避。而该片则表达了鲁迅面对左联内部矛盾的真实立场和直接态度。这是一次努力超越意识形态的框架的鲁迅形象的构建，也是对坚守人性立场的鲁迅形象的坚持。

这部鲁迅传记片在内容上从革命者的社会角色刻画逐渐转换为现代文人的生活方式描述，更侧重对鲁迅个体文化状态和生活方式的表现。较之前注重社会功能的形象塑造，该作品侧重表现鲁迅自身的思考和反思的过程。处在上海文化圈中的鲁迅，随着周边的挚友和知音遭到杀害和自身健康每况愈下，在生死边界于现实和人生做出的都是超常规的反应。周边无论是现实空间还是生命空间都呈现出越来越逼仄，且越来越被扭曲和无法生存的状态。而安全和健康问题，直接逼迫到生存可能和生理基础。鲁迅的焦虑和感受到的沉重，都直接内化为他作为知识分子的独自思考。

外部环境的激烈斗争到内心世界的焦灼困顿，也反映了现代中国社会激烈的矛盾直接塑造了中国现代知识分子的心理状态和精神品格，乃至于情绪心性。这部电影的尝试无疑是有意义的，但是作为一次探索，它也忽视了其风险。它突显了鲁迅的文人气质和文化人角色，却忽视了三十年代上海革命思潮于社会的普遍而深刻的影响。有意区别作家和革命者的身份差异，退回主要以对鲁迅内心世界的探索来展示鲁迅的表达方式，也造成了鲁迅形象塑造的片面和偏颇，相较鲁迅如此丰富的精神世界和文化贡献，不免显得单薄和简单。

### 三、空间意象：环境还是景观？

与所选择的阶段性的生平经历相对应，影片在空间上也更集中于上海的文化空间意象。由于影片摆脱单一、绝对的政治维度，塑造在上海的鲁迅形象，上海空间意象不只是鲁迅生活的现实环境，还具有相应的文化符号功能。老上海于观众而言，既增添了一份怀旧的感觉，也代表了鲁迅形象内含的现代文化元素。跟随鲁迅徜徉，可以充分领略现代化都市空间的真实样貌，比如看电影、逛书店、拍照、公共集会。这些在当年的上海都市文化现场充满了时代感和时尚感的文化行为，都直接展示了现代知识分子的生活方式和行为习惯。

　　鲁迅传记片的背景从江南水乡的绍兴转向都市上海，也体现了鲁迅所处中国近现代历史文化语境的广泛而客观的定位。之前鲁迅传记片在设置鲁迅活动空间时，普遍定位在绍兴。这种定位代表了乡土中国、传统文化和士绅家庭环境对于鲁迅形象的塑造和决定性的影响。

　　从乡土空间转换到上海都市空间，极大扩展了鲁迅形象的内涵。在上海这一充满了现代性色彩的大都市，鲁迅对现代化的思考，及中国近现代社会革命和左翼思想的现代性精神，都市空间的生命狂欢表达都是现代性的一部分。如鲁迅对丁玲的关心和救护，对萧军、萧红的交往关爱都是通过现代文化空间和现代文化渠道来完成的。当鲁迅出入上海的咖啡厅和饭店时，即使他依然穿着长衫，还是能够强烈地感受到在现代文化空间内的所有活动，具备了现代知识分子的精神气质，实现了在传统向现代转换的文化场域内的接纳、顺应和融入。

　　鲁迅形象的文化立场，以及鲁迅与现代都市文化空间的关系，通过这些环境背景的变更、场景的设置都有了新的拓展。如鲁迅与瞿秋白分手告别的镜头。在薄雾缭绕的清晨，鲁迅和瞿秋白在种植着行道树的空寂无人的道路上拥抱分别，身后是望不到头的通向远方的漫漫长路，近景是鲁迅和许广平并排站立的背影，马蹄踩着路面的声音，伴随着渐行渐远的马车，路边无声整齐排列的房屋。此时此景产生的寥落、茫然的感觉，较之以江南水乡的自然风光送别，更为虚空、绵长、漫无目的，呈现出极强的孤独感。而嘈杂的都市街头，喧闹的人群中，这些特定的都市场景更真实地体现了鲁迅在都市化的现代现场气息中，赋予现代性的感受和思考，具有激烈的现代意义抗争和现代性经验积累。

　　这种对鲁迅形象的认识和表达，也是随着鲁迅形象建构的逐步发展而出现的。在中国近现代历史展开的过程中，尤其是 20 世纪 80

年代以来，随着对现代性、现代文化及上海现代都市文化的认可的强化，鲁迅形象的现代性和现代化的认知也在扩展和加深。由绍兴移至上海的文化现场的构建，既使观众得以在上海文化氛围中感受鲁迅形象，又使鲁迅形象的现代性书写获得最大限度和空间。

上海空间意象的现代感，还体现在与世界的交流上。影片中的国际友人扩展了鲁迅形象的新空间。他们在上海与鲁迅的交往，通过不同文化认同增加了鲁迅认知的新视角。如鲁迅与内山书店老板的交往及友谊，以及与美国记者史沫特莱的交往。影片在一些必要的场景中还用到日语和英语，还有上海话。这样的场景设置既构设了鲁迅在上海真实的生活空间，增加了鲁迅形象的生活质感，也呈现了鲁迅生活的鲜活和生动感。

面对多元的中国历史文化语境，该影片力图冲破革命话语主导下单一的鲁迅形象，努力在更为宽广的多维空间中还原鲁迅形象。该影片集中于鲁迅在上海的生活经历，多处展示有风味的旧上海，通过上海话、多种外语的加入，造就了文化的现场感和鲁迅生活空间的韵味。对鲁迅形象和旧上海的共时关系的强调，空间意象的营构，改变了鲁迅对上海文化的批判立场，对抗的姿态转为融入的倾向。事实上，生活在上海的鲁迅坚决反对旧上海的殖民文化和市侩哲学，而影片中的旧上海的景观化表达与上海时期的鲁迅所感受的作为生活空间和社会环境的真实状况有出入，也与有着强烈主体意识的现代知识分子、大力批判反思上海文化的鲁迅形象矛盾抵牾。上海空间意象的景观化表达使影片迎合当下审美期待、迎合观众口味，偏离了历史事实和鲁迅形象的真实。

#### 四、影像：虚构还是幻象？

鲁迅传记片的影像构建，在基本的图像之外，需要大量的文字和典籍资料进行补充。一直以来，这种风格被视为与鲁迅这位具有深刻思想的现代作家的身份是一致的。鲁迅传记片因为包含大量的文字材料而具有很强的观念性和教化功能。这部影片扩展了现实影像的简单记录功能，增添了虚拟空间的影像表达能力，突显了影像的功能和意义。

在情节和细节上，还进行了多处虚构。如在叙述中发挥鲁迅这一角色的语言表达功能，通过形象自身的话语功能，传达他的思想或者观念。尽量将鲁迅的深邃的精深的思想观念构设为现场或者具体语境，从而使其生动形象鲜活地被感知和理解。这些影像符合鲁迅作为思想者的特征，也完全不悖于主观事实。

通过丰富的镜头语言替代平铺直叙的叙事功能或是表达心理感受，实现镜像的外化表达。如片头部分，一桨一桨的摇橹水声中，渐渐地映现出晕黄的江南水乡古镇的场景，地方戏凄厉激越的唱腔，穿透弥漫着雾气的夜空。慢慢下摇的俯瞰镜头，穿着长衫的鲁迅从乌篷船中站起来，夹着布包，在凄惶的缓慢的背景音乐中，走上码头，缓步于江南古镇绍兴街头，经过咸亨酒店的门口，迎面而来拄着拐杖、枯槁憔悴的祥林嫂，被满头乱发的狂人哀求"救救孩子吧"，还和高喊着"革命了"的阿Q擦肩而过。这组镜头通过串接的作品重现了鲁迅的作品场景或人物，准确而鲜明的鲁迅形象特点在短短的三分钟内被生动地勾勒出来。这是作为现代文学家的鲁迅的形象空位。该片通过影像呈现的方式强化了传记主人公鲁迅的形象：一位神情凝重的思者形象，面对着一大堆衣衫褴褛且表情痛苦的人们，他的作品呈现了这些病痛和苦痛，他自己也表情凝重。

鲁迅在这些他者的镜像串接中又呈现了他自己内心和外在分裂又重叠的镜像，表现了鲁迅形象作为现代知识分子和民族传统心理间的深层联系。在这样特定的空间氛围和人物成像中，鲁迅形象的镜像表达既与那群人同处于一个空间中，同时在理性上又不是融入的状态，但是同时，作为一个返乡的人，他在情感上又与这些痛苦而找不到出路的人群是一种重叠关系。由光线和色彩造就的空荡荡的和迷幻的不真实的感觉，说明这些镜像与鲁迅形象间是部分对象化的关系，它们是建构完整鲁迅形象的部分镜像，它们与鲁迅形象间有部分交织和重叠，但是之间又存在区分和间离。在前现代的中国氛围里，鲁迅的返乡是情感上的需要，但同时又是不到位和达不成情感回归目的。本土对于鲁迅来说，有着强烈的情感牵涉，但是又是他挣扎和无法回归的。故乡的异化存在成为他永远无法回归的他乡，这是鲁迅形象中有着强烈象征意义的部分镜像表达。

通过节奏、色彩，主客观镜头的对应和区分，将文字语言和思维深度转换成影像语言的表现。

影片通过镜头语言细腻地处理了速度和节奏的关系。全片中，关系分三种。第一种，如鲁迅在思考和传达那些哲理和愤懑情感的时候，影像的节奏是缓慢的，滞重的，有着镌刻的印迹，极力展现鲁迅形象的个性样态，经由时间而得以固化。第二种，鲁迅与他者的关系是协同的。对于两个以上的对象，鲁迅与众人间的节奏同步，一般都是匀速的，鲁迅作为主体与众人或者环境间的关系是和谐的，一致的，也是能够得到认同的。

最突出的是第三种关系。鲁迅与他者的行进方向是相反的。如鲁迅脑海里浮现的瞿秋白被杀的场景。鲁迅抽着烟，咳嗽着，而他周边的人却逆向涌往刑场，他们间没有交流，没有示意，各自朝着自己的方向移动，却是同时出现在银幕上，暗蓝色的背景上，只有动作，没有声音。叠映处是瞿秋白被杀前的容貌和神情。随着一声枪声，鲁迅打了寒噤，定格在他与众人逆向的移动状态，突出鲁迅形象的抗争性人格，在乖违和恶劣的环境下依然独立和挺立的伟大人格。

该影片运用了多处速度节奏背离和对比的影像。当鲁迅面对大众，尤其是行为或者思想无法认同和一致的情况下。鲁迅一人以正常的速度行进，或者是静止状态，他的周边都是些改变了速度或者节奏的人群，以这种改变节奏或者速度的方式，突出了鲁迅的独立性。尤其是与愚昧的庸众相区别的独立性。此时的群像相貌面容是模糊的，他们弯腰曲背，只有统一的行为方式，没有目标地随着人群或者人流朝着一个方向走，而此时鲁迅的神态是寂寞孤独，沉重严肃，但是清醒坚定。这种鲜明的对比，也突显了鲁迅的精神特质，更突显了鲁迅于中国文化语境的独特的价值。

除节奏外，影片中还以不同的光影和色彩表现情绪和氛围，注重情绪表达和色彩的对应关系，并借此构筑特殊的场景。如影片在表现主人公沉重的心情时偏重暗色调和冷色调。这些组合的镜头语言构成了完整叙事的整体风格。

如在中国民权保障同盟会结束，杨杏佛来到鲁迅家后被暗杀的情节，充分体现了丰富镜头语言的运用和场面的调度。作品以力量各方的行为和事件的交织和推进，形成叙述蒙太奇，又通过不同视角的镜头强化了矛盾和冲突。当鲁迅和杨杏佛走出会场大门，运用客观镜头呈现鲁迅和杨杏佛告别的场景。杨杏佛不放心鲁迅，随后送鲁迅回家。在杨杏佛离开鲁迅家时，银幕上出现了监视鲁迅家的望远镜，而后又转换为暗杀杨杏佛的过程和场景。这一复杂的过程，只通过几个代表性的镜头间的剪接组合，完成了繁复的叙述，并清楚交代了阴险残忍的暗杀事件。这一事件过程的色彩运用和光影明暗变化强烈地体现了现场氛围和人物的心理感受。

杨杏佛被暗杀后，鲁迅参加追悼会的主要色调是黑色，而且明暗对比非常突出，烛光的亮处尤为清楚和分明，现场呈现了肃杀氛围。鲁迅撑着黑伞，沉重地走出追悼现场，只身行走在雨中，他的周边出现了影像扭曲和快速移动的清朝兵丁队伍，以不规则的和不稳定的镜像行进。整个空间场景以及生活于其间的人都是变形和扭曲的，以一种奇特的怪诞的方式移动着。这些兵丁押解着一位被捆绑着去行刑的犯人，这是作品《药》中夏瑜被砍头的场景。此时的色彩变成诡异的暗绿，营造了鬼魅世界和地狱场景，而后，随着镜头快速地推进，银幕上出现了蘸饱了鲜血的人血馒头。通过这一组镜头，鲁迅心理内在的镜像直接外化，他对杨杏佛被暗杀的思考，对中国社会现实的理解都浓缩在《药》的象征意象中，这种虚拟的表达正是提炼和概括的镜像设定。思想、情绪和概念通过镜像的方式被镜像形塑。

影片整体用光偏暗。为突出人物间的矛盾关系和情节的紧凑，中近景镜头，尤其是室内景镜头较多。创作者通过鲁迅演讲的镜头组合设定人物关系，也体现对不同人物的理解和安排。为突出在民众心目中的鲁迅的思想引导者形象，运用微仰拍的镜头，表现始终站立着的青年面前的鲁迅形象。以围绕在鲁迅周边的听讲人群与鲁迅间的正反打镜头，形成鲁迅为中心的环境氛围，并以他们的目光交接表现出心灵的沟通和精神交流。鲁迅演讲时传播的思想和青年聆听演讲时的场景再现，表明鲁迅与青年间的精神呼应。这一过程，是严肃而庄重的历史意义建构。这一创作意图，不仅体现在鲁迅和青年群体的姿势和表情上，也体现在环境氛围上。剧作在这一场景运用自然光，使整个画面更为真实可信，也使得环境中的人物统一而默契。鲁迅演讲时被青年高度包围拥护的情景，也是鲁迅形象价值意义的再现。

该影片充分调动影像呈现心灵世界、精神领域的表现能力，展现鲁迅主观世界的广阔、深邃和丰富，极大扩展了鲁迅形象的隐含世界。但是，这些主观世界的表现，梦境、想象的建构都是影片的创作者赋予并塑形的结果。虽然，鲁迅形象塑造中的题材超越国族和时代的时空限定，鲁迅形象所体现的浓厚的人性色彩和诗意哲性气质都可以通过影像语言得以传达。但是，过多地倚重精神空间在传记片中的分量易使人物形象失去真实度。对鲁迅形象的精神世界的表现借助太多的感觉时，这些影像试图反映真实却成为幻象时，就会影响到传记片主人公的可信度。影片后来受到的一些质疑与影像的题材和表达方式有一定关系。

该影片在鲁迅形象的书写和刻画上进行多方面的探索，熔铸了对鲁迅形象的多角度多层面的认知，也传达了鲁迅形象建构中的理念、认知和立场，努力还原真实和客观的鲁迅形象。但是，产生鲁迅的时代和塑造鲁迅形象的历史语境不可能重叠。鲁迅身后的一切鲁迅形象的塑造都受到与创作者共时的社会思潮和审美观念的影响，也与创作理念和诉求目标直接相关。该影片在反思、解构固化的鲁迅形象的过程中，因为过多的日常生活的表达，疏离了艰困的历史环境，也削减了鲁迅思想的深度，出现了迎合消费语境中流俗化和碎片化的倾向，使鲁迅形象变得模糊。

鲁迅作为生命个体，是丰富而痛苦的，当面临着威胁生命存在的死亡时，他呈现出来的丰富和痛苦尤为鲜明和深刻。他以一种不妥协和抗争的方式表达不可遏抑的生命激情。伟大的鲁迅，瓦解一切压迫感和威慑力，将其视为虚妄和无物，敢于直面和逼视。《鲁迅》作为真人电影，打破不同于鲁迅传记纪录片电影的表现手法，增加想象和再创造的可能。在努力使鲁迅被世纪之交的观众最大限度地接受的创作动机下，在新的历史语境下对鲁迅形象进行了再定位和再塑造。导演塑造"特立独行的鲁迅"[①] 的作品定位，消解了具有神圣感和仪式性的鲁迅形象，偏离了鲁迅本体真实。对鲁迅形象的影像探索表明：离开记录传统的鲁迅传记电影，可能获得神话的光环，也有可能在光晕中闪烁不定。这部影片所反映的鲁迅形象的影像塑造的难度应该引起创作者的高度重视。

---

① 丁荫楠:《特立独行的鲁迅》,《大众电影》2005 年第 24 期。

# 第三章　全景揽照鲁迅故事——史践凡的鲁迅影像塑造

　　从最初的史实记录到传记电影，再到电视剧创作和纪录片的创作，影像技术发展带来影像表达的扩展，鲁迅影像一直在寻找真实鲁迅形象和不同时代期待视野间的耦合。20世纪80年代，随着电视机的普及，电视剧创作成为鲁迅影像新的样态。基于影像语言的电视媒介在沿袭电影文献片的基础上，试图开拓鲁迅影像塑造的新方法。这一时期的探索和新变蕴含着两个向度：一是广泛利用史料营造历史情境，通过影像的方式营造荧幕上的历史现场感；二是通过新的媒介构筑创作者期待视野，融合新时期的鲁迅研究成果和当下的鲁迅影像。从集中的短片式的电影文献片到系列的电视剧，鲁迅形象的影像塑造通过电影电视的冷热媒介，以文献史料与演员演绎进行尝试和选择，探寻鲁迅形象塑造的可能。浙江电视台导演史践凡倾力构筑了迄今为止最完整的鲁迅传记片。

　　史践凡1941年出生于延安，1966年毕业于北京电影学院导演系。由于电视的快速发展，他自1978年开始进行电视剧创作。他坚持完成鲁迅生命全程的影像书写，其鲁迅影像创作的时间跨度将近20年。他在自己的导演生涯中，创作了电视连续剧《鲁迅》（4集）、《鲁迅在南京》（2集）、《鲁迅在日本》（4集）和《鲁迅与许广平》（20集）。他坚持以拍摄电影的态度拍摄鲁迅电视作品。摄制组奔赴鲁迅生活的场所进行实地实景拍摄，通过角色扮演、场景呈现及情节刻画等方式，再现鲁迅形象。

史践凡的鲁迅系列电视剧，根据鲁迅不同阶段的生命历程，分别有绍兴、南京、日本和上海等不同的地域空间，它们既各自独立，又相互照应，卷轴式地描摹了鲁迅的生命全景。长达 20 年的鲁迅形象的电视剧创作，既保证和保持鲁迅形象全程基本立场和认知的相对一致，也呈现出创作者对鲁迅形象认知的变化。这些变化也映射了鲁迅形象在不同历史语境中的差异性表达。

完成于 1982 年的《鲁迅》，讲述鲁迅童年到青少年的成长故事，既是对新中国成立以来的各种鲁迅故事的深入，也是新时期鲁迅研究思潮的转向（从革命家的鲁迅形象转向现代知识分子的鲁迅形象）的体现。《鲁迅在南京》和《鲁迅在日本》则分别以鲁迅在南京的生活和鲁迅在日本的生活为线索，塑造逐渐成长成熟的鲁迅形象。这些作品集中再现了个人奋发图强的过程与国族尊严联系在一起的时代语境，以及时代语境下鲁迅的个人选择；而《鲁迅与许广平》以鲁迅从北京到上海的后半生的生命过程，再现了鲁迅多维度的生活和情感历程及文化行为。导演在以充满崇敬之意塑造鲁迅矛盾、丰富又充满曲折的人生过程时，更注意到整体社会转向和鲁迅形象的时代性表达间的关系。导演以大量的镜头和场景来表现鲁迅的家庭生活负担和家族矛盾，与肩负民族责任感和时代使命感的鲁迅形象形成同构。导演对鲁迅与周作人决裂、鲁迅和朱安的绝望又无解的婚姻纠葛及鲁迅和许广平冲破多重阻碍的爱情等情节的处理，体现了他对 20 世纪 90 年代后的消费主义文化思潮的吸收和理解。这一时尚化和带有怀旧感的民国鲁迅形象，体现了导演既在鲁迅影像中融入时代思想、又对鲁迅保持崇敬的创作心态。

　　史践凡创作的鲁迅影像随着时代思潮发展变化，既体现了为时代立言的现实主义创作态度，又体现了以鲁迅形象为社会的精神纪念碑的创作立场。他开始放弃宣教式纪录片中"精神榜样"的鲁迅形象，放弃政治观念的直接灌输，转变为对鲁迅丰沛人生经验的故事演绎。史践凡在"鲁迅影像史"上展开了鲁迅形象的多面，在新的历史时期开始了一种精神纪念碑的"侧转"——在国家民族等集体主义情感、中国现代化等历史关怀中衡量价值，以充满神圣性和道德感的纪念心理和榜样效应，在宏大叙事的价值理念下塑造鲁迅形象。剧作中宏阔的时代背景和社会场面，大量的鲁迅同代人，以及不同的历史场合，都表现出史践凡在社会文化历史背景中塑造鲁迅形象的立场。同时，史践凡的鲁迅影像又超越了单一的政治化和社会化的鲁迅形象。他截取鲁迅生平中亲切可感的青少年时代，通过使观众充分感受鲁迅曲折复杂、沉重压抑的成长经历，调动观众的文化体验和情感体验，对鲁迅形象进行编码。史践凡的鲁迅影像展示了新时期语境下的鲁迅形象转变的历史印记，也体现了从电影到电视媒介转换的重叠和交替。

## 第一节　家族破落境遇中的成长故事——《鲁迅》

　　1982 年，《鲁迅》问世，这部新时期的鲁迅影像独辟蹊径地选择童年时期塑造鲁迅形象，合理地转变了以往的形象塑造模式和惯例。导演史践凡努力克服鲁迅形象的僵化模式，以富于人情味的个性化的视角，努力突破政治意识形态下被神化了的鲁迅形象。这部电视剧把处于文化领袖高度的鲁迅形象，拉回到人性层面，通过选择亲切可感的青少年鲁迅形象，展现具体可信的成长经历，拉近观众与鲁迅的距离，使观众充分感受鲁迅沉重压抑的成长经历，从而更深地理解和认同鲁迅的精神世界。基于此，这部剧完成了改写政治符号化的鲁迅形象的目标。

## 一、视角：绍兴地域文化的熏陶和影响

这部电视剧播放时反响强烈，"得到了广大观众的赞扬和好评，也受到了研究鲁迅的专家和鲁迅亲属的鼓励与支持"[①]。荷兰著名的电视纪录片导演给予其很高的评价，"是我所看过的最好的中国电视剧之一"[②]。作品基于地域文化的视角，复现了鲜活的绍兴乡土气息和民风民情。

因政治宣传的需要，鲁迅形象塑造被政治主题裹挟，不断地被挖掘政治寓意，被无限地"拔高"乃至于"政治神化"，"文革"时期更到了无以复加的程度。1971 年创作的《鲁迅战斗的一生》中，完全以阶级斗争理论改造了鲁迅形象。作品塑造了具有强烈斗争性的、性格尖锐的刻板鲁迅形象。生活场景、时代气息及人物的丰富性格，都完全被置于意识形态话语中而被政治符号化，沦为宣传的工具。史践凡对童年时期的鲁迅形象的创作，在新时期思想解放思潮影响下，具有强烈的纠正窄化和歪曲鲁迅形象的自觉意识。

1981 年，纪念鲁迅百年诞辰的全国鲁迅学术研讨会召开，会上反思了鲁迅精神的价值和意义，清理了扭曲鲁迅思想的各种观点，为改写和再造鲁迅形象提供了新的思想基础。这部新时期的电视剧作品《鲁迅》，以鲁迅传记故事为素材，努力追寻真实的鲁迅，纠偏过度政治化的鲁迅形象。该作品无论在价值立场，还是形象主体或者表达方

---

① 林辰夫：《勉为其难——电视连续剧〈鲁迅〉摄制经过》，《上海戏剧》1982 年第 5 期。

② 紫光：《伊文思、罗丽丹谈电视连续剧〈鲁迅〉》，《电视文艺》1982 年第 11 期。

式方面，都表现出明显的创新意识。剧作放弃了当代中国沿袭已久的政治维度的鲁迅形象塑造，选择在更为广阔的文化维度重塑鲁迅形象。鲁迅的成长环境、生活画面和山川风物，确立了鲁迅形象的地域特色和文化景观。该剧作使观众获得了新认知，被视作复活了鲁迅形象而获得广泛的好评。①

剧作中的很多镜头画面都被赋予浓厚的文化气息，表现出别样的情韵和意味，充分展示了地域风情。开头即表现婴儿出生时尝五味后再喂乳汁这一绍兴民俗，而后一分多钟的镜头组合，有摇曳的红蜡烛，有褓褓之中嗷嗷待哺的婴儿，有并排置放的各色碗碟等各种物象，以富于形色和情状的动态镜头来回切换，从审美风格到意境设置，形成富于地方风情和生活气息的文化韵味。这独具风味的地方习俗，不同于以往带有强制性的政治宣传画外音营造的绝对权威、神化的鲁迅印象。这意味着这部电视剧迥别于已定型的、具有浓厚政治色彩的鲁迅影像塑造，开始讲述绍兴风情画中的"鲁迅故事"。

让人印象深刻的是，片头后紧接着展示了绍兴的生活图景。青石铺就的历史悠久的街市道路上，有买菜的、卖菜的、挑水的、挂着竹杖前行的，以及在河埠头涮洗的，在锡箔庄繁忙劳作的各色人群。活动于其间的人们，清一色的土布袖衫的衣着打扮。此景加上间或的吆喝声和叮叮当当的敲打声，鲜活地再现了绍兴市镇场景和绍兴人的生活状貌。而大量的关于绍兴酒馆、当铺的环境设置，则是绍兴具有鲜明特色的文化空间。类似的街景镜头在剧作中不断出现，导演常将这种组合镜头用于情节转折和场景转换。横摇镜头的增加使叙述节奏变得缓慢，通过对绍兴地方风景和习俗风情的连续的展示，传递出蕴含

---

① 该剧作获得第三届全国优秀电视剧"飞天奖"特别奖、第一届《大众电视》"金鹰奖"特别奖。

地域文化的鲁迅成长环境的韵味和情调，浸润其间的鲁迅形象变得亲近可感。

昏黄光线下高低不平的逼仄的街巷，路边青瓦连绵的单调的低矮的房屋，古旧而凝重的各种旧器物，以及生活其间的人物的衣着打扮和言行举止，都指向鲁迅童年生活方式背后强大和稳定的传统力量。具体的风景风物的呈现提供了接近原生态的鲁迅成长环境的机会，提供了理解鲁迅心路历程的通道。风景化的文化符号集合体，具有更为深厚的象征隐喻功能。"风景在人身上施加了一种微妙的力量，引发出广泛的、可能难以详述的情感和意义。"①文化场景的复原再现较观念化的鲁迅影像，具有更强的说服力和可信度。

除了摄录真实的当地场景外，该剧作还通过再现大量的民俗民风，强化了地方文化传统对鲁迅成长经历的影响。如，第1集，为庆祝鲁迅进私塾而宴请亲朋好友和当地名流的盛会，以及鲁迅在书塾中读书受教的情节；第2集，家变发生时，躲避到乡下外婆家，和伙伴嬉闹的场面，看社戏的体验；第3集，前往当铺典当的过程，为父亲看病搜寻各种中药材的经历；第4集，因为要去南京学洋务，母亲和家庭承受各种社会压力的具体情境和细节展示。

风俗民情场景具有更丰富的文化内涵、情感因素，更能唤起人们置身于此的场景效力和记忆功能，引发浸润在文化环境中的丰富感受和体验。对具体习俗场景的展示，可替代地将地域性集体认同纳入到文化景观中，成为集体无意识或者标记性的文化符号。绍兴文化习俗中的物象、程序和仪式，对于鲁迅来说，是形成他早年人生记忆、生活经验、行为习惯和精神信仰的基础。

---

① 〔美〕W.J.T.米切尔编，《再版序言：空间、地方及风景》，《风景与权力》，杨丽、万信琼译，译林出版社2014年版，第1页。

电视剧《鲁迅》中大量的绍兴生活习俗和景观化的文化礼仪，折射了那一时代的社会、政治、经济体现在生活形态和日常言行中的权力结构设置。社会阶层的区隔，社会角色的身份展示，不同阶层的社会分工和趣味，通过习俗的展示实现了活态化的表现。剧作中，各种繁杂礼仪中体现的行为规范和道德观念，都是绍兴古老传统、文化等级秩序和价值观念的外化。它们既是人类生活的经验、智慧和审美的集结，同时也包含着各种潜在和隐匿的权力结构下的不平等关系，包含着弱者被压迫、受奴役的不合理现象。而且，中国传统的社会结构以血缘关系为基础，家庭和家族在传统社会中起到连接国家和个人的中介纽带作用。社会人的价值体现，常与家庭角色紧密联系在一起。鲁迅置身于中国传统社会中，作为大家族的长房长孙，身上的家族环境影响和家族的文化烙印十分鲜明。展现系统化的、全景式的文化图景，有助于观众充分理解文化传统对于文学家鲁迅的成长的影响，冲破单一片面的鲁迅形象塑造的观念和模式。

电视剧《鲁迅》通过影像复原鲁迅成长的家庭环境和家族氛围，塑造了富于人情味的鲁迅形象。对其家庭环境进行完整、细致的复原和全景的营造，是塑造富于人情味的人物形象和回到历史现场的前提，而家庭氛围的构筑、家庭生活的呈现，以及大家族中众多家庭成员的言行举止，可以让观众感受到清朝末年具有深厚传统的绍兴家族文化和家庭的日常生活习惯，让观众领略鲁迅成长环境中的具象场景，使观众对鲁迅和他的作品及其精神世界产生感性、直观的认知。

同时，电视剧通过人物关系的设置，鲁迅与长辈、家中佣人及朋友伙伴的沟通交流，构建具有浓厚人情味、真实可信和具体可感的鲁迅形象，这正是新时期的鲁迅形象。家庭中众多的家族成员和他们各自的活动和生活习惯，形成了绵密的、系统的和庞大的家族关系网，而鲁迅的少时生活及其人生经历，成长过程中的思想基础，都与与生俱来的且深入骨髓的典型中国旧家庭的影响密切关联。有着深厚文化传统的家族，经历急遽的变故，以及家族成员的各自表现，都让鲁迅深刻体会到家族的生存现实、衰变过程和内在的复杂矛盾及封建家族制度的糜烂腐朽。剧烈的家庭变故造成的家族的没落，不仅改变了鲁迅生活的物质基础，还直接改变了鲁迅的思想观念和情感态度。

电视剧对鲁迅少时人生的亲身经历的充分表现，为其深刻剖析旧家族礼教、反对传统而成为现代知识分子的人生道路提供了合理的逻辑阐释。如从电视剧中鲁迅祖父要求儿子周伯宜好好读书考秀才的场景，就可以感受到鲁迅父亲背负着的沉重的精神负担，进而感受在科举制度、文化机制和父权观念的综合作用下，长子在旧家庭中的沉重压力，也能够领会浸染在压抑的旧家庭环境中的鲁迅精神负担的潜在根源。正是如此具象的富于感染力的家庭环境的呈现，才使得剧作中的少年鲁迅形象如此真实可靠、生动鲜明。

这部电视剧中的富于人情味的鲁迅形象，置身于旧式社会和旧家庭的特定的历史场景，具有强大的道德力量。剧作对鲁迅少时成长的家庭环境的全景呈现，提供了旧式家庭中权力设置和人伦关系的文化图景。鲁迅的家族具有普遍性，旧式家庭中的道德观念和伦理秩序形成了稳定的人伦关系，也形成了强大的道德力量。作品中的少年鲁迅的人生经历与其家人性格密切相关，其个人性格的形成也深受其家庭的影响。

首先，作品表现了强大的家庭影响力。如对鲁迅母亲的表现就具有典型性。她作为旧式家庭的妇女，在少年鲁迅面前始终保持着坚强又敢于反抗传统的慈母形象：对儿子疼爱和呵护，对丈夫顺从，对佣人和穷人关爱。面对家庭变故，她非但没有软弱，反而表现出坚韧的性格。剧作中对此形象显然是饱含深情的，并且将非常重的戏份给了她；通过塑造母亲的形象，委婉地表达鲁迅身上的精神品质。这种母子同体的观念本身就是传统道德的实践，这种关系设置和观念表达完全符合传统的家庭道德观念。

其次，剧作既体现了鲁迅身上的传统美德，也表现了他的反传统。如鲁迅从小就有同情弱者、优待下层百姓的行为。他试图帮助辛苦挑水、不堪其累却还要承受精神打击的长工，他关心佣人，这些行为都体现了浓厚的传统道德意识。在富于人情味的氛围中，鲁迅形象体现出对弱者的关怀，包含着强烈的民间道德感。鲁迅少年时期就有了反传统的思想，强大的传统曾经伤害过少年鲁迅。特别是在家中遭遇变故后，鲁迅通过家庭内部的矛盾和纷争看到了亲情的裂痕，看到了传统家族面对弱者的立场和姿态，也看清了蒙着亲情面具的人性中的虚伪、势利和自私等黑暗的一面。尤其是叔祖和叔祖母在爷爷入狱后，不仅不施以援手，反而趁机落井下石，在分家争家产过程中表现出丑陋、阴险和凶狠的一面。剧作通过家族内部的深刻矛盾来分析传统文化，虽然有别于社会化的革命话语下的鲁迅形象设置和阐释，却能表现出导演对中国传统家族和家庭关系的深刻感受和认知，符合中国传统家庭的基本事实，符合一般民众对于中国家庭的切身认知，可获得更广泛的人情化认同。

## 二、形象：家族逐渐破落下的鲁迅成长故事

以血缘族亲为纽带的中国传统社会的基础是家族关系，剧作以文化视角塑造鲁迅形象时，家族影响因素被强化和突显，鲁迅在长大后的自述中也屡次强调童年成长经历与家族历史密切相关。因此，该剧作对鲁迅形象的塑造被演绎为伴随家族破落的鲁迅成长故事。在这部

引发更多的关于童年经历与父子创作关联感受的电视连续剧中，文化多向度和多样性体现在情节的结构设置上。

在鲁迅的童年成长故事中，隐含着两条相互交织的线索。一是周家由盛而衰的过程，电视剧第 1 集举城官僚文士聚集到周家庆贺鲁迅去三味书屋开蒙的盛会；第 2 集祖父行贿乡试主考官东窗事发；第 3 集父亲在情急之下病情加重，家中因为打点官府和为父亲治病和抽鸦片不断变卖家产；第 4 集家族因分家产而愈加贫困寥落。周家逐渐败落的过程中，家中各房的私心和盘算加速了家族的瓦解和衰弱。显然这条线索的安排也在隐喻以周家为代表的传统社会和文化的逐渐衰弱过程，这一过程中，传统家族结构中的权威意识和传统家族观念也在逐渐衰落。

另一条线索是鲁迅的个人成长经历。在此过程中，传统文化的影响也在逐渐地缩小。第 1 集，以鲁迅上私塾为主要内容，虽然会穿插鲁迅不屑于传统科举制度和文化观念的叛逆态度，但总体来说，展现出传统文化观念的强大影响。第 2 集，通过与劳动人民的接触和相处，进一步扩展了鲁迅形象的社会空间。少年时期的鲁迅，已开始介入社会生活。鲁迅较同龄同阶层的同伴，表现出更大的社会责任和现实关怀。鲁迅形象的这一塑造模式，延续了革命家和政治家的鲁迅形象，体现鲁迅与劳动人民的密切交往和深厚情感，体现着电视剧"遵命文学"的政治职责。第 3 集，接着第 2 集童年鲁迅的经历，继续塑造社会和政治维度的鲁迅形象。少年鲁迅在家庭日渐衰败和贫弱的过程中进一步扩展对社会的认识，在与荣盛期的对比中看见世人的面目，看到更多样的人心。第 4 集，少年鲁迅完成了思想转变，开启了新的人生阶段。在经历了剧烈的分家变故后，鲁迅走出了家乡，走向更为宽广的社会空间。这表明鲁迅经历家族变故的过程，使他确立了新的观念，形成区别于旧时代和旧社会的新的思想基础。这一阶段，是鲁迅在绍兴成长经历的终结，也标志着他从旧时代、旧家庭脱离出来，踏上成长的新起点。

沿用旧势力没落与萌生新思想的交织情节塑造鲁迅形象，将鲁迅成长的个体意义纳入广阔的民族国家的价值体系，依然是重复"新文学"建构的基本思路，即同构于夏志清考察中国现代文学时提出的"道义上的使命感"和"感时忧国的精神"。[①] 这种组织安排材料的叙述手法，取决于鲁迅形象塑造的意义模式。

鲁迅形象的影像塑造、鲁迅的个体精神和个性表达、个人的特殊成长经历，在电视剧中，都需要经历这一模式化过程。鲁迅的童年的精神空间和表现，都需要被纳入社会历史进程才得以存在，更不用说围绕着鲁迅成长过程中的所有周边的社会事件，或者是与他相关的周边人的经历或者经验。这些被纳入鲁迅形象的影像塑造的材料都被视为广阔的社会现实的反映，不管是上层社会的丑陋虚伪，还是下层社会的贫苦愚昧，都被零散地安排穿插在对鲁迅的生平事迹的介绍中。尤为明显的是还存在着强化了的社会意识形态表达道德化的逻辑。不管是反抗书塾制度的恶作剧举止，还是争夺家产的内斗，都因为被提炼了的斗争关系，在有意无意间与社会分化、阶级对立及道德善恶关联，成为政治观念的意识形态同化的例证。作为当代中国政治符号化的叙述的延续，电视剧中的鲁迅形象也难以完全摆脱这一强大的历史传统。《鲁迅》试图运用传记手法展示鲁迅人生经历的丰富复杂，通过模糊政治立场和扩展文化维度，在历史和现实间取得平衡。

导演更多选用关于鲁迅生平的真实材料，即使某些材料与鲁迅

---

① 夏志清:《中国现代小说史》，复旦大学出版社 2005 年版，第 357 页。

的作品或观念不完全一致。如孔乙己的原型——老童生，不如作品中的形象有典型意义，他虽然穷困潦倒，甚至变卖祖传的鼠须笔，但比孔乙己境遇要好多了；再比如小说《祝福》中祥林嫂这一形象，源自乡下的寡妇和女佣人阿花两个原型人物。剧作中与鲁迅作品相对应的生活现实和人物原型，真实地再现了鲁迅成长的社会历史环境和文化生态，也提供了理解鲁迅作品的线索。剧作中提供的事实材料和人物原型表明，近代绍兴社会矛盾，不如鲁迅作品刻画得对立、集中、尖锐；在政治观念之外，也有浓厚的生活气息。剧作中提供的历史场景、生活细节和人物原型，淡化了鲁迅形象的观念化倾向，通过平实的史实和生活细节，将接受和评判的权力交给观众，以较为低调的创作姿态和平实的叙述手法，塑造新的历史语境下的鲁迅影像。

这部电视剧当时之所以能够获得很大成功，也是由于迎合了那一时期观众的视觉机制和接受心理。如全剧按照时间顺序通过线性结构来组织材料。导演在充分考虑观众接受心理的前提下，采用了一些新的创作手法。剧作同时注重在还原历史、还原社会环境过程中发现人，表现人物的文化内涵。在叙述手法上，主体结构运用顺叙方式，也采用了倒叙或者插叙等叙述手法，总体上不会影响整体框架的基本脉络。剧作的结构，符合观众于传记人物成长经历的认知逻辑。又如在人物与事件的展开过程中，呈现前因后果和保留动作的完整性，保证观众于某一具体事件的清晰确定。在对话情景中，尽量让每一位在场的人物角色都能起到作用，完成所有被安排的角色的在场性。而在人物动作或者事件中，都要表现其完整性，常表现为行动人物从起点到终点的整个过程，使影像节奏舒展而缓慢。

最突出的是保留了节制、含蓄、内敛、克制的情感方式，不管是人物表演，还是镜头语言表达，都充分地体现了中国传统文化的渗透。如鲁迅在家变后前往当铺的这一场景，在环境氛围的营构、人物对话的表达和动作语言等方面，通过各种细节展现，可以感受到特定时代特定语境中的典型人物的典型表现。不管是少年鲁迅在当铺前的犹疑神色，还是店铺伙计不耐烦的言辞，抑或店铺老板暗藏讥嘲的通融和善意，以及少年鲁迅掀起长衫去接从高不可见的当铺窗口丢出的铜钱的镜头，都细腻而深刻地表现了出入当铺的少年鲁迅屈辱又隐忍的感受，以及懂事又倔强的性格，也恰当地表达了处于传统文化氛围中的当铺商人和典当顾客的关系。而在出当铺时巧遇塾师寿镜吾先生的情节安排，又在不经意间设置了人情冷暖的对照。鲁迅的慌乱躲避和寿先生欲言又止的细节，通过相互交替的动作和眼神等系列镜头组合，形成了情感的投射和意义的偏向，符合不事张扬的、深藏内里的含蓄情感传达模式，又恰如其分地表现了特定场景中不同人物的言行举止。

剧作还擅长通过富于韵味的环境氛围，传递绵长的情致。如在砸广思堂书塾后，少年鲁迅及其家人在如注暴雨中奔跑上石拱桥，为被押解的爷爷、父亲送行的场景；即将离开绍兴前往南京的鲁迅走上石桥，与前来辞行的寿老先生的话别，留在屏幕上的高架于水上的石桥和缓缓驶过桥下的小船……这些绵延的、意味深长的镜语，都在传递着复杂又滞重的时代气息。

剧作在观念上试图突破政治化、社会化的鲁迅形象塑造的同时，继续沿用故事化的鲁迅形象塑造模式，用传统习俗挖掘鲁迅形象文化精神，在 20 世纪 80 年代获得了很大成功。然而，时代步伐急速变化，此番有着浓厚道德情感和文化韵味的鲁迅形象，在 90 年代以后因消费文化迅速升温而被疏离和陌生化。

### 三、镜语：交织与间离的声画表达

剧作中选用如此多的复杂丰富平实的史实材料，正与当时的社会思潮和鲁迅研究学术思潮同步。为了有效地突破当代中国强烈的政治化和观念化的鲁迅形象塑造的僵化模式，在新的历史语境下重塑鲁迅形象，通过返回历史原点实现返回真实的鲁迅成为鲁迅研究者的共同呼声。此时的鲁迅形象塑造面临着新的时代语境下形象话语的嬗变，也面临着新的思潮和阐释维度。鲁迅形象塑造的立场转换之际，这种只呈现史实材料、不做分辨的处理可能会造成观点不鲜明、作者立场复杂矛盾的状态。剧作淡化强烈的政治意识形态色彩，将政治道德立场转换为文化维度，侧重于生活和历史的细节，陷入一种难以整合的悬置犹疑摇摆状态，在影像呈现上使用了一种复杂交织又矛盾的话语方式。

这部电视剧在表达上也逐渐放弃政治意识形态和阶级立场的思维方式。即使沿用同样的素材，也弱化青少年鲁迅与作为伟人和巨人的鲁迅之间的关联，并诉诸情感，以细节呈现。如讲述鲁迅成长故事时，选用的青少年时期经历的素材，都是其日后人生的预演。比如看到挑水长工受到无人道的苛求和精神侮辱时，少年鲁迅试图说服他反抗，但是长工因怯弱而放弃反抗；而闹学堂的事件一方面表现了鲁迅勇敢不屈服的性格，另一方面也体现了少年活泼好动的天性。

除了向旧时代、旧家庭抗争之外，作品还通过鲁迅对新事物、新知识的渴望和汲取，来表现他的童年经历与人生道路的因果关系。电视剧中多处表现鲁迅旺盛的求知欲。如他在绍兴私塾时，课余大量阅读民间读物，后来都转化为他进行文化反抗的思想资源；而鲁迅跳出传统文化的阅读习惯，也为他"走异地，逃异路，去寻求别样的人们"

的人生之路埋下伏笔。这些材料和细节，都从更为广阔的历史维度来阐释鲁迅成长经历和日后人生之路间的关联。

对政治意识形态的放弃与文化维度上家庭伦理的介入，瓦解了刻板的观念。整部电视剧以少年时期的鲁迅为主人公。少年时期是人生中的初期成长阶段，并未经历社会化，性格和行为较多流露童稚的自然天性。这样的形象与成年后的鲁迅形象有显著的差别，更有别于教条化的鲁迅形象。童年时期的鲁迅形象所拥有的孩童特征将鲁迅还原为人，使其更加丰富和具体，是对刻板的政治工具化的鲁迅形象的纠偏。在传统中国文化环境中成长的少年鲁迅，脱离不了家庭乃至家族对他的影响熏陶，给这一时期鲁迅形象的刻画增加了文化的分量。

这部电视剧将很多戏份给了鲁迅的爷爷、母亲和父亲。这些重要的家庭成员是鲁迅成长过程中至亲的人物。他们对鲁迅的影响，为在更广的社会维度和更深的历史维度上探寻鲁迅形象的形成，提供了可靠的依据和文化基础。如剧中鲁迅塾师寿镜吾老先生的形象塑造，表现出导演试图冲破政治观念化的鲁迅形象的桎梏的努力。导演放弃了政治意识形态立场，将寿先生塑造成一位给鲁迅带来正面影响的老师。虽然寿镜吾先生的观念属于旧传统旧文化，但导演努力在旧文化中进行有效的区分，如寿老先生否定官僚体制，阻止其儿子参加科举考试，鼓励鲁迅在课余读杂书和小说，这些材料都在努力挖掘这位先生反对旧社会旧文化的可贵的言行。他在了解鲁迅家的具体情况后为曾经批评鲁迅迟到的行为而反省自己，在鲁迅为父亲寻找治病药引陈仓米时所表现出来的扶困助难的好心肠，反映了其可贵的传统道德品质。在这一值得敬佩的典型的传统知识分子身上，表现出新思想和传统道德并存的精神世界。而这一形象正体现了 20 世纪 80 年代后学术界努力淡化鲁迅形象的政治性、强化他的现代知识分子身份的叙述模式和文化逻辑。

除寿镜吾先生之外，在鲁迅的祖父、父亲和母亲身上，都有一些反传统的言行。长辈的言行和思想表明鲁迅家族中的反传统的文化基础，肯定了家族影响在鲁迅成为伟大的现代知识分子过程中的正向导引作用。这种思维模式较之前阶级对立观念下，鲁迅直接反叛家族和阶层的表现，或者摘录鲁迅的反传统的言论，更为细致和可靠可信。

这部电视剧挖掘鲁迅的长辈（包括祖父、父亲、母亲和老师等）身上的反传统观念的言语和行为，说明作为现代知识分子的鲁迅形象的文化基础和思想基础。这一阐释基于以鲁迅为代表的五四一代知识分子理智和情感分裂的基本心理模式：在情感上难以割舍传统，在理智上反传统的矛盾心理①。借助走向现代的中国知识分子的心理模式塑造鲁迅形象，是对单一的狭窄的鲁迅形象的拓展。

这部电视剧并没有完全放弃鲁迅形象的政治意识形态的阐释维度。作品根据鲁迅的成长史，塑造了没落家族庭中的倔强少年形象。这些素材最初来源于鲁迅的自述，也是新中国成立后努力将鲁迅形象纳入政治意识形态的基本素材。在越来越政治意识形态化的阶级斗争的观念下，这些基本素材中的对抗模式和抗争意义越来越被强化，进而将被阐释为新旧社会或阶级的对立等。

电视剧中，强烈政治意识形态观念所形成的是非分明、阶级对立的思维方式仍然延续，依然带着强烈的情感色彩，并以此形成道德伦理，进行曲直对错的评判。如将底层民众的受困受辱的生存境况与有钱人的享乐逍遥进行对比，突出表现有钱人的险恶、傲慢言行，甚至加以夸张的表现。如长工挑水必须把后面一桶水倒掉的细节：衣着破

---

① 〔美〕列文森：《梁启超与中国近代思想》，刘伟、刘丽译，四川人民出版社1986年版，第3—4页。

旧、身材羸弱的挑水工挑着沉重的水桶，踉跄地穿行在古老的绍兴城的街巷，不允许换肩，好不容易来到大水缸前，却要倒掉挑在后面的一桶水。通过对这一不合情理的举止的探究，发现这竟是主家认为挑水工可能放屁而脏了身后那桶水才挖空心思采取的方法，揭露有钱人不仅让穷人辛苦受累，还通过嫌弃其劳动和人格，进而打击穷人心理的恶劣行径。

剧作延续阶级对立观念，不仅在情节设置上有简单化和片面化的倾向，而且在表现人物的言行举止时也有夸大和失真的倾向，特别是上层社会的人物形象大多是一些脸谱化的表现。不论是酸腐的旧派知识分子，还是尖酸势利的旧式妇女，都是单薄片面的假恶丑的扁平式人物，对其言行举止所做的是浮掠式的、公式化的速记。如剧作中唯利是图、只想趁着鲁迅爷爷入狱吞并家产的叔祖夫妇，不管是对尖酸刻薄的态度还是唯利是图、惺惺作态的言行，都只有浅表的描述，只是概念化的形象塑造。

某些剧情沿用标签式的语言或者动作。如为了突出劳动人民的品质和对他们的认可，特意安排仆人长妈妈夸赞式地描述太平军的英勇形象的情节。诸如此类的表达，只能说明剧作中预设的情节简单，功利性意图明显，政治观念之下的人物形象被简化成对观念的直观处理。作品中依然明显地存在着时代对于艺术创作的限制。

艺术创作的惯性作用不只体现在材料的运用和结构的整合，也表现在具体手法的运用。为了使鲁迅的成长故事和剧作主观意图统一，使影像语言和导演的观念目标一致，剧作中的画外音成为明确主题观念的重要手段。在每一集的片头、片尾或者场景转换时，为了明确导演意图，运用画外音进行阐释。如在第 1、2 集的片尾，通过画外音突显片尾部分的内容对鲁迅成长的影响；在第 4 集的片尾，通过画外

音强调了鲁迅走出绍兴前往南京在他人生之路上的重大意义。画外音
强化了影像意涵，部分消除了影像信息与导演意图间的偏差，强化了
思想观念。但是，由于影像语言自身的特点，随着作品产生逐渐远
去，画外音所负载着的"历史图式"的强制性越来越明显。

　　增加文化的审视维度和突显家的影响力，成为鲁迅影像塑造中
新的着力点。显然，鲁迅形象所存在的环境更为详尽具化，同时也因
为更多的人物形象而产生更多的生命连接点，进而触发观众的情感共
鸣。文化维度的丰富细腻和复杂现场感，也为 20 世纪 90 年代的鲁迅
形象塑造提供了潜在基础。其时在文化、道德和政治意识形态中寻求
平衡的鲁迅影像，深受创作者观念主导。史践凡以青少年鲁迅形象为
切入点，以淡化政治意识形态的创作历练，为鲁迅形象塑造找到了特
别好的平衡点。这一鲁迅形象的塑造，契合了当时的社会文化思潮，
也唤起了时代共鸣并得到广泛认同。这一鲁迅形象的影像化表明：民
间化、生活化、人性化的鲁迅，改变了政治意识形态化的鲁迅形象，
也是越来越神化和道德化的鲁迅形象的转向。史践凡《鲁迅》中的鲁
迅形象，体现了文化转型期鲁迅形象的日渐丰富和复杂，也指出了此
后鲁迅形象塑造的方向。自此开始，鲁迅形象塑造在语言、媒介和观
念上发生了全方位变化，鲁迅形象也逐渐向具有文化韵味、深入历史
和人性的方向转变。

## 第二节　求学求知阶段的人生经历——《鲁迅在南京》

　　如果说《鲁迅》侧重于从文化维度解读和塑造鲁迅形象，那么
《鲁迅在南京》和《鲁迅在日本》则是从社会的历史现实视角，逐渐在
更为广阔的现代历史，尤其是在社会宏大历史视野下，对青年鲁迅形

象进行塑造。绍兴城的沉闷家族，南京新校的新旧对立，日本民族的振兴和中华民族的落后守旧，剧作中的鲁迅，一步步挣脱旧环境的限制，在目睹、亲历国族危机的焦灼中成长和求知，探索人生未来，经历失败挫折，一点点累积人生经验，认知世界，明确人生目标。《鲁迅在南京》和《鲁迅在日本》尤为明晰地表现出创作者在拍完《鲁迅》之后，在鲁迅影像表现上的探索和变化。

鲁迅 1898 年 5 月到南京，1902 年 3 月离开，这是他成长经历中"逃异地，走异路"的第一站，也是他接受新思想的开始。因为鲁迅在自己的叙述中并没有留下太多的回忆性记录，这一阶段在鲁迅人生经历中并没有获得足够的重视。众多的鲁迅传记只将南京作为鲁迅匆匆而过的驿站，没有给予足够的分量。在陈白尘执笔的电影文学剧本《鲁迅》中几无南京的戏份。周作人和许寿裳的关于鲁迅在南京的史料的补充，以及新中国成立后对鲁迅生平史料的挖掘中陆续出现的相关史料，才使得鲁迅生平故事的叙述逐渐连贯和分明。

唐弢所著的《鲁迅的故事》中《追寻新知识》一文比较翔实完整地呈现了鲁迅在南京的生活学习经历①。在强烈的阶级斗争观念和"思想家""革命家""文学家"的权威定论中，在鲁迅最终选择以"文学为终业"的人生故事中，在绝对化和模式化的鲁迅形象塑造中，青年时期只是作为文化偶像的铺垫，被片面单一地运用。史践凡塑造的曾经困惑迷茫并不断寻找出路的青年时期的鲁迅形象、犹豫和痛苦的鲁迅形象，正是在新时期为恢复真实的鲁迅形象所做的努力。史践凡作为与新中国共同成长起来的导演，他对青年时期鲁迅形象的塑造，在时代思潮的认知角度下，完成了影像化的实践创造。

---

① 唐弢:《鲁迅的故事》，中国少年儿童出版社 1980 年版。

## 一、视角：国族危机下的求学生涯

传记片如何展示传主的生平事迹，取决于创作者对传主人生价值的定位。选择鲁迅在南京求学的生活经历，表达了导演试图通过过程化的人生经历，来塑造鲁迅形象的意图，体现了导演在经历了神化鲁迅的时代之后，回归鲁迅真实形象的努力。在鲁迅形象塑造者的心目中，这一"真实"只能根据其当时的认知加以呈现。导演在作品中呈现了宏阔的社会历史视野下忧国忧民的青年鲁迅的学堂生活，既体现了对阶级斗争强化观念下失真的鲁迅形象的纠偏，也明显地表现出创作者的时代观念和历史现场的影响。

2集作品《鲁迅在南京》，"水师学堂"和"矿路学堂"各拍摄一集，每一集的片头都以摄录影片同时期的历史题材的电影为背景，这些从当代中国电影中截取的镜头也体现着近现代历史事件的价值立场。《鲁迅在南京》第1集对甲午战争和《马关条约》签订所引起的朝廷争斗的场面快速地回放，并在影像之外辅以郑重严肃的画外音，给作品以明晰的时代背景的设定，"中日甲午战争以清朝政府的屈辱投降告终，卖国的《马关条约》更激起了有识之士要求变法维新的热情，改良与保守，革新派与顽固派进行着激烈的抗争"，以此紧张的镜头画面强化作为个体的鲁迅的生平经历和民族、国家的联系，也暗示鲁迅在南京求学经历被置于国家危难关头的关键时空节点上，其个体经历的价值内涵也将被赋予深厚宏阔的社会历史内涵和价值。第2集开始时延续第1集的清朝历史影像，通过"面对戊戌变法的失败，清朝政府的没落，帝国主义的野蛮入侵，中国人民逐渐觉醒，义和团运动正广泛地酝酿和发展。在这封建王朝已难以自保的时刻，回绍兴探亲的鲁迅却被封建家族的腐朽势力拖进了科举的考场"（01：20）的画外音，再度框定了作品中所涉及的鲁迅生平经历的强烈的价值认定。

将社会历史背景和个人经历直接连接的叙述逻辑，无疑是鲁迅形象塑造史上唯物史论和近现代革命史观的延续。

《鲁迅在日本》则进一步减少了鲁迅生活和生平具体事件的材料，更直接地把鲁迅在日本的个人生活与宏大的政治历史联系在一起。如在交代鲁迅在日本学习的状况时，通过画外音交代，"1902 年 4 月，鲁迅就读于日本东京的弘文学院，这一年在东京留学的中国学生约五百人之众，他们按照各自的追求生活着。鲁迅无心沉湎于异国风光，他整日赴会馆、跑书店、往集会、听讲演，在这紧张的生活热流中探索和寻找救国救民的出路"（第 1 集 01：00），鲁迅在日本的生活经历被置于"寻找救国救民的出路"的整体叙事中。

两部作品创作者为避免具体的、琐细的材料过于分散，将鲁迅个人经历和生活事件连缀起来使之成为统一整体的结构。当然，这种集零为整的方法在个人传记中的过度运用，材料与观念间的生硬拼凑，也会带来叙述的不连贯或突兀。为了避免这一缺陷，作者在作品中还穿插了重大历史事件，如在《鲁迅在南京》第 1 集的 31 分钟处再度简单交代了戊戌变法的历史过程，表明这些历史事件与其时在南京求学的鲁迅生活紧密相连，生活在历史现场中的人们难以摆脱这些重大历史事件的影响，本来志在寻求救国族于危难中的方法的鲁迅密切关注着这些历史事件。作品中"前背景"的设置或者介入，都在为这些具体的、个性化的传记史实提供社会历史的"总体性的情境"，为鲁迅的个体生活经历和求学过程打上时代的印记和历史的痕迹，从而在具体的翔实的生活经历中寻找深远宏阔的社会历史价值。

这种架设社会历史价值和个人生活经历间的关联的叙述方式，固然可以强化具体史实的关联性，但也带来强行阐释造成的生硬，以及观念与材料的疏离。如剧作中介绍鲁迅回家参加乡试时配以画外音，强化了观念在叙事中的作用。

《鲁迅在南京》《鲁迅在日本》体现了创作者试图客观再现平实的学生生活，将其纳入社会历史语境的努力。鲁迅形象塑造的宏大意义的价值目标，使剧作中作为个体的鲁迅及其个性化表达受限。作品的观念化色彩造成了叙述的滞涩和感知的间离。作品中的青年鲁迅形象所展现的行为和思考，倾向于寻求国家民族出路的历史意义的思考。作为生活空间的南京、离开家乡外出求学的人生感受，在剧作中未能得到具体细致的体现。剧作中青年时期的鲁迅形象塑造，大多通过呈现经历的事件，较少表述鲁迅的体验和感受。与童年鲁迅形象塑造不同，这两部剧作不再提供使观众沉浸其中的丰富和生动的情境，而代之以客观和疏离的审视角度进行理性思考。

## 二、形象：学堂生活中渴求新知识的青年鲁迅

剧作以鲁迅求学的学堂为空间，并突出空间中的社会矛盾。鲁迅在南京进入洋务派创办的学校，学校有严格的纪律，学生在校过着封闭的、有规律的集体生活，需要遵守学校的各种规章制度。《鲁迅在南京》突出鲁迅所面临的新旧思想的对立和冲突，《鲁迅在日本》则突出鲁迅所面临的民族矛盾。鲁迅来到日本，是留学生的身份，感受到强烈的民族歧视。这说明，鲁迅当时的生活空间中充满矛盾和冲突。

学堂是将个人融入集体的一种公共空间，学堂也是当时社会的缩影，鲁迅在南京学堂所接触的人和事，更加突出地体现时代的社会场景和公共文化情态。学堂存在各种势力派别的斗争，强弱之间、新旧之间，都存在着尖锐矛盾和对立。剧作通过校外校内复杂和对立的各种矛盾的表现，说明当时的社会历史的复杂而紧张。社会矛盾集中、国族危机升级的历史环境，都在影响和塑造着作为学堂生的青年鲁

迅。这种环境和背景也隐含着受此时代氛围影响的鲁迅，将萌生强烈的时代责任感。青年鲁迅身处历史转型中，正在思考如何介入时代和现实，如何担当时代，如何展开他的未来人生。

剧作采取对比手法归纳和概括这一剧变时代的特征。《鲁迅在南京》中，导演对鲁迅前后就学的两个学堂有不同的定位。水师学堂被视作旧势力、旧观念的代表，虽然喊着维新口号，实则充斥着腐败势力和愚昧观念。如在水师学堂任职的叔祖周椒生并不认同鲁迅来南京读水师学堂，认为学洋务辱没了周家的诗书门第；学校高年级同学欺辱低年级学生；因为淹死过两个学员而填平了游泳池，建造关帝庙；还有念白字和把东半球西半球说成两个地球的教员。这些不合情理和违背基本常识的现象，与鲁迅来南京学堂寻求真知、探索人生的初衷相悖，鲁迅表现出对这些旧习气和污浊风气的抵触和反抗，因此触犯了学校律令，最终选择离开水师学堂。与之相较，他在矿路学堂中学到不少新观念和具有开明思想的新派作风。他幸运地遇上了支持维新的总办俞明震，并因此能在相对宽松和自由的环境中阅读西方译著，比如严复翻译的《天演论》，接受西方启蒙观念。他通过学校开设的多门课程，开始系统接受西方科学知识，逐渐培养唯物理性的世界观，还通过学校订的报刊了解时事。在矿路学堂的学习让鲁迅不断接受新思想、新观念，并在不断阅读中打开新世界。

《鲁迅在日本》表现了鲁迅学习新知识，经历人生的新阶段。鲁迅在日本参加革命党，学习医学，甚至在藤野先生的解剖学课上进行医学解剖，在剧作中都有呈现。

两部剧作按照作者设定的叙述立场，将材料和事实融入鲁迅的生命经历，塑造青年鲁迅形象。求学的过程，作为伟人鲁迅的人生预备阶段，也作为成年鲁迅人生之路的前期，被赋予时代价值和社会意义。由此，鲁迅的青年阶段，既与少年时期相连接，也被视为成年鲁迅的人生预习阶段。从童年到青年的鲁迅的人生故事，被叙述为逐渐成长且趋向价值目标的过程。从绍兴这一浓厚乡土文化圈走出来的少年鲁迅，经由逐渐确立价值立场和世界观的南京求学阶段，再经历拓展视野、遭受民族歧视的日本留学阶段，最终将会成为现代知识分子的典型代表。剧作中创作意图强化了鲁迅形象的社会化和历史化，而这一明显的意义建构突显了价值关怀，反而抑制了人性的丰富和性格的多样化，使剧作显得刻板和沉闷。

为了打破这种带有强大预设性的叙述逻辑，作者在社会观念、时代设定和集体学堂生活之外，有意加入琐事和轶事来丰富作品。如在作品中安排水师学堂生爬二十米高的桅杆的课堂活动，并有意展现围站在桅杆下的同学努力拉着大网以防爬杆同学掉下来这一场景。在类似的集体生活中，总是有意强化鲁迅的叛逆行为和个性化表现。如此设置，使得鲁迅离开水师学堂去矿路学堂的这一人生经历也被赋予动机和目标。通过刻画鲁迅在课堂上与不学无术的水师学堂教员发生冲突、决意离校的行为，表明青年鲁迅的血气方刚的个性、清醒独立的判断力和毅然决然的行动力。这一激烈的行为既表现出这一独特的生命个体呼应于其内在精神的立场和表现，也体现了外在的环境对处于青春激情状态中的青年的影响。

在学校这一相对独立于社会的空间环境，和思想观念未定型的学生群体在一起，青年鲁迅的探索除了受时代背景和思想观念等因素影响之外，青春激情也是激发其旺盛生命力的直接因素。处于青春期的鲁迅，常会表现出情真意切的言行举止，以及青春期的冲动。如，试图上狮子山被拒后在山坡草地上与同学拟戏文嬉笑打骂，还有冲进禁止汉人入内的满人聚居区的莽撞举止；把在矿路学堂获得的稀罕的金质奖章换钱购书和请同学吃零食，以及对家人、家乡的思念；与志趣相投的同学所建立的深厚情谊等。

在这些看似并无紧密联系的日常生活中，体现着创作者对青年鲁迅的生平经历的了解和这一时期鲁迅形象的阐释。鲁迅求学生活中的表现，是历史大环境和具体的个人碰撞的结果。青年鲁迅在人生探索中形成他的独特思想和人生选择。他在南京和日本求学时期，尚处于未定型人生阶段，青年鲁迅形象在社会历史大背景下逐渐形成其独特的个人精神气质。剧作的创作者有意只陈设事件，并不强化事件间的关联，也不有意突出事件发生时鲁迅的内心活动和强化其行为表达，说明其有意弱化观念和立场在青年鲁迅形象塑造中的暗示功能，降低鲁迅形象中过度的观念附着和价值倾向，试图将僵化的和单面的经过神化的鲁迅形象还原为人生过程中的青年鲁迅形象，表现出鲁迅曾经有过的青春激情，体现了在人性维度上塑造鲁迅形象的努力。

### 三、镜语：记录中的表意和想象

南京是鲁迅走出故乡绍兴的第一站，而在鲁迅的文学作品中，南京的经历和生活痕迹比较浅淡，大多数史料是从旁人的回忆中得以复现。《鲁迅在南京》这部剧作是导演以旁观者的视角重现青年鲁迅的南京生活，有利于对事件的客观陈述。由此，导演在塑造在南京的青年鲁迅形象时保留了客观记录的手法，以期再现鲁迅在南京求学的真实场景。

《鲁迅在南京》中，鲁迅的求学和生活空间呈现为客观化的社会环境。剧作中的南京作为其时中国社会的缩影，以青年鲁迅的视角呈现为古旧的、凋敝的、腐朽的、没落的和沧桑的城市。刚到下关码头的挎着挎包的青年鲁迅，被闹市中汽车汽笛声惊吓到不知如何躲闪，车辙印和马蹄声强化了这种喧哗和杂乱的感觉，加深了他初到南京的慌乱和陌生感。其后出现的俞明震的马车经过闹市或者鲁迅和同学在街市的镜头，都是以路人的视角摄录的，作为背景的街上，满眼都是底层百姓的褴褛衣衫、沧桑面孔和无助表情，再加上周边的摆设的凌乱和无序，南京城成为即将没落和凋敝的传统中国的象征。

《鲁迅在日本》中，片头的富士山山景、日本街市上的场景、居酒屋中的陈设，都在强化着异域风景风物，表现鲁迅作为中国人身处异国他乡的感受。

《鲁迅在南京》中，鲁迅的求学和生活空间在价值框架下呈现出丰富的时代感，体现为具体的情境。由于剧作强烈的意义指向性，鲁迅形象在这一阶段随着他视野的开阔，对世界认知的深化，表现出越来越强烈的历史责任感，他具体的生活感受和性格表现都在此意义框架下得以体现。作品突出了鲁迅在南京城生活的外乡人的感受、鲁迅在日本生活的异域感受。在南京求学的鲁迅生活单一，更专注于对新思潮和新观念的接受，而他又身处于中国思想界大变动时期，外来的思想观念大量地涌入中国。剧作侧重于讲述鲁迅求学时期接受新思潮的行为和变化，以大量的教室、寝室和书店等空间中的鲁迅形象的中近景镜头，呈现鲁迅如饥似渴地接受新思想的震惊、兴奋等神态和表现。而《鲁迅在日本》中，也大量地以教室、居酒屋等室内的学习和思想交流空间，表现鲁迅的学习和思想的转变。这两部电视剧作的大量中近景镜头的运用，除了受限于电视媒介的表达功能外，也形成了以鲁迅形象为中心，侧重于表现鲁迅在努力拓展视野、寻求新知识、接受新思潮过程中蕴涵着的激烈变化趋势。这一感受到保守和限制，且不断地拓展思维和思想的人生阶段的形象塑造，提供了青年鲁迅形象塑造的一种可能。

与客观记录手法相应，《鲁迅在南京》中的许多场景都是街头近景，较多地摄录了南京的街景，这些街景的视角是外观式的，有不融入在地的隔膜感。演员的表演也相对本色和低调，没有过多的夸张的表演性的动作和台词。作为故事性的传记电视剧，剧作表现出较为强烈的主观色彩，强化了在南京求学的鲁迅对于贫弱民族的情感色彩和对未来的忧患意识。鲁迅对于接触到的南京城的空间环境整体感觉是陌生和有隔膜的，但对于南京城内的社会上各种不平等和苦难有着深切的认识。

《鲁迅在日本》也并不侧重日本的空间环境，而是突出鲁迅在日本遭遇的歧视或者欺辱等。地理空间是作为人物形象的背景，是为促使青年鲁迅成长、暗示他将要承担改造旧世界旧传统中的历史使命而设置的空间元素。在学校里，鲁迅看到高年级生对低年级生的欺辱，最后还导致被凌辱者精神失常；在仙台医学院，他因为是中国留学生被怀疑得到了藤野先生的"特别关照"；在南京的校园里，他看到更夫老栓为生病的儿子焦虑、担忧，极端无力无助，麻木绝望；在军事禁区，他看到清朝官兵谄媚洋人、欺压汉人的丑态；他更在矿区看到中国的矿工们地狱般的生活。所见的各种苦难、社会的凋敝、民族的危弱，激发鲁迅对社会历史和民族国家的思考。空间设置在剧作中奠定情感基调。作品中的画面整体上运用晕黄的底色，短焦距的镜头造成的拥挤焦躁的感觉，以及相对单一的色调构成的灰色空间，画外音对事件和画面的指向性理解，都指向了中国社会的黑暗、苦难和忧患。这种表达，依然延续了鲁迅影像塑造中的情感道德模式，以社会公共情感为主导，淡化、弱化或者隐藏个人情感。

剧作中的人物具有明确的角色功能，如鲁迅常处于事件的核心，中近景镜头和特写镜头强化了其中心位置，他在事件中的语言、动作和细微的表情得以展现，甚至延时定格，近距离直观化地传递内心的情感和情绪的波动，以此突显传主的情感。而与此主题和观念相对应的反面角色，常被脸谱化和模式化。如南京水师学堂被讥嘲的教员表现的丑态，故弄玄虚的做派与不学无术又强作镇静的神态，都强化了这些反面人物的角色定位。而青年鲁迅的坚定、沉稳和敏锐与成为伟大现代作家的鲁迅的精神气质一脉相承。这种叙述的情感偏好和立场倾向使得青年鲁迅形象具有了独特的"光晕"效果。类似的影像语言能使观众有效地快速移情，使得形象的情感立场被强烈认同。

剧作的镜头语言表现了鲁迅在南京、日本的丰富生活，但是，叙述目标的不统一带来了作品整体风格的不统一，客观理性的镜头语言和抒情感性的镜头语言不够自然的切换也影响了作品的严整和人物形象的紧凑，导致表达上的不协调。《鲁迅在南京》在社会历史的视野下，树立了忧国忧民、如饥似渴地吸收新知识、探索人生道路的青年鲁迅形象。同时，作者也关注到青年鲁迅的日常生活层面，如刻画了鲁迅在南京为买书节衣缩食，常吃辣椒驱寒，常买饼充饥等具体而生动的生活琐事，以及他在南京的思家心绪，以及兄弟之间的亲情等。丰富细腻的表达，使传主形象更为充实和丰满，也更具有真实的人性色彩。但是，作为个体的生活表现，只能诉诸琐细和散漫的细节或者烦琐的流程，这些事实材料也不存在逻辑上的紧密关联。而《鲁迅在日本》中，迫于母命定亲的鲁迅形象，与在宏大历史洪流中追求民族独立自强的鲁迅形象，在叙述上是脱节的。虽然作品中的材料都是真实的，有据可查的，但这些材料间关联不紧密，不能构成意义链，过度限于琐细和烦杂的日常生活叙述，反而影响了作品价值和意义的诉求。如作品中有些场景和细节，在社会事件和材料中插入生活事实时，因为缺乏相对统一的原则而使得作品叙述上不够紧凑严密，从而影响了形象塑造的力度和深度。如在鲁迅下矿的时候，为表现矿下工人的悲惨境遇，在画面上用光和色彩进行大幅度的修饰，强化了对矿工生活的情感色彩。而这种表达，相对整部影片偏低调、冷静的镜头语言，显得不协调，使作品整体叙述流于碎片化。塑造在日本的鲁迅形象时，只有事件的串接，而难以形成可感动人的形象。导演虽然努力通过事件和过程来实现观念和材料的对接，但是叙述时还是不断地通过画外音强化意图或突显观念和价值。强化观念使得叙述过程散漫和拖沓，还影响到作品整体的自然顺畅。

通过对求学阶段的鲁迅形象的塑造，细化了鲁迅形象成长发展的过程，展示了导演在鲁迅形象认知和塑造过程中的摸索和尝试，他既没有忽视鲁迅形象塑造史认知传统的延续，又吸收了鲁迅形象阐释背后的学术研究的成果。导演在降低鲁迅故事所形成的故事性程度，在运用材料时更强调事实和史实，减少叙述时主观情感和评判态度的介入，但是电视人物传记片的观众不同于鲁迅作品的读者，他们需要形成连续观看的视觉效果，而过于庞杂的、关联性不强的材料会造成作品的不连贯，也会影响作品整体的统一。

《鲁迅在南京》和《鲁迅在日本》通过展现鲁迅成长的过程塑造青年鲁迅形象。青年鲁迅在不断遭受撞击的过程中思考、选择人生方向，在挣脱困境和迷茫的强烈驱动下，吸收新知识，打开新视界，思想和心灵日益成熟。随着鲁迅形象的外部空间越来越大，关于这一人生阶段的事实和材料越来越丰富，单一维度的形象内部的罅隙越来越大；随着影视技术的发展，影像语言表现力越来越强，细节越来越丰富入微，鲁迅影像也越来越多元。鲁迅形象在当代中国，开始从社会价值意义的集中表达，逐渐转变为在鲁迅经历中挖掘历史意义和文化价值的话语方式。塑造鲁迅影像时，有关日常生活的材料在远观和体悟中被改造为人生哲思和审美体验。私人领域和日常生活的内容在塑造鲁迅形象时不断增加。

作品呈现了史践凡导演在中国当代思潮演变和鲁迅研究动态发展的背景下，塑造鲁迅影像的探索和努力。作品也留下了导演主观认知和影像表达间难以弥合的罅隙，时代观念和事实材料间的疏离。由观念主导转向倚重事实材料，在崇敬心态下塑造真实的人性化的鲁迅形象，以情感维度冲决政治观念维度，努力扩展鲁迅的生活空间和人性内涵，成为史践凡导演塑造鲁迅形象的一种基本特质，一种内在的坚守。这种追求促使他追寻着鲁迅的足迹，拍出一部又一部鲁迅传记片。

## 第三节　创作、情爱与生活——《鲁迅与许广平》

20集电视传记片《鲁迅与许广平》于 2001 年出品，呈现了 20 世纪 80 年代以来的鲁迅形象的积累沉淀，表达了世纪之交的鲁迅形象塑造的定位和想象，也是史践凡构筑鲁迅影像的延续和扩展。

随着鲁迅研究界对鲁迅生活史料的挖掘和对同时期文化人的研究的扩展和深化，丰富、立体、努力返回历史场景成为这一时期鲁迅影像塑造的主流。上海鲁迅纪念馆和上海电视台合拍的《民族魂》和中央电视台《先生鲁迅》都以丰赡的史料提供了立体化、系统化的鲁迅形象，而《作家身影·鲁迅》《周氏三兄弟》等作品则以普遍人性人情为基础，多观点多维度建构了民国文化景观化视野中的鲁迅形象。在多维多元的观点冲撞中，在更为广阔的人性审视中，鲁迅形象的建构更为丰满立体和丰富多彩。

史践凡的电视传记片《鲁迅与许广平》则在充分感受这一历史时

期的鲁迅形象建构的内在变化时，通过鲁迅与许广平关系这一视角，以一向深刻理性又幽深的鲁迅一生中充满温情而浪漫的情感生活为基础，展开对鲁迅后半生的形象塑造，重构了鲁迅在北京、厦门、广州和上海的生平经历的传记形象，对之前的有着浓重观念色彩和深刻思想的鲁迅形象塑造进行了一次大力度的突破和改写，完成了20世纪80年代以来史践凡所致力的对鲁迅一生的影像建构。

## 一、视角：民国历史的怀旧风情

随着20世纪90年代中国当代社会消费和娱乐化的合流带来的消费历史的文化思潮，民国历史成为大众媒介的怀旧和风情化表达的重要资源。鲁迅形象在电视剧中的再造和重塑深受此文化风尚的影响。

首先，剧作以怀旧的姿态再现了鲁迅生活的历史背景。这部剧作多次呈现了重大历史事件的宏阔场面，如张勋复辟、五四学生运动、女师大事件、学生请愿运动、《新青年》杂志编务会议、中国民权保障同盟成立等。这些承载着庞杂而丰富信息量的政治历史事件，构筑了人物活动的广阔宏观的历史背景，提供了鲁迅在中国现代史的活动舞台，也为同时期活动的人物和事件提供了展现和交流的场所。在广阔的时代背景和历史场景中，这些具体直观的人物形象获得了历史现场感，历史事件和人物活动得以具体地展现，进而展开富于现场感的活动和表现。剧作中，宏阔的场景大致可以分为两类：

一类是鲁迅形象塑造的时代背景，为鲁迅在重大历史事件中的活动和表现提供空间和基础。同时，也表现鲁迅对历史的感知和洞见。借此可以深入理解鲁迅作品的社会历史价值，也可以深切感知创作的时代环境。如在影像化的民国时期和五四新文化语境下，易于理解鲁迅关于中国人辫子问题的思考，关于国粹问题的杂感；而鲁迅参与左联组织的活动，参与发表支持女师大学生的声明等社会活动，都说明鲁迅的行为是在具体的历史背景下的人生选择，具有时代合理性。

另一类是鲁迅置身其中的历史场景。比如鲁迅在厦门、广州、北京和上海的演讲时的情景，剧作或以推镜头突出鲁迅形象，或以仰视镜头突显鲁迅形象，还会通过观众专注热切的互动、深情和集中注意力的场面氛围烘托鲁迅的核心位置和精神魅力。这类以鲁迅为中心的场景在复原鲁迅当年演讲场景时，也表现了剧作者对鲁迅的崇敬之情，并把这种视点传达给观众。

相较史践凡之前塑造的鲁迅形象，这部电视剧作品中所塑造的鲁迅形象，更注重表现鲁迅所处的历史语境和社会文化背景，并在历史时空中体现其价值，展现其形象的独特意义。而这时的鲁迅形象塑造也更综合地沿用了当代中国鲁迅形象的传统和经验。

其次，除了复原大量的历史场景形成历史文化氛围和构筑人物活动基础之外，空间中的历史人物活动更烘托了文化氛围，同样提供了营构历史文化的氛围。剧作中，绍兴会馆、教育部旧址、八道湾旧居、北京鲁迅故居以及上海鲁迅故居等空间，承载着历史记忆。而在这些地理空间中活跃的历史人物的身影及其活动，又复现了生活现场文化公共空间。电视剧又通过声色光影的复原，给观众营构了透着旧时光晕的历史氛围。

鲁迅生活的年代已成为历史。观众在观看电视剧时只能看到置身于历史空间中的鲁迅形象，历史空间的设置强化了剧作中鲁迅形象的历史感。旧书籍、旧建筑、旧器物，以及穿过木头旧窗棂的晕黄光线，能直观地传递感觉，以视觉的元素和形式唤醒观众的经验和记忆，宛如置身于当年情境。历史空间在当代电视剧的视觉化表达中，已成为一种相对模式化的符号，并在符号化中寄寓文化或意义的意指，潜藏着探求现代中国的观剧欲望或者怀旧诉求。

再次，除了情境和氛围上表现怀旧感之外，剧作还对鲁迅生活的历史时期进行了风情化的表现。思想深刻犀利的现代作家，是鲁迅形象塑造的惯有风格。在观念色彩浓厚的鲁迅形象塑造中，具有深邃思想的鲁迅形象被突显，直至成为口号和标签。鲁迅形象，因为过度地概括和抽象而演变成政治符号或被神化。而《鲁迅与许广平》这部剧作将故事置于当时的场景中，在具体而形象的声画光影中，在具体的情境中进行想象。如表现鲁迅对中国人留辫子或者剪辫子的思考时，剧作就以张勋复辟这一历史事件为切入点，展示了在这一历史突变中人们的不同反应。在丰富形象的场景中，鲁迅对中国人的辫子问题的深刻洞察和理解才能得以充分体现，其深度思想才能够为观众所理解。再如鲁迅关于爱情婚姻的思考指向他自身的人生经历，指向他对自身的婚姻、爱情的感受和体验。这样的形象塑造避免了只对鲁迅的深邃思想进行话语的重复和转述，而使观众体会其思想产生的具体场景，同感于他的深刻体验。

剧作的风情化表达不仅体现在使客观的历史事件获得合乎逻辑的再现，更在于对事件的情境化设置。情境的设置和增加能够较大限度地调动观众的感受力，有助于促进观众对事件的接受和理解。剧作涉及鲁迅生平经历中的历史或者个人事件，不仅交代了事件发生的缘由，还展开其细节和过程，甚至补充了事件的影响。如此完备的叙述充分体现了剧作对"真实性"的追求。

这部电视剧改变了鲁迅传记片中过于倚重记录手法的模式，不只是通过画外音或者字幕进行补充说明，以客观写实的手法介绍事件发生的时间、地点和人物；也通过设置特定空间和历史记忆，营造事件的氛围，将角色置于特定的场景中，加以充分展示。如关于女师大生运动，剧作根据史实材料，将人物、场景和事件都置于激荡着时代浪潮的特定环境中，全方位多视角地展示了各方的表现，不管是热血沸腾、激情澎湃的女学生和保守固执、生硬粗暴的杨荫榆，还是支持学生的侠肝义胆的教授们和那些仗着权势指手画脚、颐指气使的政府官员们，都是根据特定情境设置角色的社会定位和人物关系，突显其性格特征。这些特定情境，进一步让人感受到矛盾尖锐和加剧，并在不断升级的冲突中推动事件的发展，也推动着鲁迅和许广平两人关系的发展。

剧作借助影像语言表现的形式和节奏，在塑造形象或展现物象时具有指向性的韵味和象征意义。女师大事件中，多次出现学生群体遭受校方的压迫和不公裁决后表示抗议的冲突场面。在青砖朱门的中式校舍间，身穿青衫黑裙的五四青年女学生群体杂乱攒动的人头，慌乱拥挤交错的手脚声影，尖锐嘈杂的喊声，都指向女师大校园和内在管理的失范无序，以及对秩序化和安全稳定的期待。如此构筑事件的情境化，使观众可以充分地感受到时局情态和女师大事件的各自立场诉求及其表现，获得感性和形象的认知。这部电视剧中的许多历史事件和人生经历的展开，如鲁迅与瞿秋白的交谊、鲁迅和周作人兄弟失和等，不只是单纯的客观的事件罗列，而是构成有节奏的情节表达，辅以声色光影，以唤起观众的情感反应。

风情化的获得在于观念的情境化，在于事件的展开，还在于历史细节的补充。剧作在复现其形象的过程中除了尊重基本的事实材料外，还通过影像语言在想象性创造中进行细节的补充，即对人物形象的言行举止或者物象的声形色状进行光影的捕捉和描摹。在这部电视剧中，类似的想象性的填补和合理的艺术加工都使得事件和过程更为具体、生动和形象。

　　在北京的鲁迅为了创作，假装成醉汉，希望进监狱体验狱中的生活，却被熟悉的黄警察识破身份。这一细节的添加，具有一定的合理性，也表现了鲁迅的智慧和幽默性格，使作家鲁迅的形象得以鲜活地展现。而鲁迅注意到柔石给母亲寄眼药水，就送他眼药水的温暖行为，是根据鲁迅回忆柔石时提到他挂念母亲的事实材料，而这一细节的增补使客观层面的事实变得真切可感，故事更富有情感色彩。柔石对母亲的记挂和惦念，以及鲁迅对柔石的深厚情感在此细节的刻画中得到了视觉强化。剧作中类似的细节补充和添加不少，如在表现许广平和鲁迅两人情意绵绵的镜头中，具化了鲁迅为许广平剪短发的情节。在温馨的光线下，半开着门的房间里，鲁迅拿着剪刀为许广平细致地修剪头发，相互戏谑打趣，这一快乐的场面被一阵脚步声打断，门外出现了朱安的身影，鲁迅忙乱中拿起烟斗试图转身离开，许广平马上起身叫道："大师母，剪子用完了，还给你，谢谢噢！"这一细节未必是史实，但在此时鲁迅和许广平两人的快乐被打断，造成尖锐、快速的情绪转变，让观众感到沉重、压抑和难以排遣的难堪，强烈地感受到朱安的存在给两人情感造成的压力（第9集35：00）。这些细节的添加虽然是在事实材料的基础上进行的艺术想象，使剧作更富于声色和情态，但同时也造成了剧作中的人物形象的琐细化的倾向。剧作也存在因过多的情感色彩而远离了形象真实并导致失真的倾向。

　　除了充分运用各种故事化的叙述元素之外，剧作强化故事性还体现在对事件的全景式的呈现。如关于在鲁迅和许广平交往中推进他们感情的女师大风波，剧作从第6集到第10集，以五集的容量从各种角度、不同人物的立场完整地呈现了事件的全过程，全面而清晰地展示了事件产生的原因、过程、变化和结果，事件过程中的不同人物形象的表现及其作用都有所体现。不仅是主要叙述事件在剧作中得以系统、全方位地展开，剧作中对于涉及的事件都尽量叙述完整，对于出场人物的结局都交代清楚。而鲁迅人生经历的不同领域和不同向度的事件也有所体现：有面对社会政治局面的重大思考和行动，如在中山大学时面对国民党抓捕学生的反应，也有在文坛上因为不同观点而论争，还有因为李小峰拖欠稿费而产生的矛盾。这些在不同场合的思想表达，文艺或事务性的活动，串接成鲁迅的人生经历，塑造日常性的、人性化的鲁迅形象。通过对事件的交代和对过程的完整叙述，鲁迅独特的思想价值在具体的事件和贴切的场景中自然流露，成为在这些具体事件发展或者历程发展中的总结性的思考。这种鲁迅形象的塑造，已放弃惯用的提炼或者突出鲁迅作品或者演讲中的警句，以这些话语表达突显思想领域和精神领域的独特价值的鲁迅形象塑造传统。

## 二、形象：人情化和生活化的鲁迅形象

这部 20 集的电视连续剧突出了鲁迅的情爱婚恋，在鲁迅后半生的人生历程中寻找其思想基础和创作源头，以此为基本框架，塑造了平常生活视角下的人情化和生活化的鲁迅形象。在政治化、社会化的观念主导下，传记中的日常生活表达或是被压缩和抑制，或是被改写为政治化、社会化的注脚和附带。如在《鲁迅在南京》中，鲁迅有吃辣椒的习惯，被说成是为了省钱买书，进而与探索新知识的宏大意旨相联系，这种从具体事件中抽象出价值意义的手法，使人物形象拥有了光晕。但在剧作《鲁迅与许广平》中，无论是内容选择、结构安排，还是表现手法，都服务于以生活和情感为主线的鲁迅形象塑造。社会化行为和公共价值的体现被编织在鲁迅的生平经历中，侧重于从情感的维度和基于生活现实的思考和表达。

剧作的重心落在鲁迅后半生的生活层面。以鲁迅的情感婚姻经历

为线索，以生活场景中的鲁迅形象为中心来塑造鲁迅的后半生形象。受世俗化和人情化的文化思潮的影响，剧作挖掘鲁迅的生活史，消解政治神话的鲁迅形象，更倾向于世俗化的鲁迅形象。由此，爱情婚恋关系成为该剧作的主要情节内容。与此相对应的是，这部传记片的主人公不仅有鲁迅本人，还有与他发生情感关系的对象，即许广平。鲁迅和许广平的交往与爱情，以及两人共同的生活经历，是与鲁迅后半生的人生经历以及中国社会许多重大历史事件联系在一起的，超越了生死界限。

两人生活中的记忆，在剧中被翔实地展示出来。有1925年端午节，聚在鲁迅家中一起过节时，鲁迅的可掬醉态及放肆行为；有两人在上海居家生活中表现出来的相濡以沫；有许广平处理家事时的从容和鲁迅在女同学们面前的俏皮活泼；还有师生间无所顾忌的嬉笑打闹的场面。这些场景和细节补充了鲁迅形象塑造中被遗忘和有意省略的真实面目。这些场景的呈现是最真实的鲁迅形象的补充，是鲁迅完整全面的人性的体现。

剧作不仅细致地表达了两人感情的发展过程，还不厌其烦地呈现两人共同生活中的居家日子。日常生活和烦琐的家务，都在剧作中得以细致地传达。这些琐细的家常生活却是两人情感深厚的真实体现，其中还包括许广平对鲁迅生活和身体的体贴入微的照顾。这部电视剧如此深入和详尽地表现两人情感细节和生活细节，是为了在剧作中营造历史场景，以期使人物的情感和思想能获得观众的同情性理解。通过这些细节的展示和呈现，剧作塑造了鲜活的人物形象。如剧作中的许广平，在与鲁迅交往的过程中，表现出追求爱情的勇气、鲜明的性格特点和真实的个性。

鲁迅和许广平情感关系的复杂和丰富还在于其需要突破的种种困难和障碍。其中在鲁迅形象塑造史上一直被删除或语焉不详的朱安这一历史人物不仅出现在剧中，还得到了充分的展示。在鲁迅形象塑造过程中，一直隐在鲁迅身后的名义上的妻子朱安，从被遮蔽的历史中走出来，走到了鲁迅的人生世界中。

第1集，在钱玄同、刘半农等新文化斗士谈及鲁迅家事时引入了朱安，她与鲁迅无爱的婚姻，及其由此而承受的痛苦和牺牲，在这一阶段成为讨论的重心。鲁迅对待朱安的态度是既负责任又保持疏远的情感距离。剧作把鲁迅的婚恋理念通过他的行为和生活实践表达出来，把事实史料和观念史料变成声影元素，融合在影像叙事中。由此，剧作还充分表现了朱安在与鲁迅相处过程中的压抑心理和难堪的表情，体现了她丰富细腻的情感和因两人关系难以融合而承受的痛苦。她的行为和态度，充分展示了一名具有旧观念的传统妇女在这场婚姻中无力无助无奈的惨痛情状。她曾经做出的各种诚恐诚惶的努力——迈着小脚摇摇晃晃地操劳家务的样子，战战兢兢流露出来的期待、欣喜、被动和无奈，都展示在此关系中。观众也充分理解鲁迅与之保持距离、置身其中的痛苦和无奈。这一切，因为翔实丰富的史料，经由演员的扮演得以充分细腻地展示。如鲁迅为了避免和朱安说话，特意买了箱子将换洗的衣服分开，又拒绝了朱安特意为他手缝的厚软的棉裤，这些生活细节被演员加以演绎，将观众带入了具体情境中，进而将视觉影像转换成心理投影来感受所塑造的人物形象的喜怒哀乐。剧作中对于此份感受的影像表达，使得那份敏锐易感的痛苦如此真实而又深刻，让人动情，让人心颤。

剧作用浓重的色彩、大面积的阴影来构设两人相处时的环境，用错位的感受、认知来表现两人的孤独和内心隔阂，使得这份痛苦的压抑显得沉重和绝望。剧中朱安形象的塑造，尤其让人痛心和动容。当朱安得知鲁迅即将离开北京去南方时，独自一人蹲在木盆边拔鸡毛

（第10集42：30），她迟钝的动作、空洞的眼神、落寞的表情充满了沉重和沧桑。画面中晕黄的光线下，在秋天的凄凉中漂浮着的一根鸡毛随风扬起的场景，更是增添了朱安此时的寂寥和凄苦。剧作通过影像语言挖掘了被遮蔽和被强制遗忘的、与鲁迅的爱情婚恋观密切相关的朱安这一形象，是对鲁迅真实人生历史的尊重，更是深刻的历史反思。

情感主线之外，20集电视连续剧还安排了主要人物形象辅助的感情以及次要人物的情感发展。剧中苏慕文对鲁迅的仰慕，以及小心翼翼的感情流露，郭尚虹对许广平的倾慕……以上的这些情感的相互关联和交织，或深或浅，被编织在鲁迅的生平经历中，既扩展了人物形象活动的场所和背景，也使得剧情更为丰富和多层次，更为充分和开阔。

这部电视剧作品除了展示鲁迅情感婚恋外，还关注到鲁迅的亲情部分。尤其是鲁迅与周作人之间的关系，是鲁迅一生中最为复杂和沉重的情感。兄弟失和是鲁迅人生中的重大变故，对鲁迅情感伤害很大，而且两兄弟一直保持缄默。剧作者根据自己的理解，对于此事进行了符合逻辑的阐释。这种阐释是立足于维护鲁迅形象而展开的合理解释。在不完备史料基础上进行的构设和想象性的复原，提供了更全面的对鲁迅生平经历的认识。该剧作的第4、5集，再现了鲁迅在八道湾的生活及其与周作人夫妇发生的冲突，涉及鲁迅在教育部的薪金发放被拖延，庞大家族聚居在一起造成的拮据境况，以及由窘困带来的家庭矛盾等，使鲁迅的家事得到了更详尽和更丰富的体现。

情感是该剧作的主题。剧作在设置鲁迅的社会关系时，也特别关注到他人生经历中的友情分量。其中鲁迅与许寿裳之间的交谊，对柔石的关切，与陶元庆、瞿秋白的相知，与内山完造的交往，都得到了充分的体现和展示。如鲁迅招待刚从监狱出来穿着棉袍的殷夫，并拿钱交代他去买两件单衣的情节，充分表现了鲁迅疼爱青年作家的细腻丰富又强烈的情感（第 15 集 19:40）。又如在鲁迅大病未愈之际，许寿裳经过上海来探望，特意带来生鱼片，两人在谈笑风生中饮酒的场景，不仅体现了两人的深厚情谊，还交代了两人为日本留学同窗的历史，并传达了对沧桑岁月的感慨（第 4 集 11:00）。在这些具体细节的展示中，更多的生活的质感，和更大的想象力，在剧作中形成丰富细腻的情感基调。

除了在内容上选择与情感相关的人生事件之外，鲁迅在生活中的兴趣爱好、行为习惯都得到具体的展现。剧作在人物的言行举止中，细致入微地传达了人物的生活方式、性格特征和行为方式，并在此过程中展示其性情、爱好和人生情趣。如对他在北京逛书店、抄古碑，在寒冷的冬天不肯穿厚软的棉裤，坚持睡硬板床等自苦自虐的日常生活习惯的设计，为塑造立体的、鲜活的鲁迅形象提供了丰富的细节。

当代鲁迅形象政治色彩浓厚，经过几十年的政治意识形态的强化塑造，鲁迅形象塑造的前模式和鲁迅形象的刻板定位，造成了鲁迅形象中过于观念化的倾向。《鲁迅和许广平》就两人的情感婚恋关系，反观鲁迅的情感经历和家庭关系，切入具体的细致的鲁迅的人生经历和性格表现来塑造鲁迅形象。这部电视剧借助大量的史料，通过历史情境、日常生活中鲁迅的言行举止，展示俗世生活中的鲁迅形象，是基于人性层面的鲁迅形象的塑造。鲁迅与朱安的关系，鲁迅和周作人的关系，鲁迅的生活起居及其家居场景，以及鲁迅的性格特征，包括对朋友、家人和论敌的态度，都得到了真实和细致的反映。剧作还反映了他切实的政治态度和文化思考，如他对婚姻和女性问题的思考，对青年问题思考和态度的改变，以及在左联后期的思考。

一方面，私人空间的表现的增补和修正，对社会化、历史化和公共化的鲁迅形象进行补缺，鲁迅形象被遮蔽甚至被略去的生活空间得以展示和表达。剧作还原了具体的历史场景和生活常态中的鲁迅形象，不仅使高度政治化的鲁迅形象拥有人间的温度和情感的热度，也使深刻、冷峻和理性的观念化的鲁迅形象拥有更为复杂和丰富的人性表达，而生活情趣的体现、幽默情感的展示和恋爱中的绵绵情意也使得鲁迅形象更为真实和可信。另一方面，让被神化的现代文化领袖返回人间，展示其寻常的人性色彩和所过着的人间烟火的日子，是对被过于拔高的鲁迅形象的颠覆和反写，这样的印象和新塑造的形象将会给观众带来陌生化的效果。

生活化和人情化的鲁迅形象塑造带来了对刻板和僵硬的政治化、观念化鲁迅形象的反写，但是这些生活内容的增加及其想象性的艺术加工，在增加感受和具化表达的同时，也淡化了鲁迅形象的鲜明特质，模糊了人物形象发展变化的内在逻辑，不免存在碎片化的倾向，难以形成完整的统一的整体印象。

情感化、日常化的鲁迅，既是对观念色彩强烈的鲁迅形象的消解，也是人间化的鲁迅形象的具体实践。

### 三、镜语：设置场景和分化叙述

基于对政治化、社会化、观念化的鲁迅形象的改写，该电视连续剧放弃以传记主人公鲁迅为中心，绝对突出主人公鲁迅的人物关系设置方式，侧重在活动和交流空间中展示人物形象。不管是在家庭空间，还是在同人圈子、师生关系中，鲁迅形象都不再是通过外在手法或者外在的观点表现的，而是在各种场景中，通过对动作、语言和思想来完成的，将立在高台上振臂高呼、被围在中心的、具有领袖风范的鲁迅形象还原成平常人的形象，通过与周围人的相处、交流和沟通，塑造常态的、真实的鲁迅形象。

这种注重相互关系中的鲁迅形象塑造，淡化了观念色彩，也降低了鲁迅形象这一角色的位置。同时，剧作也根据电视的观看特点，构筑了以场景为中心的镜头语言表达。在叙述场景设置上，大多是室内场景；而在事件的场景设置中，有群体场景，也有个体的形象演绎，如此不同场景的镜头组合构成了分集的整体叙述。全剧以鲁迅这一角色为中心展开其生平经历中的事件叙述，根据鲁迅生平经历中发生的中心事件进行分集，按照不同场景，设置角色关系及关系的变化发展。

为了达到生活场景和细节的有效感受和体验，电视剧改变了鲁迅传记片中重视材料而倾向于客观记录和思想观念主导的惯用手法，强化视听语言的表现力以达成良好的视听效果。根据电视的冷媒介性质，观众注意力不易集中、大多较近距离观看的习惯，剧中运用较多的中近景镜头，表现室内景的人物关系，或集中展现人物形象局部、人物的动作和表情等。同时，为了更加生动形象地展示场景画面，又充分地运用镜头语言的景别和角度。如鲁迅在女师大做《娜拉走后怎样》的演讲时（第6集10：00），剧作综合采用不同景别、视角和视点，进行剪辑，构成了一个既表现了鲁迅演讲时的风貌和特点又与听讲者有充分的交流和互动的组合镜头，还为之后的情节发展留下了线索和伏笔。用如此丰富的视听语言来表现鲁迅演讲状貌，比模式化的、高台上严正的鲁迅形象塑造更丰富，也更真实。而鲁迅传记片常用的画外音和字幕，不再用于场景转换的交代和故事元素的介绍说明，也不再外加观念思想，赋予价值意义，只是发挥融合在剧情中明确故事发展元素的作用。通过直观化和形象化的视听语言，鲁迅的生平经历被转换为场景表现中的各种生动、形象、紧张、新奇和有趣味的故事组合，唤起观众的理解和共鸣。这成为该剧作的基本特点，也是在鲁迅影像创作中的再一次探索。

除了镜头语言的运用，为了适应长篇的连续剧作结构和表达复杂的人生经历，这部电视剧作还运用别出心裁的叙述手法。为了使被过度拔高和神化的文化领袖返回真实的人性维度，剧作选择了从情感婚恋的视角重塑这一形象。鲁迅丰富复杂的人性主题中，情爱婚恋是最易于贴近其内心的最具温情的视角，而探讨鲁迅与许广平的爱情经历传奇，并以此为中心来塑造鲁迅形象，也是对于当代中国刻板的社会化和神化的鲁迅形象的别开生面的重构。但是，真实的鲁迅形象留给后人的广阔深远的精神价值和深度思考，远超越日常世俗层面，只限于情感婚恋领域的鲁迅形象塑造将会狭窄或逼仄，甚至会失真。由此，电视剧选择了以鲁迅和许广平的婚恋关系过程为线性的叙述线索，选择从许广平回忆性的视角出发来使其承担叙述者角色，通过许广平的回忆和联想，引出鲁迅的生平经历，塑造鲁迅后半生的形象。基于分叙的内容与镜头的对应，创作者首先用黑白镜头进行转换。

更重要的，则是作者对剧作整体结构的安排和设置。剧作前十集从鲁迅逝世那一年开始，以许广平的视角叙述，展开对鲁迅离开北京之前的两人交往和鲁迅的生平经历的叙述。剧作后十集，即鲁迅逝世之后到许广平逝世，也是以许广平的视角回忆。这一部分内容关涉叙述者许广平本人的行为和人生选择，使神化、刻板化、政治化、社会化的鲁迅形象转变为温情的、人性化的和可视觉化的鲁迅形象。这一叙述视点的选择，与角色定位、叙述的关注点有关，保证了叙述者角色与叙述逻辑的一致。剧作还突出了作为文化领袖、深刻思想者和伟大作家的鲁迅形象。这部分内容则需要突出鲁迅形象的历史地位和文化价值。对这一部分事实材料进行处理时，剧作分别对许广平作为叙述者的回忆和鲁迅的生平经历进行时间排列，而后嫁接。这样的结构可以保证这两部分的材料和内容都能够得以兼顾，既保留了社会公共价值意义，又能通过儿女情长塑造人性化的且符合电视剧审美需求的鲁迅形象。

在整体结构中，每一集的叙述模式和方式也经过了精心设计。为了每一集的叙述节奏张弛有度，剧作的形式结构和叙述方式既有条理又不至于过于单一，作品分别进行了设置。许广平的叙述按时间顺序进行，而关于鲁迅生平经历的叙述顺序则较为灵活，出现插叙、倒叙等多种叙述方式。每一集通常安排多次回忆性的叙述，叙述的内容也不会集中在单一事件。如第1集，由许广平给鲁迅端药时，听着窗外的隆隆炮声，联想到张勋复辟时鲁迅的生活经历，引出鲁迅遇到的人和事，进而引出鲁迅作品中关于中国文化的思考，涉及关于辫子的杂感、对国粹的观点、《狂人日记》的创作触发点。接着又有钱玄同的造访和《新青年》的约稿，再由此展开鲁迅关于铁屋子的思考、承受着无爱婚姻的痛苦经历等。而另外一些剧集中，有些事件则被分割而后被安排在前后的几集中完成。这样的叙述结构安排在鲁迅定居上海后运用得更多。如鲁迅和瞿秋白的交往、和柔石的交往、和冯雪峰的交往分置于各集中。这种叙述结构也表明鲁迅在上海交往的领域越来越广，涉及的人和事日益繁多。

除了精心设置作品的结构外，叙述者也是形成有序叙述的元素之一。剧作的叙述是从许广平的回忆或联想展开的，而剧作叙述者并不是专由许广平来承担的。这样较宽泛的叙述者的设定使得叙述的视角更为宽广，也能灵活调用素材。如关于鲁迅在绍兴搬家的过程，以及周氏兄弟失和，因为超出了许广平的目力和联想范畴，不能因了她的触动或者感知而被叙述呈现，而是通过她因关心而询问鲁迅在五四运动期间的所思所为，自然引出鲁迅的回答。这种转换叙述者与叙述角度的手法，容易造成了剧作整体叙述的分裂。

鲁迅和许广平两人的情爱关系，因为叙述者的亲身经历赋予价值意义，所以往往被爱的情绪渲染而充满了美好的感觉，表现的时候常以富有表现力的影像语言给予充分体现；而叙述者在表现鲁迅独处的情景时则比较理性，信息和过程清楚确定，尤其是在转述内容时，显得比较客观和冷静。叙述者在面对朱安的痛苦情状时，则会显得矛盾。朱安的命运，是值得同情的，尤其是在前面几集中，非常直接地表现朱安的绝望和痛苦。鲁迅为许广平剪头发时，朱安所表现出来的无助无奈和仓促慌乱，使得剧作关于鲁迅和许广平的情感立场变得复杂和矛盾。面对鲁迅深陷理智和情感分裂的困境，镜头语言的表现更为直接明显。许广平这位可靠、忠实又有着特定情感色彩和价值判断的叙述者的介入，在剧作中起到了贯彻导演意图的功能，因身份可靠而获得观众的信任。由于许广平既有鲁迅爱人的身份又承担了叙事角色，剧作中的鲁迅形象的塑造更便于人情人性层面的表现，这一叙事角色也成为叙述的限定视角，并对鲁迅的生活活动和交往等叙述内容进行取舍。如此设置叙述的视角，才能将不同立场的史实和材料容纳在作品中，进而在不同的叙述立场和情感态度下形成话语的交织，消解形象内在的统一性和一致性。

剧作如此安排作品的结构和设置叙述手法，既是20集电视连续剧的内在结构要求，又是电视剧审美特征、媒介设定和电视观众观看的视觉模式的要求，也是导演在新的时代语境下鲁迅形象塑造的尝试和探索。

《鲁迅与许广平》这部电视剧，作为迄今为止最长时长的鲁迅传记作品，既体现了鲁迅影像的积累，也包含了鲁迅形象塑造中史料和话语的叠加交织。剧作面对广阔宏伟的时代语境、庞杂丰富的人生经历，聚焦鲁迅跌宕起伏和动荡不安的最后20年的人生经历，既容纳多彩状貌和多元价值观，又保留真实丰富的历史现场，将鲜明、形象和生动的鲁迅形象统一在一部完整的作品中。

剧作虽努力形成长篇结构，但还有不少在叙述中难以统合的材料和事件。其中有叙述的张力，也有情感立场的分化，还有不能被观念整合的丰富的史实。面对这些难以弥合的罅隙，剧作沿用惯用的方法，如简化历史人物或者历史事实，以简单的判断漫画化鲁迅、许广平两位人物的对立面。如剧中的杨荫榆，是镇压学生运动的反面形象，剧作通过脸谱化手法对其进行丑化。另外，针对具体事件或者事实材料，剧作则通过改写基本史实，并将其纳入到故事化的逻辑中。如作品中对人物名字的改换或者事件过程的修改，基于事实的改写保证叙述逻辑的合理和完整，如将许羡苏改成苏慕文。为保持情节连贯和叙述立场统一，剧作还通过想象性地增添细节来渲染氛围。如设置新中国成立后许广平和周建人遇到周作人的情节，使周氏关系之谜留下深长意味。以上的这些修改或者弥补，表现出剧作者强烈的主观意图和干预作用，追求整合和完备反而使得作品显出有违客观和真实的生硬，背离了创作者的意图。以如此长的篇幅来表现多元视角和多种话语下的鲁迅形象，这部剧作在切入角度、结构和叙述等方面进行了可贵的探索，但面对丰富的深刻的鲁迅形象，仍然有未竟之处，不断地激发后人进行新的塑造和探索。

史践凡在20世纪80年代初期放弃了电影传记片的鲁迅形象塑造模式，借助新媒介，以翔实的材料、细致到位的描述和文化解读的立场构筑了另一维度的真实的鲁迅形象，通过剧情创作、角色扮演、生活场景构筑了"鲁迅世界"中的鲁迅形象。如此生活化的鲁迅形象不仅改写了电影纪录短片中的鲁迅形象，赋予从现实中抽象的、高度概括的、典型化的"鲁迅印象"以细节的展示和情境的复现，将其转变成鲜活的、丰富的"鲁迅形象"，也造成了艺术陌生感。而这一历时20年的鲁迅影像，其内在延续和差异既是不断推进的鲁迅形象价值阐释的演变的结果，也是创作者试图探索鲁迅形象塑造如何随社会文化思潮变化而变化的反映。史践凡的鲁迅影像体现了导演在突破强烈意识形态的同时，努力在鲁迅形象的真实和想象间，在已有的鲁迅影像传统和不断扩展的消费文化社会思潮间探索其表现的可能。这一系列电视传记片中，鲁迅生活过的地理空间的独特的情境氛围，独特的地方风情和时代特色，以及人物细腻丰富且具有特征的言行举止，都有助于生动鲜活地复现鲁迅形象。这一系列电视传记片是史践凡追寻鲁迅精神的艺术实践。

# 视像内外

# 第四章　连环画中的鲁迅形象

## 第一节　20世纪七八十年代的连环画中的鲁迅形象

鲁迅形象的塑造和传达一直被视为中国当代文化传播中的重要任务。新中国成立后，有丰子恺的鲁迅连环画，20世纪50年代电影纪录片《鲁迅生平》，20世纪70年代电影专题片《鲁迅战斗的一生》等多种鲁迅影像作品问世。[①] 这些画作和影像作品推动了鲁迅形象的传播，汇成鲁迅形象的谱系基础。鲁迅形象在当代中国的演变过程丰富而复杂，不仅与中国当代文化思潮密切关联，还会受构筑鲁迅形象的语言、媒介和传播渠道的影响。随着当代中国鲁迅形象不断演变和积累，20世纪70年代至80年代初，鲁迅传记连环画进入了繁盛期。鲁迅传记连环画通过图文并茂的方式塑造了大量的鲁迅形象，不仅广泛传播政治观念的鲁迅形象，也体现了转型期鲁迅形象塑造和传播的嬗变。然而，这一现象和历史文献在鲁迅研究中并未引起足够重视。

### 一、该阶段鲁迅形象连环画的概况

就笔者搜集的材料，自1975年至1981年，共有十四种鲁迅连环画作品（详见图4-1及表4-1）。

---

① 20世纪60年代启动《鲁迅传》拍摄工程，1961年2月年陈白尘在《人民文学》刊登电影剧本，最终未能进行拍摄。

图4-1　鲁迅连环画作品

表4-1　20世纪七八十年代鲁迅连环画作品一览表

| 名称 | 编者 | 绘者 | 出版社 | 出版时间 |
|---|---|---|---|---|
| 《鲁迅的故事》 | 石一歌 | 雷德祖 | 天津人民美术出版社 | 1975年10月 |
| 《鲁迅在广州》 | 广州鲁迅纪念馆《鲁迅在广州》连环画创作组 | | 人民美术出版社 | 1976年1月 |
| 《鲁迅和青年的故事》 | 石一歌原著，史中培改编 | 丁荣魁、黄英浩、陈逸飞、魏景山、韩伍、严国基、韩敏、胡克礼、范一辛、盛增祥 | 上海人民出版社 | 1976年8月 |
| 《第一声春雷——鲁迅在北京》 | 诸镇南 | 庄弘醒 | 江苏人民出版社 | 1977年4月 |
| 《鲁迅的故事——到厦门平民学校演讲》 | | 福建工艺美术学校（秦长安执笔） | 福建人民出版社 | 1977年6月 |
| 《在战斗中前进——鲁迅在广州》 | 诸镇南 | 温尚光、张大渊 | 江苏人民出版社 | 1977年12月 |
| 《鲁迅传》（一）、（二） | 广州鲁迅纪念馆等单位《鲁迅传》编创组编绘（张磊 文，潘晋拔、夏晔、李瑞祥、刘启端画） | | 广东人民出版社 | 1978年5月 |

续表

| 名称 | 编者 | 绘者 | 出版社 | 出版时间 |
|---|---|---|---|---|
| 《鲁迅的故事——鲁迅在南京》 | 张震麟原著，舒瑛改编 | 庄弘醒 | 江苏人民出版社 | 1978 年 11 月 |
| 《迎着革命风暴——鲁迅在浙江》 | 张震麟 | 潘鸿海、顾盼 | 江苏人民出版社 | 1979 年 2 月 |
| 《鲁迅的故事——鲁迅在日本》 | 张震麟 | 潘鸿海、顾盼 | 江苏人民出版社 | 1979 年 6 月 |
| 《鲁迅的童年》 | 张震麟 | 庄弘醒 | 江苏人民出版社 | 1979 年 11 月 |
| 《鲁迅的青少年时代》 | 黄侯兴 | 夏褎元、林旭东 | 人民美术出版社 | 1979 年 12 月 |
| 《鲁迅的故事——鲁迅在厦门》 | 张震麟 | 翁开恩 | 江苏人民出版社 | 1981 年 8 月 |
| 《鲁迅的故事——鲁迅在上海》 | 张震麟 | 陈德西 | 江苏人民出版社 | 1981 年 9 月 |

　　《鲁迅的故事》（天津美术出版社 1975 年版）是这一阶段连环画的肇始之作，另外一部是根据石一歌原著改编的《鲁迅和青年的故事》（上海人民出版社 1976 年版）。这两本连环画各单元间相互独立，有些单元篇幅不均衡，不能构成连续性故事。相比《鲁迅的故事》，《鲁迅和青年的故事》各单元的独立性更强，单元间的关联和统一更弱，风格也不统一。每一个单元都是由不同的绘画者来完成，甚至运用不同的工具和手法，有铅笔画，有水墨画，还有木刻画。这两部连环画的体例、格式和形式，保留了新中国成立后众多的鲁迅形象的连续画像的痕迹，未能形成完整连续叙述的连环画的体例，而是为了突显文艺的政治功用，只强调了鲁迅形象的政治特征和文艺战士的一面。

　　相较而言，两册的《鲁迅传》（广东人民出版社 1978 年版），则较为连续和完整地塑造了鲁迅形象。第一册以鲁迅出生始，到在北京生活时俄国爆发十月社会主义革命为止；第二册从十月社会主义革命影响下的小说创作起，到离开广州奔赴新的革命生涯为止。这部作品以鲁迅的生平事迹为时间顺序，并对相关事件和场景进行细节添加和想象发挥。

此阶段鲁迅形象的连环画作，江苏人民出版社出版数量最多，共有8本。它们的体例编排相对统一，都以鲁迅不同地点的生平事迹为内容，有《第一声春雷——鲁迅在北京》（1977年）、《在战斗中前进——鲁迅在广州》（1977年）、《鲁迅的故事——鲁迅在南京》（1978年）、《迎着革命风暴——鲁迅在浙江》（1979年）、《鲁迅的故事——鲁迅在日本》（1979年）、《鲁迅的故事——鲁迅在厦门》（1981年）、《鲁迅的故事——鲁迅在上海》（1981年）。这些连环画虽然还延续革命话语下的鲁迅形象的塑造，但开始较深入和细致地搜集具体史实，并有意通过具体、翔实的史料介绍鲁迅事迹了。

除江苏人民出版社出版的连环画之外，还有两本以鲁迅生活的地理空间为题名的连环画作品。一本是广州鲁迅纪念馆编绘、人民美术出版社于1976年出版的《鲁迅在广州》；一本是福建工艺美术学校编绘、福建人民出版社出版的彩绘本《鲁迅的故事——到厦门平民学校演讲》。后一部作品比较单薄，共13页，强调绘画的分量和作用，每一幅画作都可以独立地展现鲁迅的性格气质。

除这些作品之外，还有几种作品集中于表现鲁迅年轻时期的经历，如《鲁迅的童年》（江苏人民出版社1979年版），讲述鲁迅在绍兴的童年生活经历。这是所有这一阶段连环画作品中关于鲁迅童年生活最详尽最细腻的画作。另有《鲁迅的青少年时代》（人民美术出版社1979年版），这部作品按照生平经历串接鲁迅从出生到在北京发表作品的过程，将鲁迅青少年时期的生活经历和人生探索，视为他走上革命道路之前的准备和探索，隐含着革命最终会成为鲁迅人生目标和方向的叙述逻辑。

这一阶段鲁迅形象的连环画作品不仅量多，而且影响很大，满足了当时快速而广泛的宣传需要。这些连环画作品，一般印数都是在几万到几百万不等，其中《鲁迅在广州》印数达到 150 万册。连环画鲁迅形象适应了其时高度政治化的文化语境。

## 二、阶级斗争观念下的"文艺战线斗士"形象

这一阶段有关鲁迅的连环画作品，虽然角度、体裁和体例不同，却统一于政治理念，所有作品都指向作为革命文化人的鲁迅形象。这种鲁迅形象的塑造，延续了当代中国政治意识形态观念中鲁迅形象塑造的惯例，故事内容集中于表现在革命斗争环境下鲁迅的生平经历和文化战线斗争。即使对象是年轻时期的鲁迅，也着重于讲述其朝着成为革命者方向不断接近革命者目标的成长故事。作者具有明确的叙述任务，形象塑造表现出明显的目的性。为了这一中心形象目标，创作者主要侧重于鲁迅的行为或者活动等外在形象的刻画，忽略或者弱化其精神活动；集中于鲁迅的社会角色和在公共空间的言行，而淡化或者忽略对其生活空间中形象的书写；有意突显斗争过程中的坚决态度和强烈抗争，忽视或者略去思考选择的过程，完全不见最后行动决定前的复杂和反复。围绕着"文艺战线斗士"的鲁迅形象，确立了一整套标准化、可操作的图文语言和创作规则。

材料选择上，这些作品围绕鲁迅生平经历，突出革命形势和社会环境的残酷和血腥，以及鲁迅在面对血腥镇压抗争时的恶劣处境和条件。如在《鲁迅的故事——鲁迅在南京》中，少年鲁迅初次离开家乡绍兴来到南京，首先见到寥落的旧中国破败图景，"鲁迅到了南京，他看到江面上外国货轮和侵略者的军舰横行无阻，衣衫褴褛的劳动人

民在吃力地搬运货物。鲁迅目睹这一片灰暗、颓败的景象，禁不住打了个寒噤[1]，而后又因所见感受到抗争历史，"然而，在那古老的南京城墙上，却留着三十多年前英勇的太平军战士浴血奋战的累累弹痕，深刻地记载着反帝反封建的英雄业绩，这些，又给青年鲁迅以宽慰和力量"[2]。这些添加的叙述细节和作者的想象，将鲁迅的私人生活经历转换为宏大社会历史叙事，挖掘个人生活经历中的社会历史价值，将后来的鲁迅的整体形象、人生的轨迹与社会历史的发展联系在一起，也为鲁迅关注和参与中国社会革命寻找到了行为逻辑。

关于鲁迅的生平叙述，有意突出对立和斗争的比重甚至把鲁迅的人生经历都做了斗争化的集中概括，强化鲁迅的革命者角色功能和行为方式。如在《第一声春雷——鲁迅在北京》（江苏人民出版社1977年版）中，将鲁迅在新文化运动中小说创作这一文学实践与共产党革命运动简单地统一在一起，进而把鲁迅和胡适间的观点不同视为完全阶级对立，"这一切，引起反动派的惶恐不安，他们捧出孔孟的亡灵，在此煽起复古妖风，以阻挡革命洪流的前进。这时，买办资产阶级文人胡适打出'多研究问题，少谈些主义'和'整理国故'的反动旗号，妄图诱骗青年脱离当时的革命斗争"[3]。以上的说明和解释，通过置换五四历史文化环境，把历史上鲁迅和胡适间的不同观点表达转换成政治对立的论断，把两种不同的观点视为现实中的敌对关系。在这一阶段的连环画作品中，鲁迅的经历和事迹都在阶级斗争的理论框架内

① 张震鳞著：《鲁迅的故事——鲁迅在南京》，舒瑛改编，庄弘醒绘画，江苏人民出版社1978年版，第4页。
② 张震鳞著：《鲁迅的故事——鲁迅在南京》，舒瑛改编，庄弘醒绘画，江苏人民出版社1978年版，第5页。
③ 诸镇南编文：《第一声春雷——鲁迅在北京》，庄弘醒绘画，江苏人民出版社1977年版，第29页。

被叙述或改写：童年鲁迅目睹旧社会的黑暗，坚决离开旧家族的阶级
反叛者姿态；南京时期鲁迅与校方的对立及抗争；日本时期鲁迅确立
救国救民的理想；回国后参与"木瓜之役"和国民革命；在北京参加新
文化运动和抗议"三·一八"惨案；在厦门与校方的矛盾及反抗；在广
州与国民党右派的斗争；在上海参加左联及思想文化斗争……而鲁迅
的文学成就、思想贡献只是属于补充和次要的部分，或者简述，或者
被忽略。同时对鲁迅性格特征、肖像神情的刻画，也都围绕着"革命"
的正确方向或者塑造"革命家"的中心任务而被集中提炼或者强化。

　　为塑造革命者的鲁迅形象，不仅增加鲁迅革命事迹在作品中的重
要性，还有意突出鲁迅的具体做法和实践手段，增加鲁迅的文化战线
的实际革命者角色分量，以使其成为榜样。在《鲁迅传》中，突出鲁
迅在北京国民政府教育部工作时反对袁世凯复辟的行为，"他同几个
同事写信给教育总长汪大燮，反对尊孔读经。并有意把信的副本放在
自己的办公桌上，以便让部里的人们都看到"[1]，"当时，章太炎因为反
对袁世凯复辟帝制而受到迫害，愤极绝食。鲁迅得知消息后，不顾环
境的险恶，怀着尊敬的心情偕同许寿裳前去探望"[2]。作品中还有不少
类似的叙述手法：通过对历史事实的选择性运用和对材料的修改，突
出了具体的革命活动。同样，在《鲁迅在广州》一书中，也有类似的
叙述手法。作品将鲁迅离开中山大学的原因视为革命斗争的表现："面
对独夫民贼蒋介石的反革命大屠杀，鲁迅十分愤慨。他决然辞去中山

---

[1]　广州鲁迅纪念馆等单位《鲁迅传》编创组编绘：《鲁迅传》，广东人民出版社 1977 年
版，第 142 页。
[2]　广州鲁迅纪念馆等单位《鲁迅传》编创组编绘：《鲁迅传》，广东人民出版社 1977 年
版，第 143 页。

大学的一切职务，对敌人的反共风暴和卑鄙伎俩表示强烈的抗议。"[①]
这些表达都在夸大鲁迅的革命意愿和表现，而鲁迅作为知识分子的思想价值和个人的生活空间，在这一宏大意义的无限提升中被压缩。革命话语下的鲁迅形象，简单地将鲁迅塑造成革命工作者和革命运动的实践者。这样的鲁迅形象是受当代文艺为工农兵服务的观念影响的体现。这种直接与斗争路线挂钩的政治功利表现、简单而直接的话语套用模式，成为特定历史时期的独特表达，在20世纪80年代后被放弃。

为了塑造思想界的革命领导者和英雄的鲁迅形象，不仅在画作的创作动机、话语方式和观念上形成相对统一的模式，在视觉符号的表达、图画的呈现上也形成相对固定统一的表达方式。鲁迅的肖像、衣着、神态和动作与出现的环境等相关话语表达，形成相对统一固定的格式，且具有明确的指向性：浓发浓眉、紧蹙的眉头、高高的颧骨、标志性的八字胡、深邃的目光直视前方、瘦削的国字脸盘、微抬的下巴、凝重的表情，再加上几乎不变的长衫……这些外貌元素所构成的人物精神特征，成为作为抗战斗士和文艺战线领导者的鲁迅画像的基本要素。不仅外貌和表情高度程式化，动作也具有明确的指向，或者昂首挺胸站立，或者微倾身体面对敌人，或者迎着风雨努力前行的动作和姿态，代表了坚定不移、不屈不挠的斗争决心。

这一时期关于鲁迅的连环画作品，无论在主题观念、设计还是呈现上，都统一服务于"文艺战线的革命斗士"的这一核心的鲁迅形象。

---

① 广州鲁迅纪念馆《鲁迅在广州》连环画创作组编绘：《鲁迅在广州》，人民美术出版社1976年版，第90页。

### 三、形象的丰富和分衍

面对相对集中而统一的鲁迅形象塑造的思想理念，连环画作品在不同作者的阐释下呈现出不同的鲁迅形象书写。同时，作为同一时期的连环画作品，在不同阶段也呈现出各自的差异，从而潜在地传递出同一时期中不同时段文化思潮的变化趋势。在这一历史阶段中连环画作对鲁迅形象的表达，也蕴含着时代风潮和文化取向，蕴含着鲁迅形象渐行改变的轨迹。

1975 年至 1981 年，依据政治观念塑造鲁迅形象的连环画作品传播广、影响大，突出政治观念下鲁迅形象塑造的叙述可能空间，强化政治意识形态对鲁迅形象塑造的绝对掌控，强化了同时代阶级斗争观念下的革命者鲁迅形象和革命领导者的鲁迅形象。《鲁迅的故事》《鲁迅和青年的故事》《鲁迅在广州》仍然延续了"文革"中鲁迅连环画作品的基本体例和格式，如扉页附有毛主席语录，《鲁迅和青年的故事》《鲁迅在广州》运用不同单元连缀鲁迅革命斗争的故事。此后鲁迅形象塑造的政治观念逐渐淡化。

鲁迅形象连环画作品的创作观念在"文革"结束后发生重大变化。鲁迅形象逐渐摆脱僵硬的刻板的阶级斗争观念，从观念主导的形象塑造转向注重事实，增加细节的形象塑造。1977 年后出版的鲁迅形象的连环画作品中，不仅语录体几近消失，在结构上也放弃了生硬地突出观念、强调观念对形象主导性解释的结构安排。关于鲁迅形象的塑造，不管截取鲁迅人生阶段经历还是以生活的地点为中心讲述鲁迅故事，都是按照鲁迅生平经历的时间顺序讲述鲁迅故事，塑造鲁迅形象。这种线性时间结构在逻辑上遵循自然时间流程和人生经历基本逻辑，潜在表现了对人物形象自然生命过程的尊重，而不是突显强化其

身上的某些特征。对照反映鲁迅在广州的生平经历的另外两部作品，
1976年出版的《鲁迅在广州》和1977年出版的《在战斗中前进——鲁
迅在广州》，虽然两部作品前后只相差一年，不难发现同一题材在不
同的叙述结构中所塑造的鲁迅形象已有所区别。前一部作品在事实材
料的运用中突出鲁迅坚决的革命态度和坚定的革命立场，有意打破鲁
迅在广州经历的时间顺序而分割成五个单元进行分述。后一部作品用
同样的材料刻画鲁迅在广州时的革命行为和革命思想发展的全过程，
为了叙述的连贯，加入了一些场景或者生活细节的连缀。读者在阅读
过程中的认识也随着叙述的渐次展开趋向全面。由此，由于材料过度
依赖强调的革命者形象和政治概念，在叙述过程中只能生硬地嵌入观
念和思想，破坏了叙述的自然结构。

    在社会文化思潮和政治观念变化的转型期，为改变生硬固化的鲁
迅形象，恢复真实的、生动和鲜活的鲁迅形象，传记中增加了事件和
行为的叙述，增加了人物活动的情境设置和细节展示。1979年出版的
《鲁迅的青少年时代》一书中，关于鲁迅在仙台医专的人生经历，还有
与藤野先生的交往，多处引用了鲁迅的回忆文章，较全面完整地展示
了过程和细节；并在幻灯片事件中生动详尽地展示了鲁迅的深刻细腻
的感受，用表现主义绘画风格，突出在心灵上的体验，从而对现象和
事件进行延伸性的想象和发挥（见图4-2），从而把鲁迅在《呐喊·自
序》中所讲述的弃医从文的经历细致入微地传达出来，很好地体现了
连环画中图像的特性。1981年出版的《鲁迅的故事——鲁迅在上海》
一书，不仅重视叙述鲁迅在上海的生活经历，还非常重视鲁迅所经历
的事件的具体过程和细节。如在对陈赓到鲁迅住所并与鲁迅对话的描

述中，环境的设置、情境氛围，还有人物的动作表情得到具体展示①。

图 4-2　鲁迅看幻灯片

　　值得注意的是，如上的鲁迅形象塑造过程的图像和文字对于事实材料的想象性创造和延伸，也存在着另一种过度阐释的危险。但是，鲁迅形象塑造的感性生发和细节具化，隐含着理性的和因观念而改造的形象塑造模式的反拨，也为后来展开的鲁迅形象塑造提供新的探索方向。

　　与旧社会抗争的革命者鲁迅形象开始慢慢弱化，逐渐转向现代知识分子的鲁迅形象。江苏人民出版社 1977 年至 1981 年共出版了 8 种关于鲁迅传记的连环画作品。在这些围绕着鲁迅人生经历和生活材料而讲述的鲁迅故事中，不同历史时期的文化环境和不同地域的山川风物被重视，较之符号化的鲁迅，更为具体和鲜明。当革命家的身份淡化，鲁迅作为作家的文学价值和文化地位得以突显，一些重要的作品

---

①　张震麟编：《鲁迅的故事——鲁迅在上海》，陈德西绘画，江苏人民出版社 1981 年版，第 58—63 页。

在连环画中直接被引用，如在《第一声春雷——鲁迅在北京》中，鲁迅在新文化运动前后创作的小说的具体篇名和主要内容都有所涉及，这些事实和细节都把鲁迅形象塑造重点置于作家的身份和主要成就上；《鲁迅的故事——鲁迅在上海》这部作品中还讲述了鲁迅在上海期间的各种文化实践和人际交往，如支持文学青年办刊物，倡导新兴的木刻、版画艺术，与内山完造的交往等文化活动；而在《迎着革命风暴——鲁迅在浙江》的连环画作品中，鲁迅在浙江杭州的师范学堂的任教经历，在绍兴兼课并研究历史地理及唐以前小说的学术行为，办报刊倡导自由民主的社会文化活动都作为构成鲁迅形象的内容，不仅补充了在鲁迅研究中被忽视了的一些史实，也反映了鲁迅不再只是单一的革命形象，而转变为具体的、有日常维度的文学家和知识分子形象。此后，文化内容和表达在鲁迅形象塑造中增多加重的趋势越来越明显，如在1979年出版的《鲁迅的青少年时代》中，增加了童年鲁迅所接触到的绍兴地域文化的内容，不仅有百草园、三味书屋、水乡生活、观绍戏、赏《女吊》等，还提到鲁迅阅读古代植物学书籍《花镜》，看润水父亲编提花篮等，应是同一时期的连环画作品中介绍绍兴地域文化最为丰富和详尽的了。

这些内容虽然还在革命话语的框架下展开，但是，通过史实的增加，细化事件和具化场景，加大了鲁迅的文化人身份比重。这些现象说明，鲁迅形象的内涵及塑造理念的变化，随着社会文化思潮的演变已初显端倪。

这一时期鲁迅形象塑造的渐变不仅表现在主题观念和角色内涵中，也表现在画像表达上，即高大的严肃的和坚决对抗的革命者姿态开始向具体生动的人的形象转变。通过对形象的细致描摹，包括人物活动环境的增设，符号化的、固化的鲁迅形象开始丰富和具象化。《鲁迅的童年》一书中，鲁迅形象的单幅画的比例减少，交代环境中的人物关系的画面增多。这些刻画人物活动环境的画面，大多通过中景和全景的镜头构图，呈现故事中人的活动环境、人与活动空间的关系。改变画风和手法后，鲁迅童年经历和人生现实的内容丰富复杂了，人物的特点在事件流程和过程展示中得以自然呈现。如图4-3，在河埠头，有六七个人，一艘乌篷船，桥上还有两人。图下方的文字介绍："一天早上，鲁迅要跟着家里的人到东关去看五猖会了，乘坐的船已停泊在河埠头，连饭菜和用具都搬下船。鲁迅正高兴地要出发，父亲却来找他了。"这是一幅整体场景图，细致地展现了儿童鲁迅的生活环境和地域文化特点，又有故事所需的人物形象及人物间的关系，而且，情境的内容在图中有具体的对应和交代，并得以全面展示。如此图文安排，便于叙述的展开，故事性比较强。

(28) 一天早上，鲁迅要跟着家里的人到东关去看五猖会了。乘坐的船已停泊在河埠头，连饭菜和用具都搬下船。鲁迅正高兴地要出发，父亲却来找他了。

图4-3　鲁迅跟着家人看五猖会

除了细化和生动性外，连环画作品中鲁迅与他人关系和位置在展示上也发生了变化。如《鲁迅的故事——鲁迅在上海》中表现鲁迅与增田涉的交往过程时（见图4-4），无论是人物关系、构图比例，还是外貌特征，鲁迅形象都不再是绝对的主体和中心位置，主要人物和次要人物平等交流，甚至鲁迅本人的典型特征趋于模糊，在图像上只有相近的轮廓和趋同的周边环境设置。这是将鲁迅形象还原到具体的历史场景和回返到相应的社会关系模式中，使原来集中表达和高出其他人物的鲁迅形象与周围其他人物形象建立平等交流关系。当代中国的鲁迅形象的建构，受限于政治意识形态而符号化和观念化。到"文革"后期，鲁迅研究的史料发掘和作品的校勘都已经具备深厚的积累，而鲁迅作品的广为流传也极大地扩大了鲁迅的影响。但是鲁迅研究中史料的建设和整理成果的积累，与因观念的绝对和单一而造成的对鲁迅形象解读的单调重复的矛盾，成为推广鲁迅形象的瓶颈。

图4-4　鲁迅与增田涉的交往过程

连环画在塑造鲁迅形象方面，拥有比文字更直接、感性和真切的视觉表达的优势。它能简便地将鲁迅形象的框架和轮廓传递给大众，是向工农兵推广传播鲁迅形象、进行鲁迅形象探索的一种有效的途径。连环画在传达者和接受者之间，在内在情感体验与构设鲁迅形象的观念之间，进行了可能性的探索。逐渐地，这一鲁迅形象的塑造，在图像表现和文字叙述中努力突破既有的固化模式，开始转变已有的平易、直露和鲜明的优势，以及生硬和粗糙的劣势，在符号、载体的变换选择中，潜隐地传递出社会文化思潮转型的文化信号。

连环画作为塑造和传播鲁迅形象的媒介，也会出现图文匹配不当等问题，或者图像过于丰富而含义模糊，或者文字叙述过于详尽而影响读者想象力发挥，甚至不少作品中的形象与原型差距太大。20世纪80年代，随着鲁迅走下文化神坛，鲁迅研究进入深刻反思和思想重建的启蒙时期，连环画中的鲁迅形象塑造暂时告一段落。

## 第二节　连环画《鲁迅在广州》中的鲁迅形象

当代中国的鲁迅形象传播因政治宣传的需要，不断地扩大受众范围，在形象语言、载体和媒介上努力接近以工农兵为主体的大众趣味。除了以文字符号为主的书籍外，图像和影像符号也参与到当代鲁迅形象的塑造和再造中。自1950年《丰子恺绘画鲁迅小说》开始，大量鲁迅作品和关于鲁迅形象的连环画陆续问世。1975年10月《鲁迅的故事》发行后，图文并存书写鲁迅传记故事、传播鲁迅形象的连环画，成为塑造鲁迅形象的重要方式。1976年至1981年，共有十余种鲁迅形象的连环画出版，文字和图像共存形态在20世纪70年代到鲁迅诞辰百年前成为当代鲁迅形象传播的主要方式。

连环画《鲁迅在广州》，由广州鲁迅纪念馆创作组编绘，787*1092毫米开本，印数 150 万本，1976 年 1 月人民美术出版社出版。全书118 页，上图下文，黑白水墨画。这部连环画以鲁迅在广州的生平经历为基础，塑造了致力于革命斗争实践、坚决反抗反动势力的革命家鲁迅形象。这部"文革"后期创作的连环画作品，延续政治意识形态下鲁迅形象塑造的惯常的话语模式，也是观念化革命鲁迅形象的极致表现。

## 一、强化文字和图画中的政治观念

连环画作品是以图像为主、文字为辅的大众通俗的艺术形态。直观感性的图画高效地诉诸感受，引发情感互动，并不受限于观念，有时会不限于思想内容。由此，连环画常在图画的旁边或者下面，附上少量文字，意在利用文字指向性，限定和导向明确思想。连环画中的文和图分别承担不同的表达功能。

图文并存的连环画中，图画是主体，文字是辅助。《鲁迅在广州》这一连环画作，无论在题材、内容还是结构、形式上都突出了观念的存在，赋予作品明显的宣教功用。为了作品的政治宣教功能，在强化图像政治隐喻和象征功能的同时，尽量削减图画的歧义。绘画语言尽量简单明确，指向分明。连环画作也强化文字指向性，文字的思想功能非常明显，具有话语的绝对权威，多处直接运用权威话语。这部在强化政治色彩、观念先行的创作机制中产生的作品，为了政治权威话语，不惜牺牲图文之间的匹配关系。首先在总体设计上，突出了强化观念的话语风格。该画作的扉页上，赫然用黑体字抄录了毛主席语录："鲁迅是中国文化革命的主将——鲁迅的方向，就是中华民族新文化的方向。"这种体式在当时是统一和通行格式，文字内容则是该作品的政治基调。扉页之后，则附加了另一前言，概括本册连环画的主要内容："伟大的革命家、思想家、文学家鲁迅在广州（一九二七年一月至九月）的战斗历程，是他从革命民主主义者向共产主义者转变的重要阶段。"文字的概括和提炼，确定了作品的政治思想定位，也确定了塑造鲁迅形象的政治目的。这种高度规范化和格式化的内容、形式意味着观念的决定性和思想的限制，也包含着自上而下的权威，体现了传达贯彻政治化意图的心理暗示。

为突出绝对和单一的革命观念，该画作在内容上也强化了鲁迅形象的革命性。故事开头介绍了当时的中国革命形势及其发展状况。广州的社会历史背景被纯化和简化成革命路线斗争的政治背景。故事一开篇介绍中国共产党在广州的革命行动和蒋介石的反革命行动，并指出两股政治力量形成对立紧张的斗争局势。在此紧张激烈的政治斗争背景下，中国共产党的广东区负责人为欢迎鲁迅而忙碌准备。鲁迅一来广州就被置于紧张对立的敌我矛盾中，鲁迅的个人经历成为公共事件，甚至引起各方政治力量的关注。画作通过强调鲁迅赴粤的行为与中国共产党的活动的关联，将鲁迅的个人行为与社会意义和历史价值尤其是革命活动相联系，有意突出鲁迅在广州时与革命活动的密切关联。在此政治化的语境下，鲁迅在广州的经历或被改写，或被曲解，或被简化和遮蔽，叙述上指向革命行为或者革命意识。为了勾勒鲁迅在广州明确的革命意识和确定的革命行为，作品结尾展现一艘轮船浓烟滚滚地驶向地平线，近处则是映着阳光的波光粼粼的海面。所有的内容受敌我关系和革命形势的影响，鲁迅在广州的经历，以典型的革命象征符号的画面在意义链上被确定为革命活动的性质。不止于此，结尾图的画面下端，更以文字提升其阔大的历史意义，"一九二七年九月二十七日，鲁迅为了寻找新的战友，迎接更大的战斗，和许广平

118 一九二七年九月二十七日，鲁迅为了寻找新的战友，迎接更大的战斗，和许广平一起，离开了广州，向着中国共产党的诞生地——上海，劈波斩浪，前进！前进！

图 4-5　鲁迅离开广州前往上海

一起，离开了广州，向着中国共产党的诞生地——上海，劈波斩浪，前进！前进！"（见图 4-5）这里的文字表达，不仅将鲁迅离开广州赶赴上海的行为阐释为革命化的行动，还在革命历史叙述框架下，赋予上海这一空间确定的革命指向和政治意涵。如此叙述，意味着鲁迅离开广州的个人行为及其复杂的深层原因，在革命的单一维度下被简单化，鲁迅在广州的生平经历被整体性地加以高度政治化的情感渲染。结尾处的文字是政治意识形态色彩浓厚的惯用表达，作者的意图以简单、直接的语言确定立场和指向，以不可辩驳的强烈情感表明态度的坚决。从全文的叙述来看，这里文字是外加的、生硬的。

强化的革命主题和强烈的情绪，通过文字和图画的呼应来强化。连环画有图有文，图画形象体现了文字意涵，文字强化和延伸图画符号。其中图像描摹的图景超出了理念的规定和叙事框架，却提供了文字符号所不能涵盖的丰富的细节，或不可捉摸的韵味。而文字的叙述则梳理出条理和次序，形成连续而完整的故事。再通过画面中的环境和场景强化故事氛围。如以鲁迅从中山大学辞职这一事件为例：图中鲁迅面对着书桌，背对着读者而立，面对窗外黑夜，一只手叉腰，一只手在灭烟头，表情冷峻凝重。画中呈现的环境、表情和动作，使读者能感受到鲁迅此时此刻的强烈心理波动和激烈情绪，但不能提供产生情绪的原因、时空条件和语境。在图画下方通过文字提供具体的信

息，确定了画面的具体语境和指
向，"面对独夫民贼蒋介石的反
革命大屠杀，鲁迅十分愤慨。他
决然辞去中山大学的一切职务，
对敌人的反共暴行和卑鄙伎俩表
示强烈的抗议。"（见图4-6）这
里图和文的生发互动，正是典型
的连环画的"绘图缀说"的叙事
手法。画面通过文字来补充时代
环境和历史背景，解释鲁迅的革
命立场和行动，将鲁迅的形象塑
造纳入到创作者的思想观念和政

90　面对独夫民贼蒋介石的反革命大屠杀，鲁迅十分愤慨。他决然辞去中山大学的一切职务，对敌人的反共暴行和卑鄙伎俩表示强烈的抗议。

图4-6　鲁迅辞去中山大学职务

治话语体系中。类似的图文叙事不断地规约着画作中的鲁迅形象的塑
造。紧接上图的则是朱家骅和鲁迅两人的关系设置图。图中的鲁迅昂
首挺胸地站在书桌前，眼睛平视前方，朱家骅则瑟缩着身子，手里拿
着一张纸，尴尬地、唯唯诺诺地跟在身后。这幅图根据作者的创作意
图设定情节，设想情境，安排两人的反应、姿态和位置，有着明显的
主观化倾向。且不说图中两人的身高不合事实，他们神态动作和表情
也是作者想象出来的。（见图4-7）这里的文字对画面的解释，既延续
了前一幅的事件发展，又进一步深入和具体化了鲁迅和国民党政府的
对立关系。随后的一幅图则是鲁迅双手抱胸正面半身像，五官端正严
肃，身后是迎风微展的窗帘。图下面的文字是："鲁迅敏锐地识破了敌
人的种种诡计，对那些假惺惺的'挽留'者，有的当面顶回，有的干
脆拒之门外，誓与国民党右派势不两立。"（见图4-8）这段文字除了
解释图的内容，还补充描述了画面场景。这幅图呼应了鲁迅在这一事

---

91 朱家骅等害怕鲁迅的辞职会引起大批学生离校。他除亲自登门拜访外，还三番五次地派人"面致慰留信"，劝鲁迅继续留校任教。

图 4-7　朱家骅和鲁迅两人关系设置

件中的表现和立场，也是对鲁迅辞职事件的总结。这四个例子充分说明，连环画用文字加以补充，文字的意指功能明显，而且文字强化了人物的情绪，确定了画作的意涵，给予读者明确的提示。

通过加强文字的指向性、文字对画面的情感意义的规约，消除了画面的多义性、简洁高效地体现观念和意图。但同时，明确的目的性和观念化容易产生生硬和机械的画风和文字表达，无论画面还是文字都弱化了审美功能，成为观念阐释的纯粹符号。

为塑造革命色彩浓厚的鲁迅形象，突显鲁迅作为革命斗士的政治品质，人物形象所处的具体的历史背景，画作中的文化空间、时代文化特征皆被淡化和漠视。作品只是强化突出了广州作为革命运动中

92 鲁迅敏锐地识破了敌人的种种诡计，对那些假惺惺的"挽留"者，有的当面顶回，有的干脆拒之门外，誓与国民党右派势不两立。

图 4-8　鲁迅辞职时的神态和表情

心的政治价值，在表达人物活动环境和空间时，强化了革命的隐喻和象征。作品以黑白分明的画风来表达革命时代的广州风景和文化。作品选择了有现代风格的建筑来标示广州的城市特征。而广州的文化特征或地域风情由于不能明确地体现革命精神气质，在画作中少有表现。而且，在强调对立、斗争的人物关系表达时，文化和历史空间都被窄

166

缩和切割，不能独立而完整地存在画面中。作为以人物和事件为中心的传记，不论是外景还是室内建筑，即使是环境或场面，都只能截取其中一部分，或者只是截取一个角度来呈现，少见完整的场景或者全景景观图。

由于过于强调抽象的概念和明确的意图，画作高度提炼、简化了绘画语言。作品中通常只用间距相等的、简单的线条来勾勒外形，再用黑或白的色块点缀空白，物或景大多只见轮廓，少有细节，画风简洁；在色彩运用上，图画中黑白两色截然分明，对比强烈。作品中偶尔出现的环境表达，或是黑压压乌云的天空，或是轮船在一望无垠的海平面上行驶，只是作为象征意味的典型革命符号，基本上不体现地方性特征或者标志。黑白对比明显的画风既体现了时代的黑暗和压抑，突出了敌我矛盾的对立，也隐含着风起云涌和波澜壮阔的惯常的革命氛围的视觉表达。画作以最大限度简化艺术作品的过程和手法完成高度集中和概括的叙事目标和政治色彩。画作过分强化革命观念和主题的表达，使得广州这一地理空间形态被抽象化了，而更为宽泛的文化内涵及风土人情的表达都被抑制和淡化了。

总体而言，这部画作画风简略直截，配合平直的叙述或者强烈的情感表达。这样的画风与文字，符合当时色彩浓厚、简洁、质朴的审美风格，符合连环画读者的口味和阅读期待，达到了高效和广泛的宣传效果。

## 二、人物角色的脸谱化画风

为突出政治色彩和宣传目的，这部画作的人物形象和关系设置也紧密围绕突出政治立场和思想观念的创作目标而展开。首先，为表现浓厚的革命色彩，画作以文化英雄的形象标准来塑造鲁迅形象。

　　形象类型方面，设置了以鲁迅为中心的盟友和敌人的两大阵营。为强调鲁迅在广州的革命实践，除鲁迅本人外，还在他周边设置了革命阵营，分别有作为集体的广东党组织的力量和个体的共产党员毕磊这一形象。无论是集体还是个体，他们作为保证鲁迅的革命方向和坚定鲁迅的革命态度的正面力量，既是鲁迅的革命斗争实践的盟友，又能支持鲁迅不断地革命，在现实中不断强化鲁迅形象的革命性。在历史上，由于鲁迅不是党员，他的革命实践需要党员的参与和陪同，画作突出青年学生、党员毕磊与鲁迅的亲密关系，并将他作为鲁迅坚持革命道路与方向的引导者。而后来毕磊为革命而牺牲的这一壮举，进一步成为强大的精神力量的"灯塔"，使鲁迅在迷茫和困惑中能够坚持革命。这一人物在作品中虽然只是次要人物形象，却是弥补鲁迅形象的高大和正确的必要组成。

　　为了牢固确立鲁迅的革命者和文化斗士形象，画作在人物设置上，特意强化了周边对立环境和敌对形象，根据阶级斗争理念塑造了革命的反面角色。根据当时的时代环境和政治立场，官员和文化要员在作品中易被作为敌对力量而塑造。画作中，有国民党行政职务的朱家骅，不仅成为典型的反面角色，还被极力丑化。朱家骅成为《鲁迅在广州》中有具体名字的敌人。如第 11 页的画面上，西装革履、戴着眼镜、手里抓着礼帽的朱家骅，就是虚伪、卑劣和猥琐的典型的反面形象。他站在一幢别墅的门口，侧着身子和一名像特务的人在咬耳朵，在他们的前方，则是一辆小汽车。下面的文字为："这时，国民党右派、中山大学副校长朱家骅急忙从郊区别墅赶回学校，代表校长对鲁迅表示'欢迎'。妄图借鲁迅的声望来欺骗青年。"（见图 4-9）在当代中国的政治化的审美观中，朱家骅的别墅和轿车以及西方文明的装扮，代表官僚和权贵阶层，属于反动阶层。他们衣着和举止与工农兵的审美格格不入，都是该被否定的。他们的穿衣打扮和言行举止，都被视为虚伪、丑陋的。他们不仅在政治立场上属于被批判的对象，同时在道德伦理上也不被认同。朱家骅一出场，从外貌、表情到表达，都处在鲁迅的对立面。他作为反面角色，每一次出场都被表现为

11　这时，国民党右派、中山大学副校长朱家骅急忙从郊区别墅赶回学校，代表校长对鲁迅表示"欢迎"。妄图借鲁迅的声望来欺骗青年。

图 4-9　朱家骅欢迎鲁迅

负面的，不是丑陋不堪，就是强作好人的拙劣表演。他在欢迎会上表现"卑鄙用心"，在营救学生的会议上"假惺惺"①，"瑟缩一团"②，在遭到毕磊痛斥后"气急败坏地嚎叫"③，担心鲁迅的辞职而"害怕"④。

　　与小说用文字语言塑造人物形象的方式不同，连环画的特点是通过图画直接确立人物形象，画作中鲜明的人物形象，往往具有典型特征并不断重复出现。其时鲁迅形象的连环画作品鉴于革命斗争的对立观念，常将人物分为敌我两大阵营、好坏两大形象体系，以便于快速

---

①　广州鲁迅纪念馆《鲁迅在广州》连环画创作组编绘：《鲁迅在广州》，人民美术出版社 1976 年版，第 74 页。

②　广州鲁迅纪念馆《鲁迅在广州》连环画创作组编绘：《鲁迅在广州》，人民美术出版社 1976 年版，第 79 页。

③　广州鲁迅纪念馆《鲁迅在广州》连环画创作组编绘：《鲁迅在广州》，人民美术出版社 1976 年版，第 87 页

④　广州鲁迅纪念馆《鲁迅在广州》连环画创作组编绘：《鲁迅在广州》，人民美术出版社 1976 年版，第 91 页。

被读者接受。《鲁迅在广州》通过脸谱化设置来明确人物的形象特征，完成人物形象的塑造。正面人物形象是以鲁迅、毕磊、区委负责人为典型。

作品在塑造鲁迅形象时，始终注意其正气凛然的姿态。无论是怎样不同的动作和姿态，不管是走、坐、站，不管还是全身像还是半身，都是身姿挺拔的样子。而在五官刻画上，鲁迅标志性的头发和胡须都是浓密而整齐的，丝毫不凌乱。在构图上，不仅处于周边人的仰视和中心位置，也处于画图的中心和仰视位置。不仅是主人公鲁迅，其他的正面人物也是遵循严格的审美规范。作品中最能体现光辉美学的是即将就义的毕磊这一共产党员形象。这一形象塑造代表了高度艺术化的英雄形象范式。通过环境全景、三张中近景和一张人物全景①，展现了共产党员在面对敌人时大义凛然、敢于牺牲精神的精神。这几幅画是革命浪漫主义的典型图示。这一形象在画面上的高度甚至超过了鲁迅形象。毕磊牺牲后，鲁迅写了《怎么写（夜记之一）》，在表现这一场景时，出现了已牺牲的毕磊的形象，位置处于坐在书桌边的鲁迅形象的右上角，这一虚拟场景是叙述之外的想象空间。如是设置表明鲁迅连同作者都将毕磊形象置于更高的精神高位了②。这样的构图，不仅通过画面来叙述事件和过程，而且通过这一形式指向超越性的精神，指向了崇高价值。

反面人物形象的塑造同样也是模式化的。上文提到的朱家骅这一反面形象，在画中是虚伪、丑陋和阴险的坏人典型。他出现在画作

---

① 广州鲁迅纪念馆《鲁迅在广州》连环画创作组编绘：《鲁迅在广州》，人民美术出版社 1976 年版，第 84-88 页。
② 广州鲁迅纪念馆《鲁迅在广州》连环画创作组编绘：《鲁迅在广州》，人民美术出版社 1976 年版，第 97 页。

中，被画成尖嘴猴腮的、面目可憎的、皮笑肉不笑的虚伪的形象。身体姿态总是歪斜的，常常点头哈腰。作者对其神态和姿态都进行了夸张和丑化。而在画面中的位置，也确定了他的反面角色。朱家骅这一形象在画作中大多处于边角的位置，显示出他在意义体系中被否定的地位。反面人物的塑造体现了作者强烈的价值立场。这些反面人物在画面上的位置，体现了作者的情感色彩。他们外貌丑恶，用心阴险，处于被鄙夷被俯视的地位。作者通过作品的位置和角度表达了对正面人物的褒扬，也表达了对反面形象的否定态度，使他们的表现荒诞可笑，并形成了对比。如朱家骅在鲁迅面前，就是一个猥琐、无能和可笑的小丑形象。

　　鲁迅形象塑造的政治性单一诉求，带来对材料的片面化阐释，造成形象的扁平化。画作为了塑造激烈和尖锐革命斗争核心的鲁迅形象，偏重于选择鲁迅生命活动的公共事件。落实到具体绘图时，只能以简笔勾勒的脸谱化手法刻画人物形象，使得人物关系相对简化，有的还存在史实的偏差。而在材料运用上，根据需要选择或改写鲁迅在广州的行为。鲁迅在广州的人生经历，被革命者形象和革命活动行为限定，其生活事件和文化事件都被简化成政治事件，并表现出激烈对立的战斗方式。而如此叙述鲁迅在广州的经历，与史实有较大出入。鲁迅自1927年1月18日从厦门来到广州，同年9月28日离开广州，在八个多月间，他每天记日记，被邀请演讲多次，创作了20多篇杂文，还创作了小说《铸剑》，编订了《野草》《朝花夕拾》等。除此之外，还兼任了中山大学的文学系主任兼教务主任，教授《文艺论》《中国文学史》和《中国小说史》等课程。工作之余，鲁迅的日常生活也非常丰富，社交频繁，充分感受广州的生活，喝茶下馆子，文友间书信来往密集。鲁迅在广州期间如此忙碌而丰富的生活及社交活动等，都被淡化或简化。画作为塑造典范革命者的鲁迅形象，完全围绕宣教的创作意图选择材料，进行改写，只突出鲁迅接触中国共产党及其政治实践，突出国共两党分裂及"四一二"政变的政治背景。

另外，画作有意忽略和遮蔽了鲁迅在广州的经历的另一重要的基本事实。鲁迅来广州的人生选择是与许广平直接相关的。鲁迅初到广州的一个半月中，许广平在他的日记中出现了 20 多次①。作为鲁迅在广州经历中如此重要又伴随左右的人物，许广平在画作品中却不存在。这可能是许广平于鲁迅的重要性更多地体现在生活空间。在保证鲁迅革命知识分子行为正确的前提下，还要确保不因道德伦理问题冲撞到形象的正面效果。这可能是许广平这一人物形象在这一被限定的空间中被选择性地运用和遮蔽，甚至改造的原因吧。由此，作品《鲁迅在广州》（连环画）中，许广平的身份角色受到限制。作为事实上无法忽略的亲密关系，在画作中只能被淡化和被忽略。作品中只是模糊提及她和鲁迅的关系。在纯洁的革命话语中，她的身份只限于公共场合下的年轻助手。许广平这一形象的刻画，还存在图文对峙的现象。图中有许广平，但是画下方的文字中，许广平只在迎接鲁迅到广州、帮助鲁迅到香港翻译演讲稿等社会活动中才被提到。图文内容不对称，表明鲁迅在广州的生活与塑造革命性的鲁迅形象之间存在着难以整合的话语罅隙，日常生活维度的鲁迅形象，与政治观念维度的鲁迅形象不能完整统一，两者之间存在叙述冲突。当然，在作品中，个性表达只被挤压到最低限度而服务于浓厚的意识形态。

为了塑造革命化的鲁迅形象，画作中的所有的人物关系、性格特征和历史细节都最直接高效地服从这一诉求。这部连环画从正面、侧

---

① 鲁迅:《鲁迅全集16》，人民文学出版社2005年版，第1-10页。

面和反面不同视角，集中和纯化了人物关系，使人物形象具有典型化特征，以此突出鲁迅的革命立场之坚决、态度之坚定，以及面对革命斗争时的坚强的意志、勇气和决心，或在革命斗争中遭遇困难依然勇往直前的坚强性格和超拔的智慧和能力。这一创作意图，也诉诸图像绘制中，如以固定的模式勾勒出人物轮廓和印象、不求逼真的细节、粗略的概括表达加上夸张的手法，这些创作手法，都使形象成为高度抽象的政治符号，成为政治观念的外化。此类的革命浪漫化理想化表达策略，也在突出鲁迅作为革命话语系统中的文化英雄特征。

### 三、片段式的情节结构

连环画通过图绘文撰的连缀叙事，使故事完整和自洽。《鲁迅在广州》以鲁迅的革命活动为中心，讲述鲁迅在广州进行革命斗争，以及斗争日渐激烈发展的故事，以连续性的情节展现这一过程。作品在情节安排上，删减鲁迅在广州的自然时间流，集中和改换为以革命实践为中心的片段，设置不同的场景，推动矛盾发展。由于革命活动是社会活动和集体行为，鲁迅的革命活动需与同一时期广州革命形势一致，其个人行为需并轨于中国共产党的革命活动，才符合革命叙事逻辑。由此，画作在情节上设置了鲁迅在广州的革命活动，是与中国共产党的革命历史同一节奏、相生相伴的过程。这样的情节设置也隐含着鲁迅在广州的革命活动的故事，也是他在革命之路上取得重大进展的成长励志故事。

该作品选择"初到广州""演讲台上""血的教训""战斗前进"四个单元来展开叙述鲁迅在广州的革命实践。这四个单元不是根据时间顺序来设定情节，四个单元的核心事件也不连贯，只是对鲁迅在广州生活的不同阶段的提炼和概括，突显了革命的单一维度。因此其中的故事并不能涵盖鲁迅在广州的人生事实。

画作中的四个单元，剔除了鲁迅的个人生活空间，限定在革命范畴内进行书写。鲁迅的教务、教学工作，创作、编书等文化实践活动，逛街、买书、泡茶馆、看电影等日常生活，都经过剪裁，只为了突出其革命的政治生活。当作品将这一丰富过程简化成鲁迅参与革命、革命斗争认识逐步深化且升华的单一线性过程时，画作仅选择了四个主题事件，以尽量集中地来整合鲁迅在广州的参与革命的材料。在叙述中，由于选用的材料打破了鲁迅在广州生活的自然时间线，不能形成跌宕起伏的情节发展，叙述节奏也不够自然和连贯，作品在叙述的材料和内容上难以形成渐次发展的递进过程。由于过多依赖思想观念，材料难以说明事实和生活流程，不仅造成情节不连贯，也造成材料运用的生硬和受限，如在"初到广州""演讲台上""战斗前进"三部分都用到了鲁迅在广州的演讲材料。故事情节的机械、生硬和断裂，致使故事和形象都只能成为观念的注解。并且，鲁迅作为现代知识分子，他参与社会的方式更多地体现在他的文化活动中，而连环画为了突出政治层面的革命斗争，有意强化具体的革命实践，这也带来了画作中的创作目标与材料事实的间离。另外，鲁迅演讲所体现的思想或思考，大多为抽象的表达，不易被转换成绘画语言，其深邃曲折的意涵也难以通过形象而感性的图绘表达。画作为突出观念，只能直接引述观点。

围绕着单一的观念高度集中处理题材的方法还造成了画作的另一个问题。作品为强化观念而对事实信息进行选择性运用、对材料进行改造，由于缺乏对材料的辨析，最后只能得出简单粗糙的结论。如关于鲁迅为何从中山大学辞职一事的叙述，不管细节还是过程，事实都较连环画中呈现的事件更复杂，关涉的人、事也更为繁杂。历史事实较画作的叙述更生动丰富。

　　首先，鲁迅于中山大学的到任和离任都与和顾颉刚的私人矛盾直接相关。"我在厦门时，很受几个'现代'派的人排挤，我离开的原因，一半也在此。但我为从北京请去的教员留面子，秘而不说。不料其中之一，终于在那里也站不住，已经钻到此地来做教授。此辈的阴险性质是不会改变的，自然不久还是排挤，营私。我在此的教务，功课，已经够多的了，那可以再加上防暗箭，淘闲气。所以我决计于二三日内辞去一切职务，离开中大。"[1]，此处"其中之一"指顾颉刚。鲁迅如此肯定、确切地谈及他对顾颉刚的看法，包括他们曾有过的过节及他自己的打算，表明此刻的鲁迅已确定要辞职。而后在给章廷谦的信中又两次提到自己辞职的原因，都与傅斯年及顾颉刚有直接关系。[2]　其次，鲁迅离职的过程也很复杂。如他离任后并未马上离开广州。他在 4 月 26 日给孙伏园的信中再次激烈地表达了自己的情绪："我真想不到，在厦门那么反对民党，使兼士愤愤的顾颉刚，竟到这里来做教授了，那么，这里的情形，难免要变成厦大，硬直者逐，改革者开除。而且据我看来，或者会比不上厦大，这是我新得的感觉。我已于上星期四辞去一切职务，脱离中大了。我住在上月租定的屋里，想整理一点译稿，大约暂时不能离开这里。"[3]鲁迅早已于 4 月 21 日递交辞呈，但他说自己暂不离开广州，只是暂时离开中大，他甚至有专心写作和翻译的文化活动和生活安排。但是，在《鲁迅在广州》一书中，完全略去鲁迅在私人空间的活动。在《血的教训》这一部分，将辞职行为与革命斗争密切关联。画作先以"四·一二"反革命事件为

---

[1]　鲁迅:《鲁迅全集 12》，人民文学出版社 2005 年版，第 29—30 页。
[2]　鲁迅:《鲁迅全集 12》，人民文学出版社 2005 年版，第 32—36 页。
[3]　鲁迅:《鲁迅全集 12》，人民文学出版社 2005 年版，第 31 页。

历史背景，展现鲁迅面对他关爱的毕磊等青年学生被抓被杀的严峻现实、与朱家骅等人针锋相对的斗争过程。继校务会上营救学生无果，得知毕磊英勇牺牲之后，他又坚决辞职以表明态度。

这种分段叙事的方法在完成情节主体时也只能是破碎的，且难以形成严密的相关性，甚至也影响主题的集中。如关于鲁迅在广州的革命行为，最突出的是与青年学生的交往。面对这一部分事实，连环画大量地引用此类材料，并视为革命的表现。另外，根据鲁迅当时的说法，他保护青年学生的理由是"这里现亦大讨其赤，中大学生被捕者有四十余人，别处我不知道，报上亦不大记载。其实这里本来一点不赤，商人之势力颇大，或者远在北京之上。被捕者盖大抵想赤之人而已。也有冤枉的，这几天放了几个"①鲁迅经历了众多的中国近现代历史重大事变，但他并没有共产党员的身份，他的革命愿望的表达，他同情革命和爱护青年的感情，也不可能与有组织的有具体目标的中国共产党的革命性表达完全一致。画作忽略其中的差异而如此简化和观念化处理，使得该作品主观愿望和客观效果错位。当作品远离了产生作品的时代，就不再被读者接受了。

连环画为了体现鲁迅的革命追求，强调鲁迅拒绝与国民党支持的政治力量交往，确立和革命青年的紧密团结关系。为了表达这层意思，图中的鲁迅端坐在中间，四周围着青年学生，他们的目光都集中在鲁迅身上。这幅画以正面绘制的视角，肯定了鲁迅与青年之间的关系，突出了鲁迅与青年交往的革命价值。并且，画作借助文字加以补充说明，"鲁迅爱憎分明，对反动派深恶痛绝，对共产党员和进步青年却表现了满腔热忱。每当革命青年来访，他都亲切接待，侃侃而

---

① 鲁迅:《鲁迅全集12》，人民文学出版社2005年版，第30页。

谈"。① 这些文字表明对鲁迅在广州经历的叙述是以其革命活动为中心的。不管是情节逻辑还是组成情节的基本材料，都服务于强劲的革命化的目标。

连环画《鲁迅在广州》沿袭了革命英雄主义审美范式，塑造了坚决坚定的、无争议的革命化了的鲁迅形象。通过图文匹配形成集中题材、突出对比画风等典型的新连环画的话语模式，对应直接对立且符合革命伦理的人物关系模式。画作通过对立斗争的革命情节模式，断论式的文字表现，塑造了绝对权威式的革命化鲁迅形象。基于连环画易于在民众中广泛传播的特点，鲁迅形象革命化的塑造，在全社会起到了榜样力量和号召作用，突显政治文化职能和时代色彩，表现出明显的宣教功能。画作不仅反映了时代的特点，也反映了那一时代受阶级斗争观念和"文革"社会风气影响的大众读者偏好"对立"和"斗争"的阅读心理。这部作品成为当代鲁迅形象传播过程中大众化的一个典型案例。然而，鉴于鲁迅形象本体的复杂性，在整合鲁迅在广州革命斗争经历的故事时，还是留下了无法为强烈的政治观念所规约的事实材料和叙事裂缝。

随着鲁迅研究的深入和发展，图像、影像传播日渐受到重视。鲁迅形象的连环画研究开始引起学界关注。文字和图像结合并存的艺术形态，不仅在媒介和载体上体现了赓续和转接，也通过文字和图像并存形态，探索了在高度革命化意识形态下塑造鲁迅形象的可能空间和具体形态。丰富复杂的文化形象，因政治色彩和思想观念的集中和整合中趋向简单形式而削减意味，却又在无法简化和观念化的"空白处"中留存了当时不可抹除的意味。

---

① 广州鲁迅纪念馆《鲁迅在广州》连环画创作组编绘：《鲁迅在广州》，人民美术出版社 1976 年版，第 27 页。

　　"文革"后期，在仍然僵化、刻板的革命语境下，鲁迅形象出现一些新动态和新趋向。连环画的文字叙述中的史实交代常超出革命化的象征表达，在严密的、统一的、革命化的话语中，露出一丝丝"裂缝"。在复述历史事件时，复杂的事实冲撞着貌似严整的权威话语，不断暴露叙述逻辑的破绽。这丝丝裂缝为后人进行不同的解读提供了可能。这部连环画作品体现了当代中国对革命化、观念化和大众化的鲁迅形象的探索，以及在文字和影像等多种媒介中的尝试。它与同一阶段的鲁迅形象的系列连环画，成为当代鲁迅形象传播不能忽略的环节。

# 第五章　鲁迅作品影视改编

## 第一节　鲁迅小说的电影改编

鲁迅的创作以丰富而复杂的思想，提供了从传统向现代转型过程中的精神支撑。鲁迅的多部小说被改编成电影作品。电影以影像的方式，传递了鲁迅的思想及其价值，鲁迅的精神资源借此参与中国现代文化价值体系的构建。

### 一、从文字文化到视觉文化的立场与路径

有六部鲁迅小说被改编成电影:《祝福》①、《阿 Q 正传》( 两部 )②、《伤逝》③、《药》④ 和《铸剑》⑤。当代，鲁迅小说的电影改编顺应社会文化变迁，历经政治意识形态的当代认同、新时期启蒙资源的重新书写和文化消费时代的重新编码，代表了时代文化思潮更迭下的鲁迅作品解读和鲁迅思想资源延展。

新中国成立后，随着政治意识形态的确立，鲁迅作品的社会批判

---

① 桑弧导演，北京电影制片厂 1956 年。
② 袁仰安导演，香港长城电影制片有限公司 1958 年。岑范导演，上海电影制片厂 1981 年。
③ 水华导演，北京电影制片厂 1981 年。
④ 吕绍连导演，长春电影制片厂 1981 年。
⑤ 张华勋导演，北京电影制片厂 1994 年。

功能被强化，北京电影制片厂拍摄了由夏衍改编的影片《祝福》。该影片吸收了舞台剧的经验，由著名演员白杨扮演祥林嫂，根据小说的故事背景和情节结构，改编成典型的阶级矛盾故事。该影片遵循现实主义创作原则，努力挖掘小说中底层百姓的苦难，逼真细腻地勾画了祥林嫂的悲剧命运，矛头直指旧社会的多种黑暗势力，强烈地批判造成祥林嫂悲苦的社会文化原因，既获得了观众的情感认同，又符合政治意识形态导向，成为鲁迅小说电影改编的成功之作。

与此同时，香港左翼电影导演袁仰安根据剧作家许炎（姚克）、徐迟改编的电影剧本，拍摄了《阿Q正传》。这部作品具有强烈的思想观念引导和政治宣传目的。作品通过描写阿Q这一受多重社会权力支配的雇农形象的悲惨命运以及加在他身上的残酷压迫和剥削，表现出对阶级矛盾的理解和认知。改编电影所体现的文化使命感和历史意识，娴熟的镜头语言，流畅的情节故事，呼应了这时期"新现实主义""新浪潮电影"等电影新思潮，因关注底层人物而获得广泛的共鸣，成为具有国际影响的香港左翼电影代表作。

新时期再度掀起鲁迅小说的电影改编热潮。1981年共有三部根据鲁迅小说改编的电影问世。水华导演的《伤逝》为尽量保留小说文体风格，通过诵读手记展示涓生的内心独白，营造抒情氛围。这部以五四为时代背景，反映青年追求个性解放和选择自我奋斗道路的影片力图还原鲁迅的文化思考者的定位，试图反拨过于强化的政治观念阐释模式。虽然影片因突显作品的思想性而降低了影像的视觉效果，冗长的旁白颇显单调，但其主导的改编手法表现出返回鲁迅本体的自觉和努力。这部影片与同年出品的《药》和《阿Q正传》共同组成了深度探寻鲁迅精神资源的强劲声音，回应新时期启蒙思潮勃兴的热潮，努力转化和传递鲁迅小说的思想内涵，甚至不惜牺牲影像特质，借助影像图解鲁迅小说。这一时期的改编电影作品主要是为了配合纪念鲁迅的活动和宣扬鲁迅作品，风格化的《伤逝》、平实的《药》因过于拘泥于原作，并没有太多发挥影像的自主功能。电影《阿Q正传》较前两部成熟，但也没有在沉重思考和戏谑逗笑之间取得平衡。这一时期的改编影片进行了多方尝试，但还是因无法达到鲁迅原著的思想和艺术高度而遭受批评。

这几部电影的选材均集中于《呐喊》《彷徨》两本小说集，一概采用现实主义手法，集中强调鲁迅小说的社会批判功能。而《铸剑》使人们开始通过影像领略到鲁迅原作的风格多样化。张华勋导演的《铸剑》明显表现出消费时代的文化风潮。神话传奇题材和荒诞戏谑的创作手法，清晰又激烈的视听节奏，绚烂的影像语言，造型化的构图，充满仪式感。通过再现艰辛、悲怆的复仇之路上的种种人生悖论，通过表现软弱无能又背负复仇重任的眉间尺绝望中狂欢的极致情绪，将立意于复仇却在不断消解复仇主题的《铸剑》改编成奇幻的影像景观。

鲁迅小说的电影改编应和着中国当代文化节点。这些改编电影在忠实鲁迅小说精神内涵和契合时代语境间寻求平衡，在形象塑造上经历了从悲苦的底层农村妇女到各色民众构成的民族群像再到历史人物的形象构建过程，引发观众的同情和反思。这些改编电影通过影像语言阐释鲁迅小说，昭示了当代中国初建时政治意识形态的加强、新时期启蒙思想的潮涌和现代性反思，以及世纪之交及中国文化狂欢的文化思潮的行进路径。

在艺术表达上，这些影片暗隐当代中国视觉性渐强的文化发展趋势。20世纪50年代的《祝福》《阿Q正传》依旧沿袭中国电影的影戏传统，通过影像语言继续发挥文学叙事的强大功能，无论是情节结构、人物对话还是环境设置依然遵循着文学叙事成规；20世纪80年代的《药》《阿Q正传》《伤逝》三部电影都试图挖掘鲁迅的思想资源，还原小说的启蒙色彩，不再以传输政治观念为改编目标。在弱化故事性的同时，为表达理性哲思、营造空灵意境，作品采取了含蓄、内敛的表达方式。

20世纪90年代的《铸剑》在吸收香港武侠片的大众文化元素基础上，以"狂欢化"的声像语言契合小说解构历史和精神突围，取得令人震惊的效果。根据鲁迅小说改编的电影，呈现了从政治再造到启蒙追寻，影像自觉性渐强的过程。根据鲁迅小说改编的电影，为进一步理解鲁迅及其作品，重构鲁迅审美世界提供了丰富的材料。然而，鲁迅作品对于中国现代文学的重要意义，给电影改编造成格外沉重的负担，努力保持思想"高位"的改编思路，使电影改编受限于文学作品的深度而难以充分体现电影艺术的魅力。

## 二、故事的情节化和情感化

鲁迅小说改编电影显现了当代中国的不同阶段对鲁迅精神资源的提炼和挖掘，共同致敬中国现代文学缔造者鲁迅的精神和文学作品。小说的浓厚理性色彩和深刻的历史反思精神，成为改编电影首先需要转换的有难度的"前境"。为此，改编电影在强调思想性时兼顾观众的接受心理，在原著基础上，通过提炼情节结构和增添情感元素强化影片的故事性。

鲁迅小说原著呈现的现代性特点，有别于情节小说的连续和严密，情节淡化又不够连贯。电影改编过程中，鉴于传播媒介的内在要求、电影艺术观看时间的限制和改编者的目标，改编电影安排了集中凝练的情节结构。较鲁迅小说原著，改编电影都体现出更强的故事性，以符合视觉作品的改编策略，把画面间的连接逻辑建立在对事件的分割和组织上，引发观众的兴趣，吸引观众的注意力。改编电影常采用以下策略。

第一，变换了叙事者。小说原著中的第一人称常被改为影片中的全知视角的第三人称。鲁迅小说作为启蒙文本，往往采用第一人称的叙述手法，其目的是更好体现对发生事件和人物命运的思考，借助这些故事中的画外音，表达作者的清醒而痛苦的启蒙者立场。而作为第一人称的叙事者，常为具有理性思维的哲人，这样，可以通过清醒和理智的叙述话语较好地传达启蒙思想，反思、批判愚昧落后的思想观念。然而，有别于小说的以理服人和以智启人，改编电影需要动情感人的观影效果，出于完整连贯的故事讲述需要，大部分采用了旁观者的第三人称的叙事。由此，小说原著带有强烈主观情绪的评判转换成改编电影中相对客观的描摹。

影片《药》中，通过隐性的叙事者讲述发生在华家和夏家的故事，评判立场和情感表达在改编后的作品中得到了传达；而电影《祝福》则将小说中的第一人称叙述视角转换为第三人称，降低了小说的批判力度，淡化了理性色彩，把故事演绎成跌宕起伏的旧社会劳动妇女受压迫的悲剧故事。影片《阿 Q 正传》以旁白解释阿 Q 的言行举止。电影中的人称改变是否合理难以判定，需结合原著风格和新编故事才能理解。而这些人称或情节的变动与小说和电影不同的目标受众有关。鲁迅小说的电影改编在保持原著的思想深度与降低思想深度吸引更多电影观众间，难以取舍。小说的文字符号语言不能完全被电影的影像符号语言转换，在改编后的电影中，保留了两种不同语言符号"不可通约"的叙事"裂缝"。

第二，在影片中增添新角色。鲁迅小说笔法简练深刻，小说中人物关系至简，改编电影常需要扩展角色关系，在不同的环境和空间中增加人物活动。

影片《祝福》中，特意增添了祥林嫂的婆婆、小叔子以及卫老二等相关人物形象：卫老二是为牟利贩卖祥林嫂的乡间恶人，婆婆因为家境窘困，受利益的诱惑而下决心卖祥林嫂，而小叔子出于年轻人的善良本能保护祥林嫂。祥林嫂的后一任丈夫贺老六的形象塑造相对完整，他的质朴和善意最终感动了祥林嫂，他与债主间的斗争展示了他勇于抗争的人生态度。改编过程中次要人物信息的丰富和补充，加强了影片和观众的互动，使影片中阶级对立的思想主题在社会场景中得以具化和呈现。增加角色是鲁迅小说改编电影的惯用手法，《铸剑》增添了能够预测未来的先知——瞎眼婆婆，假扮女巫鼓动楚王滥杀无辜的仇人之女。这些人物在赋予眉间尺的复仇计划更多的神秘色彩和宿命感的同时，也在增加眉间尺复仇的难度。眉间尺与这些角色的相遇和交流为仇行为做了铺垫。在各种尝试都被否定后，眉间尺只能放弃亲自复仇转而求助宴之敖。

第三，具化、增设故事背景和细节，是根据短篇小说进行电影改编的常用手法。岑范导演的《阿Q正传》补充了不少情节和细节，添加了阿Q在牢狱中的经历、给阿Q定罪的过程、为阿Q定罪事宜把总与举人老爷间发生争执等故事情节；影片《药》则补充了华家具体生活状态和华小栓暗自存钱的细节，清楚交代了华老栓托五少爷通过康大叔得到人血馒头的来龙去脉，还有夏四奶奶在得知夏瑜入狱后四处央求的场景、行刑的场面等；袁仰安导演的《阿Q正传》则补充了吴妈的日常行为、对阿Q的态度，不仅使得这一人物更具体和形象，也为阿Q对她的动念进行生动而必要的铺垫。细节的增加和填补使得影片更富于感性，也符合影像叙事规律。电影《祝福》则重新安排了情节。为了叙事的连贯和完整，影片补充故事背景和细节。其中有：

祥林嫂出逃到鲁四老爷家帮佣的经历；她与贺老六的婚姻生活经历；遭人逼债，丈夫病死和儿子被狼吃了等。服从于影片主题，从生存条件、社会基础、自然环境和文化环境各个层面控诉旧社会对祥林嫂压迫，合理解释祥林嫂的人生之路越来越狭窄的悲惨结局。这样，既使祥林嫂的命运得以完整体现，又补充了符合常识和逻辑的前因后果，使得人物形象的人生轨迹得到更为合理的阐释。"本片的贯串动作和反动作是：一个普通的农村劳动妇女，尽了她一生的努力来挣脱封建社会所加于她的迫害和歧视。但是，黑暗势力终于通过各种直接或间接的形式，吞噬了这个善良的生命。"① 当然，电影艺术不同于小说，改编电影在充分调动观众的情感参与时，也使小说原作的思考力度减少，需要"做一些通俗化的工作"②。

无论是改变叙述者，还是增添新的角色，抑或补充故事情节或细节，由鲁迅小说改编的电影都注意到电影的接受心理，填补小说的省略或空白，使得故事更连贯。

情感化设置，是电影强化故事性的另一手段。基于民族心理特征和审美传统，改编电影大多沿用了中国电影的影戏传统和中国叙事的情感模式，注意挖掘剧中情感因素，通过描述人物激烈的情感和离奇的悲惨命运调动观众情绪。小说与电影的不同情理比重导致了改编后的电影的不同向度和维度上的变化和重复。《祝福》和《药》作为悲剧更适宜改编，《祝福》讲述女主人公的悲惨命运，更容易引起观众的广泛认同。《阿 Q 正传》由于喜剧奇观的间离效果和叙事者的介入式的

① 桑弧：《导演阐述》，《祝福——从小说到电影》，中国电影出版社 1979 年版，第 127 页。
② 夏衍：《杂谈改编》，《祝福——从小说到电影》，中国电影出版社 1979 年版，第 119 页。

存在，沉浸式体验不连贯。《伤逝》中涓生和子君的对话表现对中国社会文化的形而上的思考，努力贴近鲁迅深邃的思想内涵却忽略了受众的情感体验。具体而言，改编电影的情感化设置表现在：挖掘人物的情感表达，添加人物间的情感关联，较为细致地展开人物形象的具体活动和情感表达。

在电影《祝福》中，人物情感表达得到了具体的镜头表现，如祥林嫂在得知自己被卖后啜泣的场面引起了观众的极大同情。影片还增添了她在鲁四老爷家帮佣时因为心情开朗感受到美好的情节，在河埠头淘米时看到鸭子戏水，感觉到了惬意。另外，在贺老六和祥林嫂结婚后，他们间的质朴美好的情感也通过递水端茶等生活细节得以体现。这部影片在叙事上显得自如流畅，也得益于该影片适度的情感戏的添加及情感渲染。《祝福》通过借景抒情、情景交融等方式表现出的内敛和蕴藉的情感图景符合中国的审美传统。

相比之下，电影《药》中增添的情感戏主要为了渲染革命者的母子情。除革命者夏瑜对母亲的愧疚和牵挂，母亲深夜做衣、探监送饭和临行送别等具体行为外，还打乱时空节奏，增加想象、回忆和梦境等，表现强烈的情感。对于这对遭受悲惨命运的母子来说，对他们间的情感渲染得越强烈，他们的生死离别就越能打动观众。除了增加夏瑜母子的情感戏外，还通过华家的情感传递激发观众的情感，华小栓的孱弱身躯及遭受病痛折磨，华家的深重焦虑和强烈期待，都成为使观众心痛的元素。与这些主要人物的悲痛心情形成强烈对比的是，《药》中那些不具名的符号化人物的"无情"。这些"看客"的冷漠、拒绝及相对应的静默、呆滞的表情，愈加增强了夏瑜母子所承受的孤立无援的惨烈苦痛。电影《药》在很大程度上遵循原作的语境，改编的创造和发挥并不多，整体作品风格较为拘泥，而这一部分情感戏的增加和细化无疑使得形象更鲜明，更动情地表达母子感情。通过对主要悲剧角色情感的挖掘和充实，影片将小说中的省略的细节场景化为具体的镜头语言，充分营造了悲情氛围，也符合小说的悲意和况味。

电影《伤逝》淡化情节，电影改编并未刻意处理成一部故事性电影。为了保留小说的抒情性，通过场面的渲染、象征性的景和物的特写，通过慢镜头、回放等镜头语言的组合强化影像，营造记忆和回想意境。如在表现涓生和子君的浓浓爱意时，烂漫的紫藤花充满银幕。以复仇故事为主线的《铸剑》中，情感戏份虽然不多，还是添加了干将莫邪的情感戏及女巫的痛苦情感抉择。在改编的影片中，《阿 Q 正传》中情感戏增加得最少，整部影片风格最为冷静，情节结构也相对松散，观影时视觉感知相对薄弱。

鲁迅小说改编电影中，人物的情感设置成为改编的一大重点。情感设置是否合理，是否具有事件、人物的黏合剂的关键作用，能否被观众接受，成为影片改编是否成功的指标之一。

### 三、"梦"与"记忆"的可视化

早年在仙台学医看幻灯片的经历，使鲁迅强烈感受到现代视觉技术带来的心理震撼，并留下了深刻印象。现代视觉意识成为鲁迅小说创作的心理基础。在小说中，他也刻画和描摹了关于古老中国面对西方文化冲击而产生的各种视觉现象，以及由此而造成的心理震惊。这种视觉体验，也形成了他透视社会现象和文化现实的独特的视觉意识，直至转换为生命体验。他不断地用"梦"和"记忆"来描述自己的人生状态，"我抱着梦幻而来，一遇实际，便被从梦境放逐了，不过剩下些索漠"①。鲁迅小说改编电影充分利用了鲁迅包含着现代意识和启蒙心态的"看",在银幕上下、故事内外的各种历史文化影像中寻找小说和电影相通的解读编码,演绎成各类影像化模式,给受众提供了新的虚拟空间,将鲁迅所思之痛转化成观众共同感受和体验的文化空间。

首先,改编电影选择特定的视听语言构筑"梦"和"回忆"视像。改编电影通过影像语言营构环境氛围,将文字描述的自然景物及人物的动作表情转换为镜头画面,通过影像复原现象和事实。影片中生动可感的环境氛围作用于观众的视听神经,引导观众进入故事发生的情境,拉近观众与故事人物间的距离,使观众沉浸和共鸣于故事和人物的感知体验。电影《伤逝》中涓生和子君的恋爱过程借助景物和音乐加以表现,充满诗意的镜头使小说中寥寥数语的相爱过程得以视觉化,满屏幕盛开的鲜花,使观众也感受到走在花海中的欣悦。而影片的最后,子君离去的孤独背影,旁观者的指戳和议论,让人感觉到凄惨和悲凉。电影《药》中夏瑜被砍头的场景,运用了丰富的镜头语言,还加上了雷鸣闪电和瓢泼大雨。电影《铸剑》中剑的各种特写镜头,或是亮晃晃的,或是锈迹斑斑的,通过光影的修辞功能或多种拍摄的角度加以强调和渲染;还以鸷的形象和叫声表达凶象的寓意;为表明眉间尺犹豫的性格,增添了杀野猪的细节。这些细节的处理都符合影像的可视化要求。

鲁迅小说强烈的理性色彩和精炼的文字造成小说叙述简练和故事简单的状态,改编电影以生活常识和人生体验填补原著中的空白,激发观众运用视觉经验进行组合和连接。影像的逻辑组合可以弥补文字

---

① 鲁迅:《鲁迅全集4》,人民文学出版社2005年版,第33页。

简练造成的断裂和空白。影片《伤逝》的片头是一条在滂沱大雨中满身泥泞的流浪狗被雷鸣闪电吓得惊慌失措的样子，风雨飘摇中的枯藤和偶尔传来的打更声，营构了一种凄惨的氛围。在涓生与子君的相处过程中，用正绕着的毛线陡然断开的镜头象征两人关系的恶化，这些都使得影片的情节结构显得更为连贯和符合逻辑。再如影片《铸剑》的开头增加了奴隶开矿遭阻后，以奴隶头骨祭奠的原始劳作场面，楚王祭神祈福的仪式和宴之敖拿到眉间尺人头后的祭天场景，通过壮观的场面、绚丽的光影、高亢混沌的声音、宏伟的镜头画面组合将观众引领至来自蛮荒年代的神话的氛围中。这部作品明显地带有监制徐克的影像语言风格，改编后的电影变得更具观赏性，体现出影像语言的直观、感性的特点。

其次，改编电影通过特殊的影像语言强化视觉感受，使具有特殊意味的"梦"和"记忆"的影像片段凝固在观众心里。在处理镜头空间关系的所有场景中，特写镜头是影像表达的常用手段，它可以突出某些形象和意象的空间位置和延长它们的时间长度。而通过投射在人物形象的面部特写镜头，可以呈现丰富的内心变化，通过微表情感受因外在干扰或抑制而被忽略的情绪反应，加深印象，形成牢固记忆。如影片《祝福》中的祥林嫂最多的表情是慌乱和惶恐，那也是卑微和身处底层的无助弱者典型的表情，由于多次出现且用近距离的近景或是特写镜头，在反复和强调中给观众留下了深刻的印象。影片《伤逝》在尽量保留小说思想性的同时，大量运用面部表情的定格，配合大段大段的体现思想的连续性的声音元素，使得影片主人公涓生和子君在观众心目中留下了深刻印象。

视觉语言难以充分传达小说原作的深刻思想，在改编电影中，声音元素通过语言直接传输意义，以知识性和概念化的语言加深了视听语言的深度和内在性。改编电影运用听觉，通过旁白、对话和音乐等声音元素积极调动观众的思考能力，配合镜头画面表达作品的思想深度，构成鲁迅原作改编电影的完整性。当祥林嫂得知自己被贩卖的消息时，影片全程通过音乐来表现她的伤心悲戚、果断反抗，决意出走、不舍留恋、紧张慌乱、茫然无助、欣悦惊喜等多种情绪。影片《阿Q正传》开头以鲁迅的口吻进行讲述，影片中不断插入小说改编的叙述者语言，强化鲁迅对阿Q"哀其不幸，怒其不争"的立场。电影中对阿Q不时出现的不可理喻的行为，不断穿插话外音进行评判，不断提示鲁迅小说的意义价值。片段化的场景和间离式的旁白打断了连贯的情节。鲁迅小说用简练手法省略了不少细节描摹和情绪渲染，通过深刻有力的文字给读者留下了许多想象和思考空间。而《阿Q正传》中的旁白，破坏了画面营造的氛围感，削弱了影像的视觉冲击，使观众无法获得沉浸式的观影体验。

叙述性的小说转换为展示性的电影作品，媒介、语言、形式和类型的变化构成了改编的系统性的规则和转换机制。为了有效地实现"梦"和"记忆"的可视化，改编通过影像语言的内在元素和与之相对应的组织原则来进行镜头处理。鲁迅小说改编的电影依然保留着凝重的沉思的基调，大多故事的叙述节奏比较慢。很少用到快速切换镜头语言。沉重、静止、凝滞的氛围，即使有变化，也是以非常缓慢的节奏，或是以相对稳定和惯用的方式。改编电影在视觉表达上形成了一些程式，如在段落间通过不同光影或者不同色彩来提示不同的情感基调，或以较浓重的色彩来显示回忆和转述的片段。如影片《伤逝》中运用渐入渐出、叠印等手法来表现涓生的回忆和思念，区别了现实和意念的不同表达。

《铸剑》是鲁迅小说改编电影中影像语言的运用更为丰富和多样

的作品。在文字语言和影像语言的转换上，显得更为成熟和自然。《铸剑》充分调控影片的节奏，如第一片段紧张的开矿铸剑和第二片段干将走在旷野中的场景，一快一慢的节奏安排，使影片叙述节奏有序有致。

改编电影通过可视化对原作的挪用和化约，并不能实现全能的"转码"功能。在故事的连贯性、形象的生动性和意图的完成度上，还留下很多可探索的空间。如电影《伤逝》中，导演保留小说中涓生的心理独白，表达小说的深刻思想和忧愤情感，却造成涓生这一形象过于抽象和符号化。电影中相对集中而单一的人物形象，没有个性化的语言，没有具体动作，人物的性格模糊泛化。涓生激烈的抒情和子君的静默，成为时代的象征符号。《阿Q正传》（1981年）中的喜剧表演削减了原作的深度，自我解嘲式的戏谑表演解构了阿Q的人生悲剧，难以使观众因沉浸式体验而产生同情；阿Q角色的限定，又消解了反思。表演与电影作品的旁白、转述间的情感和评判的冲撞，使得观众在体验和评判之间切换，对观众的接受构成挑战。在改编作品中，电影《铸剑》以紧张离奇的故事、激烈狂热的情感、高饱和度的视听感受保持了对观影者的全程掌控，反而使得影片更为连贯和完整。《故事新编》中的一贯的对神话、历史的荒诞性的阐释得到了延续和影像化的阐释。

小说和电影是两种不同的艺术载体，鲁迅小说经过二度创作呈现为影像艺术时，涉及抽象性的文字符号与具象性的影像语言间的关系处理。改编后的影像既要保持自身的完整性，又要尽力贴合小说意涵。一方面要保留鲁迅小说的由文学艺术而来的"思"，另一方面要努力增强电影的"看"。改编电影为了体现鲁迅小说思想的深度，面临着在文学艺术的"思"和电影艺术的"看"之间的权衡调和。其中转换的分量和程度及评价的标准体现了改编者与观众在不同的时段对于鲁迅小说的价值意义的不同期待，也留下许多值得重视的经验和教训。

## 四、"被看者"之"看"

小说的电影改编通过符码置换的具体实践，体现了视觉传播的强大影响力。改编电影呈现的复杂和暧昧，来自鲁迅小说文本内在的丰富性，以及写作动机和完成过程的博弈。鲁迅小说中存在的视觉化图景和视觉意识成为改编的视觉化基础，同时，鲁迅小说语言的古典倾向和小说强烈的启蒙意识、理性特征和文本的丰富繁复给改编设置了巨大的困难。改编中的问题暗合了中国现代性思想引导下的知识分子的矛盾心理。在政治、文化等领域，现代化进程中的个性追求不能不面对民间化、公共化的激烈冲撞。鲁迅小说改编电影的所有尝试和努力，在现代中国文化实践中具有示范作用。"通过视觉性的困境回到了文学"，[①] 这一判断也说明鲁迅小说改编电影必将面临各种曲折和艰难。在现代化语境中，知识分子启蒙者的"看"被转换成作为被启蒙者的民众的"看"，内在冲突剧烈。鲁迅小说的电影改编，一方面，说明鲁迅的精神资源需要转换成被启蒙者之"看"，才能发挥更大的启蒙功效；另一方面，从小说到电影，隐含着启蒙话语在置换和沿用的过程中被遮蔽、改换和误读的危险。改编电影引导"被看"的民众睁开眼睛"看"，向他们展示该"看"的世界。影像文本的大众取向内含的消费功能消解了鲁迅小说的深度，这是鲁迅小说改编成电影的深层限制。为了适应大众的需求，从小说到电影的改编进行了如下的运作。

首先，小说抽象的文化理念和启蒙反思转化为具体的现实社会关

---

① 周蕾：《视觉性、现代性与原始激情》，罗岗、顾铮：《视觉文化读本》，张艳红译，广西师范大学出版社 2003 年版，第 265 页。

系，影像文本中的人物角色、社会背景和人物关系就有了时空依托。这在《药》《祝福》《阿Q正传》中都表现得尤为明显，小说中对人性弱点的反思在影片中通过具体的角色表演实现，角色关系在电影作品中浓缩、集中并最终得以凝固，显明和确定的社会现实限制了小说可以无限延展的概括性。电影《阿Q正传》窄化了鲁迅对阿Q形象的意义阐释，着意表现主要人物与环境的矛盾，忽略了小说中对氛围和心绪的传达，使得整部作品片面强调假定性的指涉功能，完全被演绎成讥嘲和讽刺的喜剧风格。影片中添加和细化情节，如赵老夫人由于赵老太爷娶小老婆，假装负气不吃饭却藏着小烧饼的情节，阿Q看到的杀人场面，卖偷来衣服的场面，阿Q最后被捉的场面，这些改动虽然保留了小说的荒诞，但是通过形象的镜头和具体的表演的演绎，将人物关系具化和强化，小说中的意蕴和余味在滑稽的搞笑中消解，整部影片完全变成对底层人物阿Q的嘲笑和揶揄。鲁迅当年担心："以为《阿Q正传》，实无改编剧本及电影的要素，因为一上舞台，将只剩了滑稽，而我之作此篇，实不以滑稽或哀怜为目的。"[1]鲁迅小说到电影的改编，多年后依然无法达到应有的期待。

其次，影片采用了写实风格的场景设置，为了尽量贴近小说的原貌，电影都选择江南乃至直接采用绍兴风物人情作为背景，使观众观影时能够将鲁迅与其小说背景贴合，从而使改编后的电影更具针对性和现实感。

《祝福》中的开头用叙事的手法将小说的写作背景转换成影片故事能够落实的时间元素和空间元素：辛亥革命时期的浙东山村生活。而在影片的结尾，又特意用画外音警醒观众，"祥林嫂，这个勤俭善

---

[1] 鲁迅：《鲁迅全集12》，人民文学出版社2005年版，第245页。

良的女人，经受了数不清的苦难和凌辱之后，倒下了，死了。这是四十年多年以前的事情，对，这是过去了的时代的事情，应该庆幸的是，这样的时代终于过去了，终于一去不复返了"（《祝福》影片结语），从而把矛盾的焦点和给出的定论指向了旧时代。另外，在被视为表达了鲁迅对五四青年个性解放悲观前景的小说《伤逝》中，结尾的基调借用了鲁迅小说《故乡》中的名言，让处于痛苦彷徨中的涓生坚信未来是终究有希望之路的，给观众以信心。这样乐观的结尾使得小说结尾的知识分子的精神痛苦变为更为切实的人生行为。

鲁迅小说的电影改编在当代中国一直肩负着意识形态的宣教功能，其中又有改编者对鲁迅当代价值意义的理解和尽量返回鲁迅自身的努力。然而，以文字符号系统营构的小说艺术体现形而上的精神追求，转换成电影作品的影像语言时，只能采用"被看者"能够理解的接受方式和话语模式。"被看者"所"看"的改编电影只能成为"想象的能指"[①] 而牺牲深度模式。这也是鲁迅小说的电影改编面临的深层尴尬之处，也是它们终究难以取得成功的深层原因。

鲁迅小说的电影改编体现了视觉文化中对中国现代思想和大众传播的需求。由小说到电影的改编受到文化语境、受众的知识背景和期待视野等外在因素的限制，影像要真正完成与鲁迅作品的精神对接，穿透性地把握鲁迅的痛苦灵魂和深邃思想，更需要立足于影像艺术自身的功能，从通过图像再现鲁迅作品，到立足作品的氛围抽取图像，根据视觉艺术自身的规律突破文字的束缚，通过视觉想象力获得影像的生命活力和独特意义。改编实践产生了价值的扩展，不同艺术的转换为打破两种艺术符号间的壁障提供经验，较之文字，生动的视像更

---

① 〔法〕麦茨：《想象的能指》，李幼蒸：《当代西方电影美学思潮》，中国社会科学出版社 1986 年版，第 166 页。

贴近现代人情感特征和接受方式。小说到电影的改编，作为两种文化
符码的交织，不仅提供了改编的具体实践经验，也在深层次引导了文
化的未来走向。视觉文化的发展，多种符码共存的文化生态及其存在
的可能和问题，将是现代化进程中不可避免的世界图景。鲁迅小说电
影改编，是中国知识分子从文字文化经历影像转化而进入更为宽广的
"公共领域"的具体实践。即使在改编的转换过程中存在误读和偏见，
也仍然体现了中国现代知识分子对民族文化的强烈责任感。他们赓续
了以鲁迅为代表的现代知识分子传统。进入 20 世纪 90 年代，视觉文
化蓬勃发展，视觉性表达获得越来越大的自主性。改编不必拘泥于
原文，而是创造一个新世界，鲁迅作品改编的自由度得到空前提高。
"述说的真理正是在这种虚构中不断形成"[1]，哔哩哔哩（bilibili）网站
上的各种鲁迅作品改编和对鲁迅形象的丰富表达提供了新的视角。

## 第二节　鲁迅作品改编的两部动画电影

　　鲁迅作品被转换成众多影像形态，电影、电视纪录片、电影文
化专题片等，它们提供了鲁迅思想的新载体，也通过再创造延伸了鲁
迅形象及其作品的影响力。在二十世纪中国文化语境中，鲁迅一直被
视为具有深刻见地的现代思想的先锋。他的作品被视为现代思想的宝
库。以鲁迅作品为底本的影像改编作品大部分呈现出深刻和严肃的反
思性，以沉重和冷峻为情感基调。动画短片是有别于鲁迅影像主潮的
一种存在方式，它们展示了鲁迅作品的浪漫精神、谐趣风格，以及鲁
迅形象的另一空间。为纪念鲁迅诞辰 110 周年，上海美术电影制片厂

---

[1]〔法〕吉尔·德勒兹：《电影 2：时间—影像》，谢强、蔡若明、马月译，湖南美术出
版社 2004 年版，第 236 页。

改编了《铸剑》，取名为《眉间尺》[1] 的木偶动画片成为中国动画史上独特风格的动画影片；近年，东京工艺大学的毕业作品再度尝试鲁迅作品的动画短片改编，这部与鲁迅作品原作同名的《阿长与〈山海经〉》[2] 通过绘制动画展示鲁迅作品动画影像的多样性。两部时隔20多年的作品提供了鲁迅影像另一向度的观念和形态。

## 一、题材与符码：童趣和童话

　　首先，两部作品改编原作有内在一致性，共同选择鲁迅以神话传奇和民间传说为原型创作的作品，另辟成人世界之外的儿童题材。它们共同着眼于挖掘原作中的传奇元素和童话思维，塑造儿童形象，表达童稚情趣。作品延续了中国动画电影传统，把儿童作为动画电影的目标观众，将儿童生活视为动画的基本取材，将渲染童趣视为动画的审美诉求。《眉间尺》以中国历史传说中干将莫邪为楚王铸剑，结果反遭残害，儿子长大为父复仇，不畏强权淫威的勇敢抗争故事为素材而改编。眉间尺以无畏的姿态对抗暴政，决意复仇。这一形象符合张扬坚决反抗和寻求社会正义和公平的民间传统和政治合理性。影片中的眉间尺形象成为替父报仇、伸张正义的英雄少年榜样。而《阿长与〈山海经〉》则塑造了不断寻找生活情趣、充满生气、活泼聪明的童年鲁迅形象。即使在刻板教条的私塾教育制度下，童年鲁迅依然不失天真烂漫、真实生动，表现出积极开朗的自然天性和强烈的求知欲。儿童处于成长过程的低龄阶段，不具备成人的人生经验，理性意识尚不

---

[1]　三国魏曹丕《列异传》和晋干宝《搜神记》中均记载干将莫邪为楚王铸剑，剑成后干将被杀，其子长大后复仇的故事。这部创作于1991年的动画片为纪念鲁迅而作，受《铸剑》的启发和影响。

[2]　王晨星编导，该剧目曾在绍兴电视台播放。

完全，认识世界和理解事物常伴有幻想。儿童世界不同于成人世界，充满了未被规制和驯化的奇思妙想，常成为成熟、世故和虚伪的成人世界的反衬。赞美童年是成年人缅怀未被压制和遮蔽的自然天性的曲折心理反映。由此，塑造儿童形象，隐含着对成人的自私、懦弱、畏惧以及在蝇营狗苟的庸常生活中逐渐丧失人之自然天性的批判和反思。

　　两部作品都能抓住儿童性格，塑造不同特点的儿童形象。不管是传说故事中的眉间尺，还是真实生活中的少爷鲁迅，都有着孩子的活泼好动的特点，对自然界和未知世界充满了探索兴趣，并在探索过程中逐步建立自己对世界的认知，树立价值观。如《眉间尺》中在眉间尺逐渐长大的过程中特意设置接触动物的场景。躲避在市井外的眉间尺虽然没有伙伴，但他在大自然中接触到美丽的小鸟和丑恶的蟒蛇，他用不同的方式与不同动物确立或敌或友的关系，也在此过程中分辨美丑善恶，借此确立对世界的基本价值判断，养成自身品性。而《阿长与〈山海经〉》中的少爷在被私塾老师打手板，被家长关禁闭，自由天性受到压制时，无意间撞见充满奇幻和美妙想象的《山海经》。书中生动奇妙，充满灵性的动物，类动物的半人半神形象，以及关于民族文化生命图腾的神话和传说，给予未经世事的孩童以生命觉醒的人文启迪，在他被迫接受的枯燥、刻板的教育之外，使他领略到自然的神秘诡奇，元初生命的迷人。这些孩童形象的刻画抓住了符合孩子成长过程的特点和成长规律，也能贴近儿童的天性。

　　这两部短片不仅塑造了真实真诚的儿童形象，还遵循儿童心理特征来展开故事，尤其着眼于鲜活的感觉。眉间尺在抚养他的养母面前撒娇，表达对宝剑的渴求时，尽情展示了儿童的情态。除人物形象之外，影片中的蟒蛇、小鸟及落叶都被赋予强烈的生命感。动画片中，人与动植物及周围环境构成生命感应的整体氛围，相互应和的童话情境。如隐形宝剑的灼人的光亮、宝剑上陡然出现的冷光，都呼应着生命的感受和体验。强调感受和动态的动画电影的特点同样出现在《阿长与〈山海经〉》中。为突出感受的丰富和敏锐，作品通过具有感觉意指的视像符号来表达鲜明和突显的感受能力。如调皮的孩子在私塾读书，趁着老师瞌睡时扔纸团，飞来飞去的纸团跃动着，表现了儿童的活泼天性；少年鲁迅在学校被打手心后，回家摊开的小手中间是一道赫然的红色；少年鲁迅在入神看《山海经》时，书中画着的鱼、羊从书本中出来，并与他一起嬉戏的场面生动而具象地体现了孩童的幻想世界和心理特点。这些超现实手法既体现了儿童灵动的生命形态，打破了人类社会和动植物世界的界限，使生命的情感和精神得以沟通和交流，也在更深层面复现了儿童丰富的心灵世界和敏感的精神气质。影片中此类未为成人理性思维界定或者概念化的、停留在社会陌生化状态却超越了以人类为中心和故步自封的狭隘的生命样态，体现出更宽广的尊重生命多样性的创作原则。

这两部动画短片选择儿童视角也更容易发挥动画电影的优势。真人电影的观念和情感传达需借助真人装扮和表演，受限于真人身体和身体功能。相较而言，动画电影中的形象反而以更抽象的方式突出特征。如《眉间尺》中的木偶形象颇具概念化。眉间尺大眼睛、高鼻梁的形象是民族传统的少年英雄摹本，更具典型性和标志性的是他特别长的眉毛。另外暴君身边的贼眉鼠眼的军师同样是类型化和符号化的形象设置，而这一人物经常慌乱跌倒的动作，则更彰显了这一形象的卑鄙残忍又内心虚弱的奴才嘴脸。《阿长与〈山海经〉》中的长妈妈圆滚滚的短躯身材既符合原型面貌又具有反讽的漫画的效果；私塾老师的过长的眉毛和胡须则是传统酸腐读书人的典型特征；孩子形象也是胖瘦迥异，各显特征。这些形象的夸张变形产生了荒诞和喜剧效果。强化角色的特征，使形象的类型化和符号化更突出，这些动画手法都可以使观众获得更多的感知和趣味。动画电影不仅在形象塑造上直接地抓取角色性格和特征，超越真人形象或现实物象，还在简化过程和直接表达感受上获得更大的表达自由度。《阿长与〈山海经〉》运用了心理直接外化的手法。当鲁迅告诉小伙伴《山海经》的故事时，他的眼前出现鱼跃出书页的画面。由于作为主角的少爷鲁迅在心里早已把此情景视为真实，在动画电影的逻辑上自然成立，并起到突出和强化内心感受的审美效果。类似的表达在真人电影里难以成立，或者被视为区别于现实的幻象，而在动画电影中却能被普遍接受。由于动画电影中的符号化和抽象化，动画形象移情功能更少，也更容易获得表达的自由和更大的表现余地。

动画电影的突出特征或者简化过程的表达接近儿童视角的直感心理和易于幻想的思维方式，也更好地反映了童年未被规训的浑然天成的童心天性，更表明儿童的未被压抑的天性和洞察力。借助于鲁迅文学作品对历史和人性的深度理解，这两部动画短片延续了中国动画的童趣传统，而且超越了浅显直观的儿童思维，彰显了动画电影的基本特点。

## 二、形式与结构：拟真景观与紧张

观众对电影与小说的接受过程不同，以文字符号为载体的文学在转换成以影像为载体的电影时，需要转换故事的叙述方式和情节结构。观众不仅认同动画电影中的拟真人物，也认同拟真场景。拟真场景为故事的展开营造环境氛围，构筑情感基调。

这两部动画短片分别营造了历史传奇景观和江南民俗景观。《眉间尺》在沉重的历史背景下，探讨政治统治合法性和人性基本生存权益间的矛盾。作为政治权威的王为了满足自己的权力欲望，运用强权为所欲为，强取豪夺，残杀百姓，扩张势力，无所不用其极，社会矛盾激化，一触即发。眉间尺出于正义和为父报仇的双重使命，在暴政和强权面前表现英勇，克服心理障碍，成为勇敢的有承担的少年英雄，最终实施了复仇计划。这个故事本身兼具历史性和传奇性。由于眉间尺在极不对等的强弱对比中处于弱者一方，他只能选择非常规手段实现复仇计划。电影突出了双方力量悬殊，强化对方的威权感。《眉间尺》以浓烈的、高饱和的色调，拥挤、逼仄的空间安排，占据画面上半部分的沉重、压抑的场景设置来表现威权，通过上下分割的形式来加深压迫感。影片开场时围观黑子斗牛的场面展现了重权压迫下的空间安排。在圆形斗牛场上，环绕着王的骑着马匹的卫士，一起把目光投向黑子和猛牛肉搏的残酷画面。通过典型的符号化的场景设置，形象间看和被看的等级关系一目了然。与斗牛场景设置一样，该影片后半段的殿堂景观也充满了象征意味，成为另一典型化的威权空间。长长的高高的台阶，沉重的殿门，还有两边扛枪持盾的卫兵们，表达的是高高在上的王权、戒备森严的等级秩序，以及强权暴政造成的威慑力及压抑感。故事中的空间设置指向明确，代表了权力的压迫和反抗权威两种力量的对抗，也体现了压迫者和反抗者双方矛盾的不可调和。典型的空间设置在作品中随处可见，如干将莫邪铸剑的场景同样特征明显。在神兽形状的火炉下面是通红的炉火，炉火前快速地映现着干将、莫邪铸剑、生子和莫邪被祭炉神的传奇惨烈人生经历，非常贴切地传达出神话故事的奇幻色彩。

《阿长与〈山海经〉》中的场景设置则是典型的江南水乡，开篇荡漾的水波之上乌篷船伴着摇橹的脆亮水声，缓缓地驶出画面，迎面而来的石板桥横亘在水面，沿着河一字排开的两岸白墙瓦屋绵延伸向天际线，远处的青天绿树景观和桥上闪过的人影连成一体，一幅天人合一的江南水乡美景定格在画面上。横向平行铺展的空间安排也构成轻松惬意的生活流。在此空间中，户外空间物象少，留白处多，疏朗开阔，符合自由舒展的天性发展，自由适意。而当人物进入高门大院后，室内空间设置相对密集，活动着的人物形象上有瓦椽门栏，下有地砖墙面，且占据了大部分画面，成为被压抑和限制的人物活动的背景空间。不同的背景空间与人物活动及主旨的体现息息相关。如私塾，"三味书屋"的牌匾高高悬挂在上方，下面则是先生的位置，两边摆放着两排学生书桌，再用拉镜头给出书塾全景，师生之间的权力等级关系通过空间设置得以确定。而阿长与鲁迅相处的家居生活空间，则显得比较松散。家具和杂物的堆放，形成浓郁的生活氛围。在鲁迅被关禁闭的杂物间，则又是另外一种感觉。在此统一灰色的室内，这些传统的生活物件摆放在各自区隔的小空间，隐含着与私塾一致的传统文化气息，在行动上也构成人物活动的潜在障碍，布满画面的墙体突显无可逃离的感觉，限制着人物性格的自由发展。该片大部分的场景设置，将人物活动推向前景，景观中的绍兴风情和富于生活气息的编码有助于影片的情绪传递，动画形象更贴近观众心理，统一了影片的主题思想。

　　两部动画短片中的空间设置既体现了人物角色间的关系，为故事展开和意义生成提供条件，同时也是权力符号展示场所，展现了社会系统的权力分布结构及其功能。鲁迅作品所体现的国民性思考正是通过窒闭和压抑的空间而展开的。不管是直接的压迫剥夺，还是规范的教化，其反抗的目标都直接指向权威。在此意义上，激烈的复仇行为和逃避刻板教育都是对自由人性的向往和追求。这两部影片通过空间设置的图像符号，更集中了矛盾，使得对抗和冲突更为激烈。

　　除了设置场景细节外，这两部短片都通过强化对立使得矛盾集中，通过情节设置使故事紧凑。《眉间尺》改编《铸剑》的情节，精简了小说的支脉，强化了复仇的主干叙事。改编后的情节都是围绕着复仇事件，围绕着复仇的必然性和传奇性而展开。首先，为了强化情节，短片设置的所有叙事元素都考虑到经济原则。如小说中的黑衣人与眉间尺没有特殊关系；但是在短片中，黑衣人的角色是干将莫邪的徒弟。角色和情节的改换，使短片在有限的时间和叙述中需要交代的人物更少，也更有效地促成复仇计划。而黑衣人变成黑子叔叔的角色设置，牺牲了小说中复仇行为背后更为广阔的文化历史思考。其次，将小说故事的倒叙手法变成顺叙手法。《铸剑》中开篇就表现即将成年并将承担复仇重任的眉间尺的犹豫性格，因眉间尺尚未具备复仇素质和条件不成熟而消解该神话传说的传奇性。而动画短片从干将、莫邪的故事开始，通过父债子还的传统思维塑造眉间尺的复仇故事，使得复仇的理由变得充分，过程更直接有效。"中国小说以大时空总揽小时空，事态的因缘命运了如指掌，自然长于预叙；西方小说以小时空牵引大时空，事态的来龙去脉尚须交代，必然惯用倒叙。"① 新文学运动的新小说中包含着对西方哲学理念和结构的吸收，鲁迅作为新文学运动的先锋，在小说叙事手法上有意改换传统观念，以倒叙开始；而《眉间尺》动画短片则为了叙事的紧凑集中，恢复原中国故事的叙事策略，这是符合中国故事的思维和表达习惯的。

　　《阿长与〈山海经〉》则尝试了另一种改编。该作品是鲁迅根据自己的儿时记忆写就的散文，原作中的女佣阿长的性格和表现在影片中

---

① 　杨义:《中国叙事学》，人民出版社 2009 年版，第 34 页。

被浓缩和删减，影片围绕着《山海经》展开了由矛盾冲突推动的情节设置，与主要情节无关的细节和叙述都被精简。短片将原作的散文体叙述转换成戏剧冲突性的情节设置，原作中的心绪因由都变成设置情节的引子。这样，情节变成了因为孩子的自然天性与私塾乏味枯燥的生活相冲突，孩子被先生打手板，被妈妈关禁闭。在孩子的天性与成人教育发生矛盾冲突时，《山海经》闯入这位受罚少年的单调压抑的生活，成为他的精神寄托和乐趣所在。其中《山海经》成为他在故事中的快乐和向往的心灵空间。为了展示和表现及维护这份孩提的快乐，老师、阿长及主人公的言行都围绕这一中心而展开。显然，这一戏剧模式与原作中以长妈妈这一人物形象为中心的叙述结构设置完全不同，长妈妈的形象通过故事得以展示。影片增加她去找先生并补缀《山海经》的更曲折的过程，使这一人物在故事中更完整和丰满。而原作中叙述者先抑后扬的情感轨迹在此动画片中被改写。改编后的电影短片故事结尾带给观众更多感动，情感变得单一、直接和集中。阿长在原作中性格的复杂和鲁迅对阿长情感上转变在改编影片中，只能让位于情节设置，形貌特征更分明，夸张反差更突出，以保证风格的整体和统一。

奇观化的景观设置和集中对立的矛盾设置，使动画短片形成精炼紧凑的结构形式，符合影像的故事传播。同时，这种结构形式的转换在获得更多受众的同时，也弱化了原作的深度和情韵。

### 三、载体与风格：凝重与谐趣

《眉间尺》和《阿长与〈山海经〉》作为鲁迅作品改编的两部动画短片，在蕴含启蒙、现代性、国民性改造等宏阔价值的同时，更侧重于主观世界的鲜活和丰富的生命感受。两部作品以不同的审美表达揭示了鲁迅作品的丰富的内蕴，不同的审美取向也提供了鲁迅作品动画改编的不同方向。

第一，两部影片选择的载体不同，《眉间尺》是木偶动画；《阿长和〈山海经〉》则是绘制动画影片。《眉间尺》的角色受限于木偶形象，角色的特征已经确定，这种特征通过制作的木偶形貌被赋予和给定。如眉间尺形象的设定、黑子形象的性格，还有王及王的军师，木偶形象设计和制作确定了角色类型和角色的性格特征，同时也受限于物理属性，木偶的个体大小、身体比例、外貌等，都是完整的、有特定内涵的，不能被随意更改、拆解和夸大的象征符号。而《阿长与〈山海经〉》则不同，它是绘制的动画电影。绘制动画影片的自由度更大。当鲁迅看到《山海经》中的神话形象而感到震惊时，书中的鱼个体变大，超出了书本的尺度，并在鱼的四周生出浪花，而后又跃出书本，他对此感到惊奇，转身一看，身后一只羊正对着他，其他书中的动物纷纷跳脱出来，与他一起玩耍嬉戏。当他听到长妈妈叫他吃饭时，急匆匆地把这些伙伴收拢到书中。类似于此的移位、变形、分割和肢解，打通了现实认知与想象世界的界限，也完全符合儿童的自由心态和丰富的想象世界。这在木偶动画中需要另外设置场景，而在绘制动画中非常容易做到。绘制动画可以更好地发挥想象力，在表达心理感受和精神世界时获得更大的自由度。

第二，两部动画影片的镜头语言风格不同。《眉间尺》沿用英雄史诗的影像风格，以时间过程为顺序讲述英勇反抗暴政的传奇故事。为了使矛盾集中和故事紧凑，在镜头语言上以中近景为主（中近景便于交代人物间关系），体现人物鲜明的立场，清楚地交代善恶的对立。为了强化影片的传奇和悲剧色彩，整部影片选用浓重的色调来强化反抗的悲情效果，注重环境氛围的烘托。干将、莫邪的身影重叠在炼剑的炉膛上，他们身后的炉火红、黄、蓝更迭，炫目夺人，而炉膛周边则是墨黑一片，通过渲染的色调，简练地展示了铸剑过程，表现了铸剑的奇观，也预示了艰难铸剑的干将莫邪悲剧的命运，奠定了悲怆的情感基调。面对赋予复仇正义原则的英雄传奇，为了突显其行为的合法性，影片还动用了声音集中强化矛盾，通过旁白引导观众的价值取向，强化作品的主旨。

与《眉间尺》强化时间性的表达不同，《阿长与〈山海经〉》则更突出空间元素。因为涉及生活题材和童年记忆，改编后依然留有散文化的痕迹，叙述过程更注重场景设置。通过私塾体现师生关系，通过柴房的设置让主人公有机会阅读《山海经》，通过卧室体现与长妈妈的关系。这些不同场景中关系的展开，以《山海经》为中介，连缀出童年往事。由于场景空间的相对独立性，每一个场景对应多情节的设置，镜头语言更为多样，不同景别和不同运动方式使得场面调度更为丰富。如鲁迅被关在柴房看《山海经》那一段，运用了各种手法来表达孩子的想象力，以及其与书中形象交流的无邪心态和自然天性。那些从书中出来的神奇动画形象，也体现了儿童世界的神灵化特征，充满了乐趣和奇幻色彩，强化了动画的视听效果。

主题和表达方式不同，形成了两部审美风格不同的动画短片。《眉间尺》以神秘幽深的影像语言，以铸造英雄传奇和神话传说的情节设置，也本着对鲁迅原作崇敬的姿态，形成了崇高的凝重又诡谲奇幻的神话剧的悲剧风格。《阿长与〈山海经〉》则以冲淡的水墨画风，以简约清丽的手法勾勒塑造了江南水乡和世风中的民俗人情，从孩童的视角审视成人世界，重塑自然和人类关系，再编了儿时记忆中的长妈妈和山海经的故事，打开了儿童心理和神话传说世界间的通道，形成了飘逸、灵动又谐趣的轻喜剧风格。

随着影像文化向现实文化和日常生活空间的不断扩展，以文字符号为载体的文学作品面临着转换成图像编码的各种挑战。动画影像不断突破真实性的疆界，挑战各种客观真实逻辑，可以采取更贴近思想和情感等主观心理的纯粹表达。颠覆性的思维切中了鲁迅作品的意蕴和表达。鲁迅作品的"蒙太奇"[①]思维与"漫画性"[②]风格、高远的立意，为动画改编提供了很好的基础。而动画影像语言的具体化感官化的表达，摆脱了物理条件的限制，使不同物象的组合、错落的时空、新的形象都成为可能，既揭示了鲁迅作品幽深邃密的思想，又体现了鲁迅作品对世界荒诞感的深刻领悟和超拔的想象力。

鲁迅作品的丰富幽深且鲜明独特蕴含着动漫改编的潜质，动画影像更强的符号性、自主性适合表达鲁迅作品的思想性。动画改编在挖掘原作的思想和意蕴的基础上，不能只局限于对鲁迅思想的简单传输和对儿童的说教姿态，而要契合动画影像语言的特点和优长。只有充分理解原作并尊重改编的载体和媒介，改编后的影片才既能传播了鲁迅作品，又能体现改编时期的时代审美需求和改编者的价值取向。

自 20 世纪 30 年代开始，鲁迅作品就不断地吸引着不同载体和不同风格的改编，改编的尝试和努力表明改编者试图以不同载体和媒介重塑各种鲁迅形象，不断扩展鲁迅作品的影响力。从《祝福》《伤逝》到《阿 Q 正传》《药》，这些贴近社会现实生活的小说改编挖掘了鲁迅思想和作品的启蒙价值，广泛地传播了鲁迅在新文学运动中的价值和贡献。虽然这一波鲁迅作品改编潮尝试突破已有媒介和形式的拘囿，转换鲁迅作品的语言和思维手段，探寻改编的可能和限度，然而，令人遗憾的是，并没有达到预期的效果。在影像文化越来越深广地作用

---

① 郑家建：《被照亮的世界》，福建教育出版社 2001 年版，第 200 页。

② 郑家建：《被照亮的世界》，福建教育出版社 2001 年版，第 243 页。

于当下文化生活时，动画改编鲁迅作品正努力在新的时代语境下延续鲁迅作品的魅力，开掘鲁迅作品的文化价值。作为不同时期的鲁迅作品的改编动画短片，《眉间尺》和《阿长与〈山海经〉》既揭示了鲁迅作品的丰富内涵、多重意蕴及开放性，也说明了鲁迅作品改编的无限可能性，鲁迅思想价值和形象符号传播的广阔前景。在鲁迅影像传播中，动画作品虽然不多，但也开启了鲁迅影像的新向度。

# 第六章　影像化的地域和风格

## 第一节　鲁迅传记片中的绍兴风貌

1915 年，当鲁迅在北京 S 会馆抄古碑开始萌生新小说创作的念头时，绍兴城的文学价值和历史内涵在不经意间显现。由于鲁迅作品的大量传播，其中反复出现的故乡绍兴因其独特的文化内涵而成为耳熟能详的空间意象，并展示了现代性思潮冲击下的景象。随着鲁迅形象的影像化表达和传播日渐增多，绍兴作为影像化的鲁迅形象的不可或缺的空间元素，更显示出在鲁迅形象建构中的基石作用。它不仅体现了传统向现代转换中的精神气象，还指涉着鲁迅影像塑造的视觉秩序和逻辑结构。

### 一、鲁迅影像史中的绍兴风貌

当代中国鲁迅影像以鲁迅逝世时所留存的短视频为肇端，经历了80 多年的衍变，发展成与文字载体共存的鲁迅形象。由于不同的载体媒介，鲁迅影像分别有电影文献纪录片、电视传记片和演剧传记片三种类型。这些不同媒介、体裁和格式的影视作品以各自的角度、不同的视角，再现和构筑了不同历史时期和不同思想观念下的鲁迅影像。如此纷繁复杂的、风格形态各异的鲁迅影像中，包含着共同的规则和叙事形态，也流露出渐变的轨迹和变化的规律，而其中的绍兴地域风貌则成为相对稳定的影像片段。

最先把绍兴地域风貌融入鲁迅影像建构的，是电影文献纪录片《鲁迅生平》。影片确立了诉诸影像表达的新中国成立后鲁迅故事的基本框架。这部力求严正、客观和规整的鲁迅影像作品，以叙述鲁迅个人经历和历史评价构成影片开头近五分钟时长的绍兴水乡剪影。政治观念、历史遗迹和自然风光分别代表了影片中鲁迅影像的组合影视语言，即政治符号、文化功能和自然人三方面的不同视角。这一段影像提供了不可逾越的纪念性的、影视化的、鲁迅形象的构型基础和地理记忆。

此后的鲁迅电影纪录片中的绍兴空间，无论镜头语言的组合还是内容排列，都以《鲁迅生平》为原型，在此基础上进行增删和修改。在《鲁迅战斗的一生》中，绍兴空间被叙述成产生阶级文化战士鲁迅形象的社会历史土壤。同一绍兴风貌经过镜头表达和剪裁成为强烈的政治意识形态的观念表达。此片以平静的绍兴城图景为开端，通过简短的自然景物和屋宇静物的表达，压缩绍兴地域空间的生活状貌，强化其为阶级斗争服务的价值功能，在强化了的镜头语言和画外音中，努力彰显其围绕中心主题的社会现实功能和为阶级斗争服务的文化意图。鲁迅出生地绍兴在此影片中充分突显出政治观念下的时代色彩，绍兴的地域自然属性从属于强大的社会观念，这一自然地理空间被设定为具有阶级斗争的历史传统和思想基础的文化地理空间。

"文革"结束后，为了淡化鲁迅形象过强的阶级斗争观念色彩，《鲁迅传》致力于重塑鲁迅形象。这部为纪念鲁迅诞辰 100 周年拍摄的影片努力降低鲁迅影像中过强的政治意识形态，其片头部分着力展现绍兴的柔和优美。该片中较长时段的对绍兴城的影像表达，关联了与绍兴历史相关的文化伟人和名人片段。如此的绍兴空间定位，与整部影片重构启蒙知识分子、强调鲁迅的文化承担及其生命个体的鲁迅形象的叙述目标相一致。如此，绍兴空间与鲁迅形象塑造之间的紧密关联使绍兴地理空间不再只是纯粹的物质现实，而更表达为凝聚着记忆和想象力的文化风景。

《鲁迅之路》中，绍兴空间仍然服从于政治化的鲁迅形象塑造，致力于表现更为丰富和多元的鲁迅形象的影片整体目标。片头部分引用了大量的黑白影像，概括梳理中国近现代激烈卓绝的民族抗争史。绍兴空间在此历史背景下被带进观众视野。影片通过多样化的手法，以黑白和彩色交错的影像呈现绍兴风貌的丰富。更值得注意的是，影片中的绍兴空间不只是绍兴的风景和风貌，还体现了鲁迅故事的叙述背景。多重的叙述手法充分体现了 20 世纪 90 年代以来鲁迅形象建构的丰富和多元，隐含着新的历史阶段鲁迅研究的新变和转型。

以上为当代中国鲁迅电影文献片中对绍兴空间的描摹和刻画。这些电影作品集中连贯地描述绍兴空间，也以绍兴空间影像的更迭表现出当代中国历史中鲁迅形象塑造的演变和发展。随着电视的普及，塑造鲁迅影像的电影文献片逐渐被电视纪录片所取代，以电视纪录片这一新的媒介和样式来塑造和传播鲁迅影像。与鲁迅电影文献片中的绍兴空间影像表达不同，鲁迅电视纪录片中绍兴这一空间意象逐渐改变了在片头集中连续出现的地域影像的表达模式，而体现出更强的纪实手法和记录功能。电视纪录片中的绍兴空间的影像被分散穿插在整部作品中，更密切地关联着影片所涉及的具体人物和事件。同时，绍兴空间表现模式也渐趋丰富和多样。除了法国电视三台拍摄的《鲁迅》沿用鲁迅电影文献片的绍兴空间表达模式外，《作家身影·鲁迅》《周氏三兄弟》《春秋 鲁迅和胡适》《民族魂》《先生鲁迅》等电视纪录片均改变了以鲁迅生平经历为单一主线的叙事模式，或增加其评价角度，或增设其活动空间，或增添相关的人际关系，由此不断扩大鲁迅影像的内涵和价值维度。随着鲁迅形象内涵的增容和向度的增加，电视纪录片中绍兴空间的内涵和范围也随之扩展。绍兴空间不只与鲁迅相关联，还加入了朱安和周作人等。因为电视的冷媒介功能，加之电视纪录片中访谈和评判等的介入，有关鲁迅生平经历的叙事部分弱化，作品中实地实景的绍兴空间也变得分散和疏落。

与记录性的鲁迅影像不同，当代中国还有演剧类的鲁迅影像。这一鲁迅影像主要通过真人表演在荧屏上再现鲁迅形象。它将鲁迅的经历和史料在更大程度上进行艺术加工，来塑造"故事化"的鲁迅形象。为了呈现生动和丰满的鲁迅形象，这类鲁迅影像更侧重于完整和集中的情节结构，并据此对绍兴风貌进行提炼和加工，使之成为"鲁迅故事"的组成部分。不管是丁荫楠的电影《鲁迅》[1]，还是史践凡的电视连续剧《鲁迅》[2]，都淡化地理空间的自然属性，降低写实和记录功能。这些演剧类的作品，大量运用光影修辞手法、夸张变形的镜头语言及跳接急促的蒙太奇手法来强化绍兴空间影像的表现力，突出其在鲁迅生命中的深刻记忆，以及它在鲁迅作品中不断的再现。

## 二、风景、风物与风情及其符码化

鲁迅影像中的绍兴辨识度很高，不管电视传记片还是电影作品都选用了稳定统一的内容或者元素。

这些作品中的绍兴地域空间影像可分为风景、风物和风情三种不同内容。风景包括自然风光和历史人文景观，如会稽山、大禹陵、越王台、鹅池以及水面拱桥和集市中的街巷屋舍等，形成绍兴空间的自

---

① 刘志钊编剧，丁荫楠导演，上海电影制片厂 2005 年。
② 史践凡导演，浙江电视台 1982 年。

然基础和地域设定。从《鲁迅生平》开始，无论拍摄的角度，还是镜头的运用方式，都已经逐渐稳定成形。随着鲁迅影像的丰富，又增加了生活化和人性化的内容。《鲁迅传》增加了以"桥下行舟"来表现绍兴江南水乡的镜头（见图6-1）。这一镜头画面的增加，把对绍兴自然风光的关注拉到对绍兴城风貌的关注上，更容易过渡到对绍兴城以及周家台门的视觉感知。

图6-1　《鲁迅传》中从一座桥下驶出，驶向另一座桥的"行舟"的镜头

　　具有身份标识性或者鲜明特征的物件，在鲁迅影像作品中有书本典籍、各种家具器物和代表家族地位的匾额等。这些影像内容是鲁迅家族的文化遗产和家族传统的象征符号，物象中所蕴含的内容和指向，深刻影响了鲁迅人生道路的身份记忆和角色定位。这一部分的内容往往用固定的特写镜头来表现，以此从整体世界中突出强调，进而确立传统文化于鲁迅内心的镌刻作用。

　　风情则是作品中出现的风土人情、生活习俗和行为方式等。这一部分的内容致力于建构鲁迅与绍兴地域间的关联。可以发现，强调地域文化对鲁迅个性特征铸造的作品较多地运用了风情化的绍兴影像，如《鲁迅之路》和《鲁迅》较多地运用了生活气息浓厚的镜头语言，曲折河道上的艄公，岸边的洗衣妇，在田头劳作的农民都塑造出"在地"和"身边"的温情的视觉效果。

　　确定鲁迅影像的自然基础、地域设定、文化标识及身份定位的不仅有内容元素，还有历史化、当下性和文本化三种作品形态。历史化偏向表现受传统影响、带有中国传统符号的古绍兴；当下性指与影像作品同期的绍兴人的活动，隐含着绍兴现实的变迁；历史化和当下性的实录的绍兴空间影像确定了鲁迅的成长空间和性格基础，被视为真实的本体的绍兴空间。作品中摄录了大量鲁迅少年时期业已存在的绍兴遗迹，其目的在于唤起观众对鲁迅少时生活的感受和理解。总的来说，在鲁迅影像作品中，现实的、当下的绍兴风貌普遍偏少，即使出现，也只是处于次要位置或起辅助作用。如是设置和定位，鲁迅影像中的绍兴风貌趋向于传统的和静态的状貌。文本化指鲁迅作品中呈现的绍兴空间影像，表达鲁迅以绍兴为典型进而扩展到对传统中国及中国国民性的思考。如果真实的绍兴空间形成鲁迅影像的自然空间，那么文本化的绍兴则体现了鲁迅形象的影响空间，它指向鲁迅形象的未来和延展的价值。文本化的绍兴空间，这种被嵌入评论的次生绍兴风貌在鲁迅的电视纪录片中被大量采用，通过阐释和解读不断地衍生出新的价值和向度。

　　这些包含不同内容元素、体现不同时间形态的鲁迅影像中的绍兴风貌，在被纳入到影像作品中时，经历了视觉符码化的过程。创作者依据叙述目标，将这些符码化的镜头语言依循基本视觉秩序和规则，按照不同的组合方式进行编码和再造。自第一部鲁迅传记片《鲁迅生平》拍摄以来，鲁迅影像作品多以时间线性结构安排鲁迅人生经历和创作历程，确定了绍兴空间影像在鲁迅影像中的作用。影像语言连缀出来的故乡与传主的关系，延续了中国传统传记中"知人论世"的理解方式，又符合现实主义的典型环境和典型人物的创作原则。以《鲁迅生平》为例，该作品从绍兴会稽山和水上行舟的慢摇镜头开启对鲁迅故乡的描摹，沿袭神话和传奇的叙事机基调，讲述故乡的历史和文化传统对鲁迅成长经历的影响。随后的组合镜头转变了拍摄视角，以在山顶俯瞰城市的全景镜头扫描绍兴城，造成从邈远辽阔的历史情境回到现实社会的感觉。近距离的绍兴城内的街巷和小桥流水，则将观众视线渐渐带入鲁迅少时生活过的具体的场所。这些影像片段在镜头处理上，选用景别逐渐增大的摄录手法。这是故事片惯用的视觉叙事模式，从遥远的历史时空拉回现实，慢慢集中，最后把观众的视点聚焦定格在传主身上。这种视觉叙事模式成为鲁迅影像作品展示绍兴风貌的基本定式。

在鲁迅影像绍兴风貌基本模式中，依然存在着许多变数，其中鲁迅影像主体建构的目标和媒介影响最为明显。

以时长 45—80 分钟的鲁迅影像作品为例，不同的作品中有不同的绍兴空间影像呈现。其中有远景镜头的会稽山水，全景俯视镜头的绍兴城，用摇镜头摄录的绍兴城内的街巷屋舍、鲁迅故家及其家人画像，推拉摇镜头组合的三味书屋及其书籍，摇镜头拍摄的寺院，推镜头拍摄的水上戏台和推拉摇移镜头组合的安桥头外婆家等内容，这些镜头成为鲁迅少时生活的绍兴空间典型内容。

（一）如表 6-1 所示，鲁迅传记片中的绍兴空间影像所包含的内容随着时代的需要、随着鲁迅影像定位的改变而改变。总体而言，这一内容呈现逐渐增多和丰富的趋势，分为两个阶段：第一阶段是从1956 年到 1981 年，绍兴空间意象在作品中渐次增多，时长也逐渐增加。这一阶段增加的影像内容主要是细化和深化现实的、围绕着塑造"伟人鲁迅"的绍兴具体风貌。第二阶段即世纪之交，鲁迅传记片中不仅有周家故居、街巷屋舍、乌篷船、三味书屋、百草园等相关内容，还增加了水上戏台和外婆家安桥头等内容。这一阶段所增加的绍兴风貌主要围绕着塑造"生命个体鲁迅"而展开。在所有鲁迅影像作品中，由于强化观念的政治目标，《鲁迅战斗的一生》中绍兴空间的时长最短，相关的山水抒情的内容被剔除，镜头语言也显得决断而直接，鲁迅影像的个体生命表达被压缩至最简单。与之相较，法国电视三台所拍摄的绍兴空间意象中，特别增加了鲁迅到长庆寺拜师父的内容，更多地体现出西方观众对绍兴民俗风情的兴趣。绍兴空间风貌内容的丰富和细化，在1981年《鲁迅传》和1999年的《鲁迅之路》这两部传记片中最为显著，不仅是内容比较全面，而且在镜头语言运用上手法也更有动感。特别是移动镜头、推拉镜头等运动镜头的使用已经非常普遍，它们在表达对象内容上体现得更为细微和精到。

表6-1 鲁迅电影电视传记短片中的绍兴影像内容

| 作品名 | 《鲁迅生平》1956年 | 《鲁迅战斗的一生》1976年 | 《鲁迅传》1981年 | 《鲁迅之路》1999年 | 《作家身影·鲁迅》2001年 | 《鲁迅》1999年 |
|---|---|---|---|---|---|---|
| 作品时长 | 43分钟 | 60分钟 | 70分钟 | 78分钟 | 49分钟 | 48分钟 |
| 绍兴影视时长 | 4分28秒 | 2分40秒 | 8分22秒 | 5分37秒 | 5分25秒（穿插了访谈、扮演和简介） | 4分23秒 |
| 绍兴山水 | 有 | 无 | 无 | 有 | 无 | 无 |
| 俯瞰绍兴城 | 有 | 有 | 有 | 有 | 无 | 无 |
| 桥下行舟 | 无 | 无 | 有 | 有 | 有 | 有 |
| 街巷屋舍 | 无 | 有 | 有 | 有 | 有 | 有 |
| 故家及画像 | 有 | 有 | 有 | 有 | 无 | 有 |
| 三味书屋 | 有 | 有 | 有 | 有 | 有（局部） | 无 |

续表

| 长庆寺 | 无 | 无 | 无 | 无 | 无 | 有 |
|---|---|---|---|---|---|---|
| 书籍 | 无 | 有 | 有 | 有 | 无 | 无 |
| 戏台 | 无 | 无 | 有 | 有 | 有 | 有 |
| 安桥头 | 有 | 有 | 有 | 有 | 有 | 有 |

（二）绍兴空间影像的不同表达还体现了媒介的影响。《作家身影·鲁迅》和法国电视三台的《鲁迅》传记片为电视纪录片，因为考虑到电视媒介的传播，这两部作品在表现绍兴风貌时不再选用远景和大远景拍摄开阔的山水风景镜头，而是采用从绍兴城市的移动跟拍镜头引入绍兴空间影像，这种从绍兴城市风貌开启的鲁迅影像的绍兴空间更容易为都市化后的电视观众所接受和认同。另外，电视不同于电影的媒介方式也造成了叙述手法的改变。其中《作家身影·鲁迅》中穿插访谈、搬演和介绍的手法，打破了影像表达绍兴空间的连续性。该作品通过鲁迅研究专家王晓明教授的评介，引入绍兴房屋构造和城市文化特征及绍兴人的文化心理，观众则在不断观点介入和阐释中感受到纪录片的理性色彩。并且，由于电视媒介容易介入和评判的功能，《作家身影·鲁迅》和法国三台的《鲁迅》表达了较多的鲁迅对故乡绍兴的否定和反思的情感立场。这种手法在更具记录性的鲁迅影像作品中成为惯用手法，在电视纪录片《民族魂》和《先生鲁迅》中成为主导性的叙事手法。电视纪录片中不断打破连续的影像叙述代之以间离的"评判"，不仅适切电视媒介，同时也说明后出现的电视纪录片中鲁迅影像中绍兴风貌与起始电影媒介上的表现已有所不同，它不再只是努力于正面的、肯定的和颂扬的建构，也能够在已经成熟的绍兴风貌视觉成规基础上，进行批评和再造。

不管是内容的增多还是手法的丰富，都在表明鲁迅影像建构中，在关于绍兴的风景、风物和风情多种符码的转换和组织中，关于鲁迅与故乡间的关系、鲁迅形象中绍兴风貌的表达不断衍生。当鲁迅影像越来越丰富时，绍兴空间象征隐喻也越来越繁复，越来越难以厘定。

## 三、图式、形式与空间权力秩序

鲁迅影像作品中的绍兴空间风貌展现一方面有相对稳定的内容元素和镜头语言，另一方面因不同的意义进行不同的内容选择和排列组合。而在视像内容和镜头语言之外，还有其他表现形态和形式规则，指涉绍兴空间与作品整体及其作品价值诉求之间的关联。

首先，与鲁迅影像有关的绍兴空间通过画面和声音加以表达。声画关系组合是影视作品的基础。通过传记片模式讲述鲁迅故事的鲁迅影像作品，其目标在于表现鲁迅形象的社会价值和历史文化贡献。而绍兴空间形象的解读和阐释则通过声音与画面共同承担。声音阐释和解读代表凝视对象的角度和立场，如《鲁迅战斗的一生》的画外音中那强烈浓重的意识形态宣告方式使得镜头画面只成为声音的注脚，整部影片近似于广播宣传剧，画面的功能被大大弱化和抑制，不足以支撑声音那强大的政治意识形态。该作品在用摇镜头拍摄三味书屋的书桌和用推镜头拍摄《二十四史》等书时，画外音表达了鲜明的情感态度和强烈的批判立场，"这，是鲁迅当年用过的课桌。读着这些孔孟的书，简直要枯燥而死"（03：05）。而在《鲁迅传》中对三味书屋的表现则先用拉镜头表现书屋的全貌，再用摇镜头展示鲁迅用过的书桌，推近镜头到书桌上的书籍，同时，画外音所传达的只是介绍和叙述："塾师寿镜吾是个质朴博学的人。鲁迅勤奋好学，注重思考，严格要求自己。"（06：50）这表现了对老师的敬重和鲁迅求学时行为和态度的肯定。两部作品选择同样的画面内容，却以不同的画外音给出了不同的阐释和画面导引，其呈现出的绍兴空间影像也完全不同。

　　其次，在视线设置上，与鲁迅影像有关的绍兴空间形态相对一致且具有规律性。鲁迅影像作品需要把广阔浩渺的绍兴历史和空间转变为"鲁迅的故乡"限定下的绍兴空间。作品开头部分介绍故乡绍兴，大都采用由外部广阔的空间和浩渺的历史长河中收缩再定位到绍兴的视点投射。无论是从绍兴上空的俯拍入手，还是由浙江潮的场景延伸到绍兴，都是一种从外部进入内部空间的视线。如此统一而确定的视线设置，使得绍兴空间及空间内的人物、景色和物象都处于被注视的范围中。绍兴是鲁迅故事开始的地方，是鲁迅生平经历中不能缺少的基础部分，借助外部审视的眼光，成为被注视的空间，成为被现代观念理解、分析和评判的地域空间。对绍兴空间及其地域文化的表现，在现代观念所统摄的视线设置下，只能选择俯视视点的镜头语言。特别是在拍摄绍兴城的街巷屋舍与鲁迅故居的高墙回廊时，常通过大量缓慢的移动镜头来表达空间中古老传统的阴暗、沉重和压抑。（见图6-2、图6-3）这种视点投射的视线设置也限定了注视的主体和被注视空间，形成构筑绍兴空间的一种情感态度。作为鲁迅故事的叙述者，不管是导演还是编剧，都是从外部审视绍兴空间。作为作品故事主人公的鲁迅，基于批判传统和面向现代的观念，也遵循外部视线投射的

图6-2 《鲁迅战斗的一生》
中的绍兴街景屋舍

图6-3 《鲁迅传》中的河岸
两边的屋舍

立场和视点。同时，作为行动主人公，他也承担着绍兴空间中的文化表达。这使得此空间中的鲁迅形象成为"在而不认同""存在又意欲离开"的典型意象。这种异己性，一方面，表现了鲁迅与绍兴地域空间的格格不入，强调对绍兴现场的批判态度；另一方面，预设了鲁迅终将离开绍兴、融入外部空间的必然的逻辑。这种表达在真人演剧类作品中表现得更为明显。如史践凡所拍摄的《鲁迅·风雨故园》结尾少年鲁迅离家的情景：银幕上，站在小船上的少年鲁迅在摇镜头中回望时，出现了妈妈、师长和家人急匆匆跑上石拱桥眺望的画面，以及地平线缓缓地越升越高、人像越来越小的画面，最后定格在一条纵深于远方的水中堤坝和在水中摇晃着前行的小船上（43：45）（见图6-4）。这一组镜头组合对鲁迅离乡的复杂情感进行了可视化处理。

图6-4 史践凡导演的《鲁迅》中少年鲁迅离乡时的镜头

再次，鲁迅影像中的绍兴空间表现，在人的形象与景色、物象的关系处理上，体现了权力规则与等级秩序。这些作品围绕着人的视觉中心，通过确认人的主体性来构筑绍兴空间的镜头画面。绍兴空间的影像表达始终以人的社会立场来建构人和自然、人和物以及人和人的

关系。处于远景中的物象小，空间开阔，它们远离人的视觉中心，停
驻时间短而不易被关注和重视。近距离的物象在屏幕上被放大，在时
间上凝固，以围绕着历史主体的故事来吸引观众的注意力。在此视觉
认知逻辑下，绍兴的山水风景、街巷屋舍、鲁迅故居、屋内物件分别
以远景、全景、中景、近景的镜头展开。这种视觉认知不仅吻合人的
主体性的视觉感知，也符合中国人关于英雄人物传奇经历的叙述方
式，进而能够使内容和顺序都围绕着传主鲁迅来安排。就在人与景及
物的关系中，在中心形象、主要人物和次要人物的区别差异下，凡被
镜头摄录的绍兴空间内容或对象，不管是风景、风物还是风情，都存
在于特定的等级秩序中。当然，这种等级秩序也会因为作品的整体价
值目标而调整。如在 20 世纪 80 年代之前的鲁迅传记片中，影像秩序
等级表现得绝对而分明，体现着统一的主题、强烈的观念，绍兴空间
影像也鲜明又确定；而在世纪之交的鲁迅传记片中的等级秩序相对松
散，体现出平等叙述和事实陈列的情感态度，绍兴空间形象摇曳不
定，也表达着对极端观念化排序的一种拒绝。

　　最后，在影像内容的选择安排上，绍兴空间代表强大而古老的传
统。绍兴空间不仅符合建构的鲁迅影像的价值意义和文化功能，也符
合中国近现代的取向及文化目标。在绍兴空间影像内容排序上，自然
空间环境先，社会文化空间后。绍兴空间意象中则自然景观少，社会
文化空镜头多且丰富细腻。由于绍兴的地域、政治文化功能的限制，
也因为它的地缘文化角色，不管是在鲁迅的自我叙述中，还是现代价
值体系下的鲁迅形象的塑造中，绍兴是作为开端部分和基础而存在。
如此定位绍兴空间，隐含着叙述者的空间秩序中等级观念对绍兴空间
和绍兴文化的影响和抑制，也说明在鲁迅的生平经历中，绍兴空间的
叙述仅提供了鲁迅形象的生命基础，而鲁迅影像的思想资源、价值体

系和行为的展开需要在广阔得多的空间（北京、上海）才能完成。这样理解绍兴空间，符合鲁迅最终离开绍兴才获得成长的叙事逻辑。在作为现代知识分子和启蒙者的鲁迅形象塑造中，绍兴是作为古老中国的象征，代表强大的传统力量。绍兴文化空间孕育了鲁迅，也是其成长空间，后来又在鲁迅的创作中不断再现。它是鲁迅生命原初的存在场所和日后逃离的社会空间。它见证了鲁迅逐渐长大成人的过程，又在他内心深处留下屈辱和阴影，也促生了鲁迅生命中的反抗意识。鲁迅曾经将他所处的室闭空间中的无奈挣扎的感受通过《〈呐喊〉自序》中的"铁屋子"空间意象形象地表达出来。鲁迅影像作品中的绍兴空间既包含着压抑天性的权力秩序，又体现了鲁迅面对绍兴这一独特地理空间时的矛盾的情感模式。影像作品中绍兴风貌通过不同历史情境下的规则和形态，展示绍兴空间的权力秩序，也展示着鲁迅对故乡绍兴的文化空间复杂且暧昧的情感立场。

## 四、绍兴风貌在鲁迅影像建构中的功能

　　风景画的拍摄方式隐含观念和观念的表现模式，"它把文化和社会建构自然化，把一个人为的世界再现成似乎是既定的、必然的。而且，它还能够使该再现具有可操作性，办法是通过在其观者与其作为景色和地方的既定性的某种关系中对观者进行质询，这种关系或多或少是决定性的"①。由于绍兴空间意象在鲁迅影像作品中遵循着鲁迅形象定位的总体目标，而进入鲁迅传记片的绍兴空间意象在内容上只是自然的或者历史的景色，在功能上只是鲁迅形象中的故乡和鲁迅影像的作者们所理解的鲁迅故乡，绍兴风貌在作品中的价值和功能，被限

―――――――――――
① 〔美〕W.J.T. 米切尔编：《风景与权力·导论》，杨丽、万信琼译，译林出版社 2014 年版，第 2 页。

制在建构鲁迅影像的总体目标中。

（一）在观念上"前现代"的绍兴空间为现代性目标诉求提供了批判基础。绍兴影像是对鲁迅作品中的故乡的阐释，也表现了鲁迅作品世界对真实故乡的镜像式反映。基于现代性观念，绍兴的自然部分作为远景被推向远方，文化和历史内涵得以突显。为表现作为现代知识分子先驱和典型的鲁迅形象，作品不断传递绍兴空间的"前现代"的文化特征，诸如阴沉的天空、低矮暗黑的房子、高墙深院、连绵不断的甬道回廊所区隔出的狭长曲折区域，它们构成了沉闷、压抑和窒闭的空间意象，再加上在此空间里生活却表情冷漠沉闷的人们，很容易被对应为鲁迅所批判的压抑的氛围和麻木的魂灵。基于批判的视角，绍兴空间排斥了温暖和喜悦等情绪，充满亟待变革的、被检视的和被否定的空间意象，提供了为确立现代性目标诉求的文化批判基础。日本学者藤井省三提出"可以将《故乡》称作不断被改写，不断更新的文本"。①

（二）构筑作品丰富情感的阐释空间。绍兴空间内有鲁迅的童年记忆，是鲁迅童年时期安全快乐的家园。一方面，鲁迅难以排遣自己的排斥和想要逃离的心态，故乡遍布着颓败和失落，少年时期的美好回忆一点点地丧失，成年后所见的多是尖酸刻薄的"豆腐西施"们和麻木沉闷的"闰土"们；但另一方面即使美好的童年和成年后的现实有冲突，他还是一直难以割舍故乡记忆。鲁迅影像作品中的绍兴空间表达延续至鲁迅作品中关于故乡的情绪，不断表现鲁迅在异乡对于故乡的深厚感情，通过回忆和想象不停撰写故乡的故事，使故乡变成他魂牵梦绕的存在；同时又不停地通过作品和观点强化故乡绍兴给他留下

---

① 〔日〕藤井省三：《鲁迅〈故乡〉阅读史——现代中国的文学空间》，董炳月译，南京大学出版社 2013 年版，第 2 页。

的深刻的痛苦和难以忘怀的屈辱。如在《先生鲁迅》（四）中，通过鲁迅笔下的人物形象和未庄的影像来介绍鲁迅作品表达的思想和内容。由此，鲁迅真实的故乡绍兴和作品中的虚构空间就达成了同构关系，它们都表达了他对家乡的思念和排斥共存的复杂情感，以及面对家乡和家乡人"哀其不幸，怒其不争"的"怨怼"的情绪。鲁迅的渴求和矛盾构成了绍兴空间中的基本情感，作家复杂丰富的故乡情感模式又影响到作品空间的情绪，呼应强化，进而营造出作品内外一致的忧郁和压抑的情感特征。

（三）形成冲突和矛盾的鲁迅形象的情绪氛围。当作家鲁迅以文字描摹的故乡被展示为影像化的绍兴空间意象时，不仅有时空的变换、内容的删改，还有艺术形式和媒介的转换，鲁迅对于故乡既逃离又依恋的矛盾心态、孤独恐慌的不安情绪由此加剧且更加繁复。文学对于鲁迅来说，有捡拾旧梦的功能，是"已逝的寂寞的时光"在"精神的丝缕"中的反复映现；旧屋故园的影像重现"白日梦"，泄露心底隐秘和希望得以精神疗伤的渴求。而在影像化的鲁迅形象塑造中，绍兴空间经过了影像的技术性奇观的转换，"这种震惊和困惑是通过电影媒介的夸张和扩大的过程才达成了其可能性，它使得景观更为壮观，景象更为怪异，进而强调了已技术化了的视觉的意义"。[1] 如丁荫楠导演的《鲁迅》开头借助从鲁迅作品中走出来的一个个人物形象，来展现作家鲁迅和故乡绍兴既紧密又疏离的联系，突显了鲁迅与故乡的情感纠葛。

相较于鲁迅居所的其他地理空间，绍兴在鲁迅影像传记片中是最稳定、最成熟、最明确的空间意象。在《鲁迅生平》中，绍兴留下

---

[1] 周蕾：《视觉性、现代性与原始的激情》，罗岗、顾铮主编：《视觉文化读本》，张艳红译，广西师范大学出版社 2003 年版，第 260 页。

了许多前现代的印迹，记录了许多传统风貌，也存留了鲁迅形象初始时的文化和生命的印痕。这些影像在不断变迁和解读中提供了绍兴空间影像的基础和保证。同时，这些绍兴空间影像也在维系着一个稳定而传统的空间意象。片中反复出现的低矮的房子、阴暗的光线、黝黑的色彩、重叠的高墙大院、多重繁复的雕栏画栋，被区隔的空间、逼仄的街巷与佝偻穿行的身影以及绵延的屋顶密密麻麻地铺满了镜头画面。还有逶迤曲折的水道，低平的简易石桥，通往外乡开阔又渺茫的石板路……都建构了一个厚重闭塞、压抑受迫的绍兴空间意象。这样的空间意象取自绍兴的自然和社会状貌，但又营构了主观化的环境和氛围，通过文化景观和生命表现注入政治秩序和观念形态。影片选择人物并进行安排组织，不管是静穆的，还是活动的，不管是真人，还是雕塑，都有着内在统一的精神气质，即麻木、静止、循环、一成不变，对应着愚昧、落后、软弱、无力、无助，意味着它需要改变，变得强大和独立自主。无疑，影像化的绍兴空间和鲁迅笔下的绍兴人物形象一样，是古老中国的象征意象，它应该被改变，却又顽强地成为作家情感反复回溯、不能忘却的精神原乡，隐含着整体鲁迅形象复杂多元的价值意义。

## 第二节　港台鲁迅传记片中的风情化倾向

当代中国拍摄的多种鲁迅传记片，成为阐释鲁迅思想、解读鲁迅作品和传播鲁迅文化价值的重要渠道。不同价值立场和审美风格的鲁迅传记片通过影像编织出各异的内涵和结构，体现不同编创者对鲁迅形象的解读。20 世纪 90 年代后港台鲁迅传记片改变了当代中国鲁迅传记片的基本框架，不再延续《鲁迅生平》确定的鲁迅影像风格。鲁迅影像塑造舍弃了鲁迅的生平经历与历史发展相关联的史传模式，转换强调社会功能和政治意识形态的观念化立场，开始关注鲁迅形象的历史现场和文化诠释，表现出明显的文化消费的风情化倾向。台湾的《作家身影·鲁迅》开启了港台传记片书写鲁迅形象的肇端，此后的《周氏三兄弟》《民国文人·鲁迅》和《春秋　鲁迅与胡适》等鲁迅传记片，都基于港台文化立场和视角建构鲁迅形象，阐释鲁迅的民国文人定位及其文化价值。打开审视和解读鲁迅世界文化消费的文化空间的创作倾向，也带来了鲁迅形象的别样意味。

港台鲁迅传记片中的风情化倾向，蕴含着港台文化反映世界、理解世界的思维方式，侧重鲁迅意义的日常化、生活化和情感化等生命层面的理解。从台湾蔡登山制作的"作家身影"这一文化系列栏目开始，鲁迅作为现代作家第一人、民国知识分子的代表，在港台的电视系列片或者文化节目中频频出现。这些鲁迅传记片或者以鲁迅形象为中心的节目，从现代文化立场、情感认同及民国语境出发去理解鲁迅的文化价值，开始营造逝去的旧时代氛围并将其作为鲁迅形象的历史底色，通过历史文化的光晕淡化社会化视角和政治立场。电视剧作者或者文化栏目中的创作者，以淡化对立和斗争的政治文化立场、平和淡定的姿态来体味和揣摩鲁迅生命的全过程，以贴近鲁迅生命个体的平等对视的角度和身处共时历史语境的同理心，来塑造具有生命热度和情感色彩的鲁迅形象。与当代中国过于观念化和政治化的鲁迅形象相较，以日常生活为内容和审美维度的立场和姿态，显得更为真实、形象和鲜活。港台鲁迅传记片避免政治观念下的鲁迅形象过于简单和狭隘的审美倾向，通过风土人情的描摹表现出情调和韵味，体现出更多的情感质素和明显的文化意味，为理解鲁迅形象及其精神价值提供了更大的空间和更为宽广的视角。港台鲁迅形象塑造这种风情化的审美风格偏向于鲁迅形象的文化视角解读，获得了更多的文化意味和更为丰富的人性色彩。在人情、欲望和文化消费的维度下，鲁迅从意识形态的人物形象图解逐渐转变成文化景观的展现。这一鲁迅形象塑造，在构成鲁迅形象的材料和内容上，围绕着作为文化人的鲁迅选取题材，集中表现绍兴地理空间的风物化、鲁迅的生活和文学贡献。

**一、绍兴的风物化表达**

鲁迅传记片大多沿用知人论世这一中国传记文学塑造人物形象的传统。作为鲁迅影像的基本内容，生平介绍中的童年经历再现和概括中，故乡绍兴成为鲁迅生命的源头，也决定了他的人生轨迹。由此，绍兴地理位置、空间环境、特产风貌在中国当代鲁迅影视传记片被广泛沿用。鲁迅传记片营造的绍兴空间意象，都被赋予历史和文化的光晕，山川河流都不再只有自然和物理的属性，更不用说充满历史感、文化色彩和传统意味的风土人情。绍兴这一地理空间，从自然绍兴到人文绍兴的转换，合乎政治化的社会发展进程和规律的认知逻辑，为鲁迅故事的展开提供了前提和基础，被纳入鲁迅形象塑造的目标。如在介绍绍兴地理空间时，大多数作品都强化此间的历史黑暗和社会不平等，突出鲁迅童年家庭变故而带来的磨难受辱经历和成年鲁迅人生经历间的关联，通过构筑具有社会化和历史感的绍兴地理空间，挖掘这一地理空间强烈的政治隐喻及其象征意味。

而港台的鲁迅形象在沿用传统向现代转变的社会进程逻辑的基础上，强化作为传记片主人公的鲁迅与绍兴地理空间的身份意识，并以此营造绍兴地域文化氛围，突出绍兴的风物化表现。《作家身影·鲁迅》在鲁迅的文化人格与绍兴地域文化关联的角度下，追寻鲁迅在绍兴的生活踪迹。在以寻觅鲁迅身影为线索的拍摄视角下，绍兴的文化内涵得以强化，绍兴地区的风景、建筑和生活习惯都被赋予浓厚的文化意味，被引申为物化形态的文化，并成为形成鲁迅性格特征和精神气质的物质基础。这部传记片还采访了鲁迅研究专家王晓明教授，他阐发论述了绍兴地域文化对鲁迅成长经历及其性格特征的深层影响。绍兴地域文化的突显不仅改变了对绍兴空间的政治化解读，放弃了革命化的影像语言的表达风格，还扩容了对作为作家生活环境的绍兴空间的介绍，使得绍兴这一空间充满了人文和温情，更贴近鲁迅的生命个性和精神气质。

港台鲁迅传记片中出现的绍兴地理空间，与鲁迅童年时期的绍兴有所不同。这些传记片，并不是再现当年的绍兴风貌，而是选择立足于今天回返历史，造访绍兴历史现场的叙述视角。作品借助于想象回返鲁迅成长和生活的绍兴，包含着穿透历史变迁的回忆，以及面对无尽感喟和沧桑体验。充满了当下生活气息的绍兴影像，既表现了对曾经发生的事件的距离感和探究，同时也表现了当下人的在场感和回应共鸣。这份难以掩饰和抑制的感受，通过镜头语言得以表达。作者通过阐释绍兴地理空间，强调鲁迅的生命踪迹于时下的强大的影响力和辐射作用。借着这一有历史距离的叙述角度，鲁迅作为历史人物的纪念意义延伸到当下，成为当下生活的文化象征。通过绍兴空间的历史感和文化意味获得的沉思，鲁迅形象从观念结构和政治化的形态中被释放出来，变得平易可亲，富于人情味。绍兴空间的文化维度的强化，使接受者从另一角度获得接近历史真实的鲁迅、与鲁迅形象进行对话交流的可能。此类的叙述角度不限于绍兴，港台鲁迅传记片中也用同样的叙述，理解和评述鲁迅曾经生活过的其他的地理空间，如该片中的日本仙台和上海鲁迅墓，以及北京八道湾的旧居，都因为历史光晕和人情韵味而使观众获得新的感受和心理认同。

　　基于可接近的人性化的鲁迅形象塑造，港台的鲁迅传记片中，绍兴的地域风情、地方特色及其日常生活细节得以更为细腻和具体地展现。首先，绍兴不再只是作为自然环境和故事背景，而是富于文化底蕴和生命色彩的历史古城，经历了千年的沧桑，流布着古远的悲风。这些港台鲁迅传记片除了使用了概览绍兴城惯用的横摇长镜头外，内容更为具体，镜头语言更为丰富。传记片不仅再现绍兴的自然景观和生活情景，还用特写镜头拍摄绍兴的植物品类。全景和局部，动态和静态，不同的内容、角度、景别、运动方式构成了镜头下的绍兴城。通过镜头，不仅可以俯瞰绍兴城、周家的老台门和新台门，还可以从不同角度领略绍兴城外景观。而城内的街道瓦舍，楼阁亭台、河流沟渠；住宅内部的空间方位、门户朝向和家具陈设，都在作品中一一展现。甚至可以深入到绍兴人的生活习惯，更真切地感受他们的饮食起居。意蕴化的绍兴地理空间设置，显然有别于革命化政治化的鲁迅传记片中的绍兴空间展现。以崇高的政治目标为诉求的鲁迅传记片中，自然的绍兴空间环境附属于社会化的绍兴空间，而社会化的绍兴空间又与具有政治隐喻符号的物象相联系。如旧屋宅和屋中的设置是中国旧传统的表现，而绍兴街巷的暗黑和狭窄则是闭塞、保守和落后社会的象征符号等。然而，港台鲁迅传记片则改换了绍兴空间的社会化构设，街道瓦舍都充满了烟火味和生活气息。轮廓式的勾勒的影像语言被改变，代之以鲜活、丰富和细腻的镜头语言，表现了充满多彩生命和鲜明特色的风物化的绍兴形象。毡帽、乌篷船、青石路和高墙大院都成为绍兴的富有意味的文化符码。通过观察始终萦绕着生命气息的器物、景物和弥漫着深厚文化底蕴的古城形象，观众可以更深层地体验绍兴文化，也能更贴近于"生于斯、长于斯"的鲁迅身上难以磨灭的绍兴历史传统和文化韵味。当传记片中的绍兴获得了生命气息后，

从此出发、作为文化人的鲁迅身上的文化气息，在绍兴的风物化表达
中获得坚实基础。

　　绍兴空间的风物化表现，符合大众于文化及地域风景的文化消费
的审美心理。作品借助镜头语言、修辞手法和剪辑组合构成历史化的
情境，在怀旧的氛围中透露出氤氲气息。如将阴晴雨雪的不同天气转
化为不同明暗的光影，通过阴影或者曝光投射或叹惋或感伤或怀恋的
情愫，又通过前后景的设置形成多层次的参比对照等等。这些影像的
情感投射和文化氛围的营造，使环境和物体的主体化情景化，与作为
文化人的鲁迅的生命轨迹相契合。反复出现的周家内回环曲折的狭长
甬道，通过平缓移动镜头呈现的各种功能房，在封闭或者半封闭的空
间中的映现的古香古色器具，以及通过特写镜头拍摄的横梁立柱、天
井隔墙，都在突出旧式家居的阴森压抑，指向形成古老落后和压抑的
传统社会的具体情境和文化传统，以及伴随鲁迅成长和养成性格的旧
家族气息。这些镜头都起到了复现历史场景、充分具体地营造历史氛
围的作用，为新旧文化嬗变时期作为知识分子代表的鲁迅形象的产生
提供了合理的阐释。传记片中的影像表现为绍兴空间与鲁迅之间的生
命同构关系，镜头下环境和物象，组成鲁迅生命基础或熏陶了鲁迅成
长的传统元素。传记片中的影像语言极大发挥了通过视觉全方位调动
人们感知的优势。

　　港台鲁迅传记片中绍兴的风物化表达，遵循生命的内在规律，
"他的故乡显然是他灵感的主要源泉"[1]，体现了鲁迅生命意识与其文
化创作间的深层关系。通过丰富和具化绍兴的历史文化内涵的表现手
法，激活了绍兴的生命力，使之无可置疑地成为滋养鲁迅生命的地理

---

[1]　夏志清：《中国现代小说史》，复旦大学出版社 2005 年版，第 21 页。

空间。鲁迅故乡情境不仅体现了城与人的契应，也展示了鲁迅独特的生命意识和个性特征。

## 二、情感缠结的生活空间

港台鲁迅传记片另一番风情化景象为：鲁迅的家事情事，被大众文化修辞策略编织为富于人性标示和欲望倾向的符码。这些传记片以鲁迅个性心理为打开鲁迅形象世界的另一视点，展示日常维度和生活层面的鲁迅形象。从政治化的鲁迅解读方式，到文化倾向的鲁迅解读方式，鲁迅形象的转变暗合了时代思潮的变化和鲁迅研究的学术转向。20世纪80年代之前中国大陆鲁迅传记片中，被抹除和被隐匿的鲁迅生平材料得到充分挖掘和重视。在港台地区的鲁迅传记片中，通过重新选用材料，提供充分详尽的史实，塑造鲁迅形象。其中，鲁迅的情感婚姻、鲁迅与周作人失和事件成为叙述鲁迅生平经历的重点，也成为塑造这一维度鲁迅形象的基础。

鲁迅的情感婚姻经历，因与政治化、观念化的鲁迅形象塑造存在冲突而被遮蔽、淡化。在政治色彩浓厚的历史语境下，鲁迅的定位是革命者，缺乏世俗生活维度。这种现象在《鲁迅战斗的一生》中达到极致。而港台鲁迅传记片《周氏三兄弟》和《民国文人·鲁迅》等作品不仅提供了鲁迅的家庭生活，还特别关注鲁迅的婚姻生活对鲁迅性格的影响。其中，鲁迅原配夫人朱安是不可或缺的人物。在鲁迅生平经历中，朱安作为鲁迅原配妻子，一直伴随着鲁迅的生命过程。港台鲁迅传记片让朱安从历史的幕后走向前台。这些传记片还通过这位旧时代女子的悲惨一生，来表现鲁迅在生活中的复杂而又难堪的情感经历和痛苦心态。如此真实、痛苦、曲折又纠缠的婚姻的再现，使得传记片的叙述评判也显得尤为繁复、纠结和困窘。传记片不仅如实地详尽地呈现鲁迅所经历的痛苦婚姻过程，还客观地再现了朱安在此过程中的努力和挣扎。这些作品全面客观地再现鲁迅苦闷而难堪的婚姻经历，客观再现婚姻关系中两人难以摆脱的痛苦，不再避讳朱安的身份和境遇。这一情感角度，大大丰富了鲁迅形象。20世纪90年代之前，大众接受的鲁迅形象，仍然停留在单一的、政治观念化的塑造模式中，仍是崇高的、坚决的、庄重的。当鲁迅的私事、秘事被展示并被深入解读时，当其深层的心理世界、隐秘的情感领域被公之于众时，难免引起轰动。而日常化的、生活层面的、情感化的鲁迅形象塑造，符合新的时代语境下的形象塑造趋势。在消费文化思潮下，窥私欲和人情维度有时是硬币的正反面，在引发认同和共鸣的同时也难以避免阴暗心理的浮现。港台鲁迅传记片中的鲁迅影像塑造契合了大众传播心理，产生了强烈的文化效应。

　　除婚姻经历之外，与周作人间的兄弟失和事件是鲁迅生平中的另一情感创伤。周氏兄弟曾是新文化运动中耀眼的双子星。他们曾经情深意笃，同在新文化运动中被视为青年导师。两人分别在新文学运动中取得令人瞩目的成就。1923年兄弟两人发生激烈冲突，随后分道扬镳，终生没有复合。因当事人事后始终对此讳莫如深，更是在现代文学史上留下谜题。时隔几十年后这段尘封的历史因众说纷纭的猜测而愈加神秘。作为鲁迅生命中无法抹去的、有着深刻影响的情感变故，在《周氏三兄弟》《春秋　鲁迅和胡适》等传记作品中都再度被提起。这些作品都通过钩沉这段周氏兄弟家变情裂史，试图解读鲁迅这段深藏内心的隐痛。当镜头语言通过引用史料呈现当年情境，再现这段剪不断、理还乱的痛苦又难堪的鲁迅人生际遇时，不仅完整而真实地传达了鲁迅曲折、压抑和沉重的心理状态，还进一步丰富了鲁迅形象。虽然难以用简单的是非观念判断兄弟两人的对错，但鲁迅形象的真实性，只有返回历史才能不被遮蔽。对照曾经有过的充满战斗性的和政治立场分明的鲁迅传记片，可以深刻感受到，在时代思潮影响下，鲁迅影像塑造的价值立场发生了重大变化，鲁迅形象塑造中的模糊和幽暗的地带都不再被省略和抹除。港台鲁迅传记片以周氏兄弟失和事件作为鲁迅经历的重要补充，其虽然只属于生活空间，但却是鲁迅人生道路上的重要一环。

　　传记片侧重于呈现鲁迅的生活层面，不限于情感事件，另有丰富的生活细节和历史情境。如鲁迅从事文学工作前期经济拮据、生活上资助周作人等生活琐事，港台鲁迅传记片都有所涉及。在《春秋 鲁迅和胡适》中甚至还出现对鲁迅与表妹琴姑娘恋爱的揣测。鲁迅形象塑造中的日常维度和生活视角的扩展，也带来了另一倾向：虽然事实叙述中的阐释和推测使得鲁迅形象更为丰富，却也容易滑向俗世欲望层面，反而使鲁迅形象变得过于暧昧和模糊。再比如对鲁迅著书立说行为的描述，侧重于生活层面的解读，与他为生活奔波的动机相联系。《周氏三兄弟》第 2 集中谈到鲁迅在北京的经历时，做了如下描述："1912 年，蔡元培出任了中华民国临时政府的教育总长，当时他请许寿裳来帮忙，许寿裳忙不过来，就向他推荐了鲁迅。鲁迅在就任后，民国政府迁往北京，鲁迅也一同迁往，从此开始了他在北京的 14 年生活。"（12：18）这一叙述说明鲁迅前往北京任官职与生计有关，且与同乡好友许寿裳的推荐有关。这一叙述形成了理解鲁迅形象的多维视角，为打破"战斗一生""反抗一生"的单面形象打开了新的空间，符合人们对鲁迅精神资源的多元化需求。港台的鲁迅影像中的情感生活层面的展开，使鲁迅形象更加完整和丰满，既提供了大量的历史细节，丰富了鲁迅形象的内涵，也改变了政治话语中的被过度神化的鲁迅形象，塑造了人性化的鲁迅形象。值得注意的是，生活层面和世俗日常化的视角的引入，有可能使得鲁迅沦为满足消费者猎奇心理的对象。

## 三、文化景观中的身份角色

　　港台鲁迅传记片的鲁迅影像塑造的演变还在于形象的身份角色转变。20世纪50年代开始，鲁迅形象的影像塑造一直在革命家、思想家和文学家的身份定位下展开，成为一种固定的权威模式。港台的鲁迅传记片中的鲁迅形象塑造开始转向作为文学家的鲁迅形象塑造，重视鲁迅文学贡献和作品价值，专注于对作为作家或者文化人的鲁迅言行和著作的解读。讲述话语的更迭，也体现了时代的影响和不同的接受心理。作为民国作家和文化人的鲁迅形象获得了返回历史现场的可能。

　　为强化作为作家的鲁迅形象，这些传记片对鲁迅的著作材料进行了增加、扩展、删减或是重新编排。如诗歌《野草》、小说集子《故事新编》还有学术著作《中国小说史略》等鲁迅的多方面创作在港台传记片中被一一提及，鲁迅的文学创作和学术贡献成为鲁迅形象的重点。进而，对作品的介绍也更加详尽和深入。如在《作家身影·鲁迅》中，非常细致而全面地介绍了鲁迅小说的审美特色，对鲁迅小说的叙述特点、情节结构、行文笔触甚至他的语言风格，都进行一一说明。在梗概介绍的基础上，将鲁迅寓言的文体与深度模式，与他的性格特征和创作心理相联系，进行深度阐发。这种饶有趣味的文本分析和文学作品研究方法的呈现，在社会功能宏大叙事的鲁迅传记片解读中是尽量避免和努力摒弃的，港台鲁迅传记片却特意突出了作家这一社会角色。

　　为紧扣鲁迅作为作家的社会角色，港台鲁迅传记片在分析鲁迅的作品时，不限于对文本进行解读，而是加入了对创作层面的分析。如增加《野草》《故事新编》等表现鲁迅心路历程的作品，这些作品更易于让观众理解和认同作为文化人的鲁迅的精神品质和性格特征。同时，面对鲁迅创作中倾向于启蒙主题强调社会变革的作品，如《呐喊》《彷徨》等，也更多地从鲁迅的创作心理层面进行分析，由此理解作品背后的作家心理世界。如《周氏三兄弟》围绕着鲁迅与周作人两兄弟的关系及人生际遇，关注与鲁迅的精神世界、文化实践相关的文献资料和文学作品。为塑造文化人和文学家的鲁迅形象，港台鲁迅传记片坚持将其生命体验视为文化人格的核心。由此，与他的生活相关或者是铭刻着他的生命印记的作品构成了主要的素材。以人性为标准的鲁迅形象塑造，向观众展示了一个孤立、封闭和痛苦的现代知识分子的心理世界，在展示了丰富的痛苦的精神状态的同时，也在消解鲁迅在近现代知识分子这一群体中的典型意义。淡化对鲁迅文化行为和心理世界的社会原因的探讨，某种程度上弱化了鲁迅的历史文化价值。

港台传记片还从不同立场和视角对鲁迅作品的价值进行多方讨论，展现鲁迅创作心理的矛盾、丰富和复杂。《作家身影·鲁迅》选择了当时的新锐学者（如王晓明、汪晖等）力图打破鲁迅研究界定见的观点，显示出这一阶段鲁迅形象塑造的变化和创新。而《民国文人·鲁迅》的视野更为广阔，观点更为多元。这部作品还引入了否定鲁迅作品价值的观点，甚至是相当激烈的言辞。其中涉及的韩石山和葛红兵的评价，影响范围超出了学术界，在整个社会上都引起了强烈的反响。港台鲁迅传记片对鲁迅的价值的激烈讨论，还涉及鲁迅作品的审美品质。《民国文人·鲁迅》中还引入了李敖对鲁迅的激烈抨击。李敖通过举例，对鲁迅作品中的遣词造句进行分析，指出存在文法和逻辑不对的多处例子，甚至认为鲁迅存在着不少的语病。他尖锐批评鲁迅的观点，是对鲁迅在现代文学史的典范性地位的质疑，存在否定和颠覆鲁迅作品的审美价值的倾向。

这些都在表明，港台鲁迅传记片的叙述姿态和文化立场。这些作品努力以相对自由和开放的角度更加广阔地理解鲁迅所处的时代语境，以及努力理解鲁迅之后的如何理解鲁迅的当下立场。这一阶段，鲁迅形象变得更为复杂，但鲁迅思想的深刻和形象的丰富，将继续不断地引发人们的思考和讨论。

## 四、影像形构下的修辞策略

港台鲁迅传记片所塑造的文人作家的鲁迅形象，还体现在影像语言的选择和运用中：如通过泛着光晕的、如画的影像语言营造更具韵致的文化气息，以晕黄的色调、降低色彩对比度，或是运用象征传统文化符号的空间或者意象，营构历史沉淀和时间流逝的失落和沧桑，获得文化风景画的视觉效果。

为集中突显鲁迅的伟人特征，强化鲁迅的历史价值，鲁迅传记片常突出思想和观念在作品中的分量，采用影像记录来串接鲁迅的生平事迹，并辅以高亢激昂的画外音。娓娓道来的鲁迅故事，影像加旁白的线性叙事，贯穿着创作者的主观创作意图，在整体结构上条理清楚并突显观念，确立了鲁迅形象的政治意识形态权威。这种权威的、政治化色彩的鲁迅影像塑造模式在港台鲁迅传记片中得以改变。为了突破权威的单维的宣教式的叙述方式，港台鲁迅传记片选择了影像呈现和不同观点解读穿插进行的方式。这种材料组织方式无论在内容和题材的选择，还是在角度立场上，都围绕主旨展开并显得更为丰富有变化，更真实可感。在结构上，在兼顾以鲁迅生平经历为主线的线性时间安排的基础上，或安排空间场景，或拓展表现领域，放弃单一的、严谨的结构，又能形成立体的观照。在评价立场上，不同声音和观点，既可以呈现人物的丰富性，又能够体现创作者的客观态度，还能够体现当下多元的文化取向。再加上访谈中安排大量采用当下人的立场和学术新观点，不落俗套且富于洞见。这样，港台传记片通过鲁迅本体、鲁迅研究和鲁迅传播的三个层面的并置，构成了不同层面的对话交流，这种意味趣味并重的形式，使得鲁迅传记片中的鲁迅形象塑造能够既有丰富的细节和场景，又不失理性色彩。

有别于承载沉重政治意识形态的鲁迅传记片，港台鲁迅传记片在采用纪实手法的同时，在镜头语言上也进行各种手法的创新和探索。如《民国文人·鲁迅》中，在介绍鲁迅作品时，采用了大量漫画图片，并在漫画中安排鲁迅和鲁迅笔下的作品人物同时出现，形成创作者和创作作品的呼应关系，丰富了话语层次。图片中的鲁迅作为作者和他创作的人物并置，传记作品内部设置不同叙述层次，在丰富叙述层次的同时，也为叙述者提供了更大的话语空间。这使得创作者在面对多层次的叙述时，也获得了当下文化语境相对疏离的评判立场，为客观审视对象留下充分余地，思想和观点具有更大自由度。另外，大多数鲁迅传记片通过构图和色彩强化了多样化的画面功能。在色彩运用上，有意区分了不同载体、不同时期、不同文化基调和不同情感方式的色彩表达。比如通过晕黄的色彩表现历史文化，又通过凝重的暗色表现区别于当下的旧时代感觉。这些传记片在考虑丰富镜头语言构成画面体现美感的同时，还会重视语言风格的深度和美感，常使用大量带有感情色彩的旁白，扩充人性表达和生活情态的空间和维度。通过各种手段克服传记片叙述和说教造成的单调、刻板和"匮乏"，充分发挥文化人传记片能够营造文化氛围、体现韵致情调的审美特征。

还值得注意的是，港台鲁迅传记片在影像构图上也显得更加丰富多变，如通过前后景的比照，或者通过不同景别的镜头体现创作者的意图和倾向。这些别致的有差异的构图，改变了人物传记片视点高度集中的简练的单一风格，通过大量分散和丰富的细节展示体现镜头画面的叙事功能，在片段的转接和承续上显得更为自然流畅，也易于为观众所接受。显然，港台鲁迅传记片正是通过增加人物传记片的趣味性来改善影视作品传播的效果，提高文艺节目的收视率。显然，这种审美风格的传记片在大众传媒时代更契合观众的心理，有着明显的优势。

港台鲁迅传记片为削减淡化宣教片时期鲁迅形象的历史使命感和文化焦虑状态，还别出心裁地安排叙述次序。如《作家身影·鲁迅》开头出现鲁迅逝世之前的关于死后的预言，以倒叙为展开，完全颠覆了传统鲁迅传记片中目的明确的拍摄手法，而是在对鲁迅生命历程的回溯中，展开对鲁迅价值的追寻。虽然，作品塑造的鲁迅形象弱化了鲁迅的社会政治功能，但拓展了鲁迅形象塑造的文化空间和生命意识维度。这部作品开始重视作为生命个体的鲁迅价值和意义，这是鲁迅形象重构的新角度。鲁迅传记片中的鲁迅形象塑造，被置于鲁迅形象谱系中，从鲁迅本体扩展到围绕鲁迅建构的意义世界，立足于当下，又连接鲁迅形象史。另一部鲁迅传记片《民国文人·鲁迅》，则以 20 世纪90 年代关于鲁迅的论争为切入点，以鲁迅后人为维护鲁迅形象的社会文化活动为引子。这样的开头将历史上的鲁迅拉到当下语境，围绕鲁迅论争背后的各种观点的交锋，梳理交锋观点的不同立场、追问关于鲁迅论争的时代背景和文化思潮，通过多重角度来关注鲁迅及鲁迅世界。显然，港台鲁迅传记片，关于鲁迅生平经历的叙述都已经放弃了线性的叙事模式，拓展了鲁迅世界的精神空间，引发观众探究的追问兴趣和解惑的知性快感。

以影像语言为载体的传记片中，港台鲁迅传记片注重影像在传达鲁迅事迹、贡献和价值中的作用和分量，认为其与通过文字语言提炼鲁迅定位和意义的传记片比较，在语言符号和传播渠道上都具有明显优势。港台鲁迅传记片形成风情化风格，表明鲁迅形象塑造在不同的时代语境中发生了深刻变化。这一变化的趋势，在形式的意义上体现了对鲁迅的研究重心的转移，也体现了在当下，文化需求和日常生活的价值越来越受到重视。鲁迅影像的变化迎合了人们对鲁迅价值的深层期待，是对鲁迅在新的时代语境中的意义指向的解读。当下的鲁迅形象，释放了人们于鲁迅本体及其形象谱系的意义渴求体系。鲁迅形象被赋予了当下的想象和新的意义，也可能造成新的误读或物欲时代的过度消费。在新的历史阶段，鲁迅的风情化倾向表现了人们对鲁迅的新认知，却也不偏离鲁迅在现代中国的价值定位。

港台鲁迅传记片在文化维度、生活维度与创作心理维度的探讨，吻合港台文化中的人情世态和世俗文化心态。鲁迅作为文化人，在文化层面和生活层面对其加以展示，可使其形象亲近可感。富于人性色彩的鲁迅形象塑造，向观众打开生活空间和日常维度的同时，也容易使矛盾、丰富与深刻的鲁迅形象陷入流俗和庸常，难以避免结构涣散、整体形象碎片化。随着鲁迅形象谱系的演变和扩展，港台鲁迅传记片的表达展示了鲁迅形象的当下价值。港台鲁迅传记片中的探索和手法，被新世纪以来的中国大陆鲁迅传记片吸收。

# 第七章　日本的鲁迅形象

日本广播协会（NHK）的 NHK FOR SCHOOL 项目中，"10 min box"是专门针对中小学生的教育节目，每一期针对一篇作品，介绍创作背景、作者资料及作品梗概。这个节目从 2011 年起，播放关于鲁迅《故乡》的影像材料。节目的选择、制作和播放的组织形式，都充分考虑日本观众心目中的鲁迅形象定位。这部 10 分钟的影像作品将作家鲁迅的故乡和地理绍兴联系在一起，借助《故乡》的叙述进程，通过摄像机把观众带入中国绍兴和鲁迅故家。短片的作者尤为重视鲁迅和闰土的关系，鲁迅对少年伙伴闰土的印象和成年后再见闰土时所受到的强烈的心理震撼，成为感人至深的鲁迅故乡的故事。竹内好翻译的鲁迅作品和鲁迅生平介绍，以画外音形式出现。节目选择容易引起情感共鸣的童年往事和故乡的感伤情绪为线索，通过写实和述史的手法，让观众领略到述说故乡故事的中国作家鲁迅是最鲜明的日本鲁迅影像。

日本介绍和研究鲁迅的历史，可以追溯到鲁迅和周作人在东京创办文学刊物的经历。随着鲁迅影响力的扩展，在日本的鲁迅形象塑造日渐丰富和多元 。在与日本文化的碰撞中，鲁迅形象内涵的衍生和扩展尤为引人注目。以下的三节内容，谈论漫画等文化形式呈现的丰富多样的日本鲁迅影像。

## 第一节　北野英明漫画《鲁迅》中的鲁迅形象

　　鲁迅在《呐喊·自序》《父亲的病》《藤野先生》和《俄文译本〈阿Q正传〉序及著者自叙传略》等多篇文章中，谈到自己的身世、家境、人生经历和求学经历。文章中的内容不仅帮助一代又一代的读者认识鲁迅，深入理解鲁迅作品内涵，还成为日本鲁迅传记的基础材料。小田岳夫、增田涉、太宰治、竹内好、丸山升、伊藤虎丸，将鲁迅作为创作素材和研究对象，鲁迅形象不断地得以重构。这些学者和作家不仅积累了精细厚实的日本鲁迅研究材料，还从不同时代境遇、不同的视角立场理解和阐释鲁迅的精神价值，累积成厚重且形态不一的鲁迅形象谱系。新世纪以来，北野英明刊载在《希望之友》月刊杂志上的《鲁迅》，以漫画作品的艺术形式重塑鲁迅形象。这一画作不仅体现了运用新的媒介和载体表现鲁迅形象的新思维和新视角，也展示了在当下日本文化语境中的鲁迅形象的新的理解和更大的阐释空间。

### 一、素材与叙述

　　如何为鲁迅画传？作为现代作家，鲁迅在各种自述材料中，曾以平实又理性的叙述风格来复原人生经历，他克制情绪的流露和主观的立场，以最大的"真"和"诚"确认立传的真实和可信。鲁迅自传为后来的传记，确立了"信"和"实"的鲁迅传记目标。而北野英明的漫画作品《鲁迅》，则改变了语言文字书写的鲁迅传记的真实美学，以夸张、恣意的漫画风格表现作家鲁迅生平的传奇性和浪漫色彩。这部画作改变了现实题材的创作手法，以中年鲁迅的视角回顾了自己在绍兴的出生、童年生活，到东京留学，到仙台学医以至弃医从文的人生经历。这部漫画画作不同于鲁迅传记传统，塑造了超越惯例和习见的鲁迅形象，以迎合读者对轻松阅读的需求，重构了漫画风格的鲁迅形象。

漫画通过为鲁迅立传，表明在日本鲁迅是一位具有广泛影响且具有亲近感的中国作家。鲁迅与日本关系密切，他在日本的留学经历和他在日本接受的现代文化使他扩大了视野，奠定了他的思想基础。由于鲁迅在日本的经历为日本读者所熟悉和理解，为鲁迅立传易于唤起日本读者的普遍认同。而鲁迅的孩童记忆和青少年时期所经历的人生痛苦，为他提供了写作素材。画作将人生的线性经历转换成作家成就间的因果关系，既遵循传统作家传记的叙述模式，能在人生的自然进程中，挖掘被撰述人物的非凡卓越的潜质或者非常人的历史承担；又通过新的媒介和载体重构了新的鲁迅形象，体现了在日本大众消费文化观照下对鲁迅形象新的发挥和想象性的理解。

通过抽象的方式抓住本质、讽刺社会现象是漫画的基本创作手法。同样，该漫画作品在处理鲁迅生平经历时，也表现出在平实的材料中努力挖掘其"不寻常"的倾向。画作竭力挖掘鲁迅这一伟大人物的"不寻常"气质，突显其非凡卓越的个性。如在追溯鲁迅的出生时，作品就在其遗传密码中寻找其成为伟大作家的各种生命记忆，并发现了各种神话般的基因符码。画作还设置了鲁迅的家庭氛围和生活环境：出生在书香门第，父母都非常喜欢书，从小就受到书的滋养。画作以在书堆里爬行的婴幼期的鲁迅形象，预设了作家鲁迅传奇的人生经历。

名门出身和显赫家世只是鲁迅成为伟大作家的基础条件，充满艰难坎坷的人生经历更是作家鲁迅成长路上必要的磨炼，也是日后成为伟大作家的精神财富。画作通过勾连鲁迅的生平事迹和日后成为伟大作家的关系，重点突出鲁迅成长过程中的两次挫折经历，以及他因此对人生之路的探索，并将这种人生探索置于广阔的时代语境中，将鲁迅对人生之路的探索与他改变社会的理想联系在一起。第一次挫折是父亲病亡这一人生重大事件。对于一位少年来说，失去父亲是人生的重大不幸，然而这一人生经历却为他提供了宽广接触社会、感受生命深度的可能，这些经历隐含着鲁迅具有不同于常人少年时代的叙述逻辑。画作有意突出鲁迅在此特殊家庭环境中的作用和表现，充分体现了他面对贫穷和窘境的意志、胆识和能力，体现他作为长子对家庭的担当，在困境中始终表现出不畏困难、不甘屈服于命运的抗争精神。他在困窘家境中成为母亲有力的支撑，能够按照药方孤身一人四处找药材。少年时代的生活经历磨炼了他的意志，他在艰难窘困中表现出超越同龄人的成熟和老练。画作通过图画的连续呈现，表明正是家道中落的人生际遇让鲁迅看清庸医害人的事实，使他能够走出家门，探索更宽广的世界，寻找新的人生。

延续童年和青年的叙事逻辑，画作展示了真正促使鲁迅思想成熟的转折。正是在仙台弃医从文这一人生转折，使他的人生经验更为丰富，开始伟大作家的思想准备阶段。这一人生转折，标志着鲁迅走向更高阶的成长和成熟。自此以后他开始用文艺改造中国国民精神，开启新的人生之路。画作充分展现了鲁迅这一期间的痛苦。当怀抱着学医的人生理想的鲁迅来到仙台，遭遇的却是挫折连连。虽然受到同学的霸凌，但是他还是不愿放弃学习医学、学成归国救治病人的人生目标；幻灯片事件彻底摧垮了他的学医信念。当他从幻灯片中目睹日俄战争期间充当俄国间谍的中国人被日本人抓住后杀害的场景，当他听到周边日本同学因此而欢呼时，作为中国留学生的鲁迅感到非常痛苦和屈辱；而围观的中国同胞的冷漠更加深了他对愚昧麻木的国民性的认知。这一经历强烈地刺激了鲁迅，促使他觉醒，使他意识到中国人亟须的不只是疗治身体疾病的医生，更需要进行精神改造。此事件，让鲁迅承受了比身体遭受欺凌更强烈的心理撞击和精神打击，使他沉入痛苦的思考，最终做出重大的人生选择，放弃学医，开始投身于疗治中国人精神的文艺运动。

以上事实材料虽然取自鲁迅生平基本事实，但是漫画画作与文学作品的鲁迅传记不同。为强化和突显鲁迅所遇到的人生困境，漫画通过更加生动、形象和鲜活的表达来复现材料，从而确证鲁迅所经历人生困境对于人生的独特价值。鲁迅所经受的人生痛苦越大，越超乎寻常，也就越突出他从困境和痛苦中突破的能力；越倾向于选择不同于常人的成长之路，也就越突出他在困境中选择的传奇色彩。如画作中用多幅图，详尽细致地刻画鲁迅为他父亲寻找各种药引的过程；又添加了鲁迅在仙台遭受霸凌时的事实和细节。少年鲁迅赤脚陷入水里，身边满布杂草，鲁迅被同学拳打棒击，这些画面使得文字的描述变得鲜活和真实了，使观众获得了直接的视觉感受。这些画面在表现鲁迅所经受的巨大的磨难的同时，也在突出他的独特的精神气质、沉重的历史责任和深度理性的人生选择，为他后来成为伟大作家提供了严密的叙事逻辑，而这种逻辑又契合了伟大传奇人物成长的励志故事模式。

在选取和处理鲁迅生命经历的基本素材后，通过画面来"撰写"鲁迅传记和以文字撰写传记一样，还需要找到漫画表达的叙述手法，才能把传记主人公的故事生动地呈现出来。该画作选择第一人称自述的方式，已成为伟大作家的中年鲁迅以回顾年轻时期的经历来展开叙述。漫画与文学不同，只能通过画面与画面的连续形成片段，漫画的传记作品，通过多幅连续画面的组接整合来表达事件过程和人生经历。图的视觉呈现，决定了其表达只能体现为呈现式的"现身现场"

表达，严格意义上，只能表达为第一人称所见所闻、所感所想。图的表达相较文字表达的传记作品，具有更多的主观性和情感色彩，更加生动形象；同时也排除了任何客观的叙述。值得注意的是，这部画作引入的叙述视点，并不完全为主观的叙述视角。一方面，第一人称的叙述使叙述人和传记人物形象形成同构，使关于传记人物经历的叙述更为可靠，可信度更大。另一方面，作为叙述者的鲁迅已是中年人，又有著名作家的身份，这就使他的青少年时期的人生经历容易被理解为成为作家的基础和前期准备；同时，青少年时期的人生经历，由于岁月的流逝和沉淀，叙述的内容经由理性的选择和价值认定而变得客观和确定。所以，这段经历具有了明确指向性。故事最后讲述鲁迅离开仙台，成为作家，并发表了《狂人日记》《阿Q正传》《故乡》等作品，成为新文化运动的奠基石。讲述中着意强调鲁迅成长过程中的感受、经历和思考对于他人生的重要价值和重要意义，提升和确定了青少年经历在其创作中的价值意义。在这里作为讲述者的中年作家鲁迅，相当于鲁迅青少年经历的见证者。选择见证者为叙述者，进入自述的叙述内容都毋庸置疑地成为可靠的叙述内容，可信度很大。由此，从鲁迅出生到青年的整个人生过程，作为传记的整体内容部分，在开头和结尾的自述的框架内，叙述过程基本上是鲁迅本人的展示过程，获得了很大的叙述自由度。以如此的第一人称的所有叙述，包括所有的经历和感受，都变得非常可靠笃实。画作设定本人自我介绍的叙述框架，整部画作只以鲁迅为中心人物，围绕着他的生平经历进行单一线性叙述。这样的叙述也能使事件集中，阶段清晰，过程清楚，易于为读者所接受。

## 二、事件与形象

　　鲁迅作为一名作家，他的传记的材料都与他的文化活动和思想材料有关，也易于被纳入他的作品世界的背景和内容。这些文字符号记载的传记材料，较容易被转换成文学语言的表达；而将这些鲁迅的人生经历和这些文字转换成图画语言，以漫画作品来表现，需要充分体现漫画艺术特征。北野英明的这部漫画作品在材料的选择和处理、形象的塑造、手法的运用等多方面都进行了创造性的改造。

　　漫画以事件为中心记载鲁迅的成长过程。画作基于鲁迅本人自述，基于鲁迅人生经历的行为和思考，基于鲁迅个人经历和社会背景间的影响和关联，将图像化的材料串接成叙事链条。于是，作品尽量选择典型事件，通过事件中的人物的动作，人物间关系发展等可视化的材料，再通过事件的重大变故展示和人物动作表情的变化等易于可视化的部分，传达出作家鲁迅精神世界的激烈斗争和心灵的挣扎，形成鲁迅思想发展的脉络。这部画作通过外在的人物活动和场景的变化，来呈现事件发展过程；再通过事件的发展过程体现人物内在的心理活动：或是情绪的变动或是思想观念的变化。这一叙述过程符合视觉感知顺序。其中视觉规律的表达基于外在事件作用在心灵上而产生外在行动的认知逻辑。例如，少年时期在绍兴老家，鲁迅所经历的父亲之死这一人生变故在画作中以多视角得以呈现。鲁迅为寻找良医四处奔波，换得的却是父亲的病越来越严重，最后人财两空的惨境。在这桩材料中，画作有意突出庸医误人对鲁迅日后人生的影响。鲁迅去拜访当地名医，这位名医满口答应，认为鲁迅父亲的病只是小病，并有十足把握可以治愈，开出了奇怪的药方。画作表现庸医的荒唐，鲁迅年幼失父的痛苦和愤懑心情，甚至添加了鲁迅质问和暴打庸医的情景。与鲁迅自述父亲生病过程及其对自己的影响的文字叙述比照，可以看到画作更突出事件中鲁迅的行为和动作，甚至情绪的外在表现。比如少年鲁迅暴打庸医的行为，是画作作者想象和夸大鲁迅因非常气愤而做出的暴力反抗。然而，正是如此激烈的表现，给读者留下深刻印象。

父亲病故这一事件突显的是青少年鲁迅的人生困境，仙台留学时鲁迅遭遇的磨难则集中于被欺受辱的过程，画作中鲁迅所受的凌辱被大大夸张。首先，在学校，鲁迅本人接连两次受到日本同学的霸凌。好几个同学围攻鲁迅并暴打鲁迅，当面骂他是低能的中国人、侮辱他身穿的中国服装。据鲁迅的回忆材料，他在仙台的生活基本上是平静的，他所感受到的凌辱的事件，只有两件：一是被怀疑受了藤野先生的"特别关照"，另外就是幻灯片事件让他感受到同胞的精神凌辱。其实，画作中所描述的直接霸凌事件并不符合事实。画作如此夸张，显然是为了强调鲁迅在仙台受到的欺辱之强烈，使他的弃医从文更具合理性。所以，在画作中以事件为中心，表现事件中那些激烈的行动或者情绪，便于绘画对事件的叙述，也易于让读者理解。

画作不仅突出事件在叙述中的作用，还刻意强调事件中的传奇色彩。或者是突出事件中的偶然因素或者偶发的事件，或者强调事件过程中的反常。日常生活或者是平常日子，由于习惯而被忽略，不会产生特别深的感触或者留下深刻印象。而那些偶然的、不可捉摸的和不可把握的人生际遇，或者是日常生活的反常行为，因为不符合基本事实或者大幅度超出人们接受阈限而成为荒诞或者传奇。反常的、荒诞的，抑或传奇，却是适合漫画表达的素材。这部漫画作品风格定位，即在理性的、有着严密逻辑的鲁迅成长经历中寻找漫画化的表达。如画作中加入一些离奇事件或者偶然的人生际遇：鲁迅家庭变故发生时，偶遇指引道路的智慧老人；不期然发生了幻灯片事件。这些偶然发生的事件可能是天意或神秘力量造成的，在事实、理性和逻辑之外的领域发生，为漫画的自由发挥留下空间余地。这些偶发事件，相对于人们的预期心理意味着突然，意味着突兀反转，或者是多变和陡变等，超出人们能力和难以把握的强烈不安全感。另外一种超常规的表达，即在日常生活或者寻常事件中夸大，以显示极度的不合理甚至荒诞。如对治病的那些药材的罗列和呈现；如表现被霸凌的场景时夸大细节。漫画创作，常通过改变日常的观看方式、改变传送视觉感受信息的渠道和载体，或是改变视觉感知条件，夸大日常或者寻常的现象，让受众感受到扭曲、畸变或者错位，进而更深刻地理解现象和问题。这部画作正是通过突出事件，并通过对事件中的超常、反常和异常的挖掘和夸张的变形的表达，讲述鲁迅走上文学之路的传奇经历。

该漫画作品不仅改写了事件，也改写了承担事件的人物形象。传记中，作为核心人物形象的作家鲁迅，为青少年时代的充满青春激情的形象所替代。由于该画作的传记材料主要围绕鲁迅展开，人物形象在传记画作中单一又集中。为使漫画中的人物形象特征鲜明、为确定形象在画作中的独特性，画作将描摹人物的肖像和表情特色作为重点。该漫画作品突出青少年的鲁迅形象，将其塑造为纯真且具有强烈反抗精神的。而他在遭遇人生困境、生活打击时表现出来的强烈情绪和生动表情，也都符合人生实际经历。

鲁迅作为作家，其激烈的动感表达不在外在的行为，而是在思想层面。画作对人物形象的改编需要增加人物的动作性，通过集中的连续的动作表现人物的独特性格或者典型的精神气质。如孩童时期的鲁迅生活在父母都爱读书的环境中，通过孩子在满是书籍的房间里手忙脚乱又惊慌失措地感受书籍的碰撞的几个场面，生动形象又充满童趣地表达了文学家在孩提时代受到书籍的熏陶和感染（见图7-1）；此番

场景虽然是想象虚构的，却
符合漫画的艺术表达。漫画
作品中的动感也来自现场感
和即时性的表达。除了设置
具体的时空场景外，使得作
家鲁迅形象获得动感另一手
法为设置人物关系。有了具
体的人物关系，人物形象就
有了交流的对象，也有了具
体的关系位置。在表现人物
关系时，画作运用语言交流，

图 7-1 儿童时期在书房的鲁迅形象

推动事件发展和人物情绪的变化。如鲁迅父亲被庸医误诊导致死亡，
细致地展示少年鲁迅求医、医生自信满满地保证治病、医生煞有介事
地开药、鲁迅艰难地找药、用药后父病加重、医生抵赖推脱责任、鲁
迅怒打医生的全过程。这一详尽的过程变化，通过想象补充的细节、
场景描摹，使鲁迅父亲被庸医所误的过程，转换成具体可感的、连续
的场景。

## 三、动作和语言

为了增强表情或者动作的动感表达，漫画通过形态和声像的刻
画，通过某一时段内的节奏改变、视点或者景别的变化，使动态清晰
可见。比如，鲁迅在为父亲寻找那些不常见的草药时，通过弯着腰、
脚踝浸在水里的全景画面，侧着身、伸手去拔草而顾不得擦汗和低着
头的中景画面，试图去擦腮边的汗水的正面特写（见图 7-2），展示了
少年鲁迅为了父亲的病，不辞辛苦百般努力找药的情境；而这几幅画

图 7-2 少年鲁迅为病中父亲寻找中药

为后来父亲撒手人寰时鲁迅的悲痛记忆和悲愤心情做了叙述和情感上的铺垫。作品通过呈现动作的不同角度来增加动感，丰富画面带来的感受性和体验性。例如，在父亲逝世后，处于极其痛苦的状态下，少年鲁迅找不到答案，只好狂奔，狂奔图上方，出现了睁大眼睛，张大嘴巴叫喊的少年鲁迅的特写（见图7-3）。图下方的试图夺路而逃的急切动作和图上方狂叫的表情形成照应，从不同的视点展示蕴积着爆发式的情感能量的鲁迅的表现。这种构图和画风以复制和扩展当下时空中的表情的方式，充分地体现了极致情绪下的定格的动作和表情。第三种方式是通过重复图像中的表情或者动作，或是只通过局部、细微的改变或延展，或是环境元素的增减，甚至构图和色调的变化，刻画在时间上的停滞或者情感上的延宕来突显影响或

图 7-3 鲁迅在父亲逝世后的表现

者效果。如为了表现鲁迅在仙台受到欺凌后的情况，漫画使用了两张差不多同一表情的画像（只有眼睛的睁闭的区别）和两种痛苦垂头的动作的画像（只有手动作的变化或构图上的正斜）（见图7-4），这两张包含重复的动作和表情的画像强调了在仙台的鲁迅遭受意想不到的创伤后的强烈的心灵震撼。以上的漫画手法都在努力扩大动作的幅度，传递激烈的情绪和强烈的视觉效果。它的视觉效果超越了文字材料形成

的相对静谧的氛围，相对稳定
和起伏不大的节奏感，也改变
了传统文化观念下形成的视觉
习惯和认知惯例。

作为一部漫画的鲁迅传记，
在理解和改写鲁迅传记材料的
基础上，还根据鲁迅传记这一
对象特点探索独特的表达方式。
在整部画作中，作为一位反叛
传统文化和具有独立思想的现
代作家，整部画作都围绕着鲁
迅的活动和思考而展开，以鲁
迅走上文学之路的人生经历这

图 7-4　鲁迅在仙台受到霸凌的情景

一线性时间流程为作品的结构形式。鲁迅形象成为画作表现的重点对
象。遵循作家鲁迅这一角色，外在的动作和行为难以全程全面地表现
鲁迅的形象特征，画作在图像中引用了一些特殊的符号，也包括语言
符号，来补充说明，以确保相对完整地真实地传递对象的特征。其中
不仅包括人物间的对话，还包括人物的自言自语和人物所思所想。这
些人物语言的大量引用保留了人物形象的真实性，而插在图画中的
难以被转换和改写的非绘画语言，又通过与那些图像化的漫画语言并
置，使作家鲁迅生平中的痛苦而丰富的人生经历和情感体验、抽象和
深邃的思想、曲折的复杂的心理感受，都转换为可见的视觉表达。

这部改编成漫画的鲁迅传记作品，既以漫画语言来表达文字符
号材料建构的鲁迅形象，又保留着作家鲁迅身上难以图像化的基本特
质。整部画作，以生动、形象和活泼的漫画语言塑造鲁迅形象，在某

些片段和场景的处理上，难免存在过度想象和浪漫化的倾向，还有因强加的滑稽导致不协调的问题。

## 四、语境与氛围

传记作品不仅塑造被塑造对象的形象，也通过塑造形象表达了作者对对象的理解和基本立场。这部漫画作品《鲁迅》不仅改变了文字材料塑造的鲁迅形象，也有别于中国文化立场下的鲁迅形象。由于作者是日本人，面对的是日本读者，画作中体现了日本文化立场下对鲁迅形象的解读。

为了拉近主人公——青少年时期的鲁迅与日本读者的距离，画作开篇就以步入中年、已经成为著名作家的鲁迅的自述展开，以此引入对青少年鲁迅的介绍。如此安排，使读者更容易理解青少年鲁迅故事，即使故事发生地远在中国，也能理解传主为什么选择走上文学之路，以及他选择文学道路的深层原因。为了能在日本读者中产生认同，在介绍鲁迅出生年月时，作者有意地加上日本的历史年号"明治十四年九月二十五日"，"琉球改为冲绳"等日本社会所发生的重大社会事件。这一历史语境的勾连，使读者对鲁迅出生地绍兴的理解和感受，也能依据自己最熟悉和可接近的感受，从而更好地进入阅读氛围。画作中刚出生的婴儿时期的鲁迅形象则完全为日本孩童的形象符号所替代（见图7-5）。而对于材料的选择和剪裁，则强化和扩展了鲁迅在日本生活的过程的

图7-5　婴儿时期的鲁迅形象

影响，有意地增添了他在仙台留学时的遭遇和感受。在构筑日本化的阅读氛围之外，画作还沿用日本漫画的故事模式，将鲁迅走上文学之路的过程转换成典型的日本动漫故事。即在受困和受辱中不断磨炼意志，在不断抗争中思考人生，增长智慧，奋发图强，最后奋起，突破困境，找到人生出路的令人感奋的成长模式。无论是人物的原型还是故事的情节模式明显地受到了日本"耻感文化"①的影响，强调"知耻"在改变命运困境中的强大作用。在鲁迅看到幻灯片中的同胞的悲惨经历和愚昧麻木之后，为了强调鲁迅的痛心痛苦的情感，特意安排了他痛苦到失声痛哭的表现，这种场景和表现不符合中国人的情感表达方式，而能够为阅读画作的日本读者所接受。在画作的审美观念上，也体现了日本文化的影响和表达，在表达人物情感时，"物哀"和"幽玄"及"闲寂"等日本传统审美观念的影响。在人物感受中，常插入一些只有景物或者静物的画面，形如电影中的"空镜头"一样来表达那种深远的意味（见图7-6）。表现鲁迅离开中国到日本的场景时，出现的只有轮船行驶在辽阔大海的画面，正体现了青年鲁迅离开中国，对去日本充满美好想象和期待的心理。在整体风格上，这部改编的画作保留了自手冢治虫以来的日本漫画风格，无论题材是多么的严肃和悲惨，漫画还是努力保持着童真、夸张、幽默和离奇怪诞的表达，以保留漫画作者对题材、现实及对象的理性审视。如鲁迅来到日本东京剪

图7-6　鲁迅离开中国前往日本留学时的意境

---

① 参见鲁思·本尼迪克特：《菊与刀》，吕万和、熊达云、王智新译，商务印书馆1990年版。

图7-7　鲁迅剪辫子后的表情和心情

去了长辫子，被同学讶异的目光包围时，画作中的三幅图表现了鲁迅回应此事时的机敏和幽默（见图7-7），有别于大多鲁迅传记中自始至终贯穿的克制和内敛的性格特征，压抑、悲情的心理状态。即使画作中的环境的象征隐喻，也与整体的画面上的情感基调一致。当鲁迅父亲生病，第一位医生表示无可救治而离开后，为了表现鲁迅四处求医的困难处境，出现了一幅有景深的景物画，茫茫原野上，立着一排亭台楼阁、高墙大院的传统建筑物台阶高筑，大门紧闭，门前则是蜿蜒曲折、伸向不知何处的嶙峋怪石中的小路（见图7-8），作者意在以此表示少年鲁迅面临困境时的无助和迷茫。不管事件过程还是人物动作表情，还是环境场景，画面都能清晰明确地传递作者的意涵，整部画作少有含混、模糊和暧昧的画风。

当然，中国现代作家鲁迅的生平经历、文化心理及行为方式的异域特色，并不是所有日本读者都能理解。而漫画作品作为面向大众的艺术种类，在为鲁迅画传时只能有选择地整合和改写。在解释鲁迅离开家乡的缘由时，画作突出了父亲的病及中医的误诊，表明这段经历对他日后人生的深刻影响，而于父亲得病时更为复杂的家庭变故和中国社会历史背景只是简略提及。画作为鲁迅弃医从文离开仙台增添了更为充分的理由，即他在仙台多次受到霸凌的经历。画作通过改编强调鲁迅和日本文化的联系和与日本人的交往，以加大日本文化对鲁迅的接纳和认同。

日本漫画的鲁迅传记较之文学的鲁迅传记不仅传播得更为迅捷和高效，更是立于日本文化的他者视点，对中国作家鲁迅进行解读，以寻找适切的角度和距离进行文化沟通。这部画作说明，即使通过日漫方式改编和重塑鲁迅形象还存在可商榷之处，它毕竟提供了一个新的视点来理解鲁迅形象和鲁迅的精神价值。使用生动鲜明和形象的日本漫画语言讲述鲁迅生平故事，使得被讲述的鲁迅故事和日本文化身份的画作者和读者间构筑了交流空间。这一自我和他者间参与构建的鲁迅形象，也成为东亚文化圈内的共有文化符号，在各自不同地域和文化的阐释中获得各自的阐释可能空间和精神价值。北野英明的漫画作品，提供了理解鲁迅的改编范例。

图7-8　鲁迅家庭陷入困境后的景物画

## 第二节　《漫读鲁迅〈阿Q正传〉》中的鲁迅形象漫话

鲁迅形象传播过程中，文字和影像（包括图像）形成两条不同的途径，分别诉诸不同价值导向、受众群体和渠道载体，表现为具体又丰富的多种状貌。当代中国已有版画、油画、连环画、雕塑等画像鲁迅形象，还有电视剧，电影等多种动态影像的鲁迅形象，不同媒介和载体的鲁迅影像深受当代中国的文化艺术观念的影响，并随着文化背景的演变而发展。同样，鲁迅形象在日本的传播也与日本的历史环境、社会发展及特定的文化艺术氛围紧密关联。太宰治、竹内好、丸山升、伊藤虎丸、北冈正子和藤井省三……一代又一代日本作家和学者，都在努力寻找中国现代作家鲁迅的精神价值，以及与日本现代文化的互动和交流，形成鲁迅形象谱系，表达对鲁迅的独特理解。而在日本知识界之外，日本民间也在广泛传播鲁迅形象，并且更具亲民性和亲近感。日本高度发达的动漫文化，也参与到鲁迅形象的改写中，漫画改编鲁迅作品成为塑造鲁迅形象的一种"有意味的形式"。日本漫画作品《漫读鲁迅〈阿Q正传〉》中的鲁迅形象，在探寻新文化样态的日本鲁迅形象系列中体现出"猎影"式表现形态和"日式情趣"的解读方式。

## 一、关于《漫读鲁迅〈阿 Q 正传〉》

名为《漫读鲁迅〈阿Q正传〉》（以下简称《漫读》）的漫画小册子，其内容除了《阿Q正传》漫画画作外，还包括改编成漫画的鲁迅作品《藤野先生》《狂人日记》《头发的故事》《明天》，整部作品共包含五部鲁迅作品的改编漫画。这些原本独立的作品在漫画书中被串连在一起，被视为鲁迅弃医从文后回到中国，不忘仙台的人生体验和藤野先生的鼓励，进而将其转换成强大的精神力量，并通过文学创作来改造国民精神的人生传奇故事。作者赋予这五部作品共同的创作动因，将它们整合成一部作品。虽然这样的整合在逻辑上有些牵强，却也体现出漫画改编作者对鲁迅及其作品的另一番理解。漫画在日本被视作"轻小说"，在生活节奏越来越快的现代社会中，读者群日益扩大，选择用漫画改编文学名著，以此延续文学传统、扩大文学名著在读者中的影响力，这一文化实践符合日本的文化需求。该作品由"Varity Art Works"（综合艺术坊）出品。这个着力于改编文学名著的漫画工作坊，改编了夏目漱石、森鸥外和太宰治等现日本现代作家的作品。《漫读》运用强化特征、高度抽象的典型漫画语言，通过连贯叙事和鲜明的形象，将文学作品改编成漫画作品，浅显地和概括地介绍鲁迅及其作品，推广鲁迅在日本读者群中的影响。

日本学界的鲁迅研究已有深厚积淀，然而，鲁迅作为外国作家，日本大众读者理解其作品难免存在隔膜。选用日本民众广泛接受的漫画艺术重新"编译"鲁迅作品，既体现日本读者阅读鲁迅作品的需求，也折射了鲁迅形象在当下日本文化中的传播形态。基于读者定位，整部作品以漫画语言简介鲁迅的生平信息和作品，串接鲁迅小说的内在理路。鉴于宣传和推广的目的，作品在体例安排上，并不追求系统、完整和严谨的结构，只是根据日本非专业读者的理解来编排篇目。这一改编作品亦超出漫画故事书的文本形态。首先，扉页的介绍中，补充漫画作品文本之外的信息，特别提到在《新青年》上发表的《狂人日记》，并提及鲁迅的小说《孔乙己》和《药》。此举目的在于扩展鲁迅作家情况和创作信息，此两篇小说并没有出现在小册子中。其次，被改编成漫画的五部作品体现了改编者对鲁迅创作的理解和归纳。其中，《狂人日记》和《头发的故事》以知识分子为主体形象，这两部作品与鲁迅经历有同构关系。而《明天》和《阿Q正传》则以鲁迅故乡的故事为题材，反映了中国农民的悲惨遭遇，代表最广泛的中国民众生活。这些故事以中国社会为背景，反映人民的苦难生活和反抗无果的社会现实。作品的编选体现了漫画改编者对鲁迅文学创作价值的认知：鲁迅被认为是反映辛亥革命后的中国社会现实并为解决社会问题进行努力探索和抗争的中国作家。最后，篇目的安排表明了推广鲁迅文学作品和加大鲁迅传播力度的意图。这部漫画册子将《藤野先生》中的鲁迅日本求学经历和他的创作联系在一起，以此拉近鲁迅这位中国作家与日本读者间的情感距离，便于读者走进作家的精神世界，更容易理解鲁迅作品。显然，这种编排适合日本读者阅读。鲁迅生平信息和作品选取及其漫画"改造"，既是日本文化对鲁迅作品的理解，也是出于表达方式的需要。

竹内好认为鲁迅的作品具有明显自传色彩，"所有的作品都是自传，所有的自传都是作品"①。如果探寻鲁迅作品的自传性，鲁迅的日本经历在其创作中具有非常重要的作用。本书的篇目的编选、体例的安排、作品的阐释都体现了鲁迅及其作品在日本的影像传播逻辑。日本民众心目中的中国现代作家鲁迅及其作品与日本民众对漫画作品的精神诉求相关联，作品中的鲁迅被塑造成有反抗勇气和精神担当的英雄作家。

## 二、传奇形象：精神斗士和苦难者

《漫读》中的作品及其形象均改编自鲁迅作品，因漫画语言系统的表意性和想象力，改编后的文本成为不同符号和异域文化下的新作品，体现了接受、理解和阐释的差异性和创造性。从鲁迅文学原作到改编漫画作品，形象和事件成为改编的两大元素。

文字和图像作为两种不同符号系统，在反映世界和表达情感时表现出不同的特点。当鲁迅小说原作被转换为漫画图像语言时，为适应图像语言表达的肯定、明确和清晰的特点，在改写和转换中不得不牺牲文字符号的抽象和深度。画作选择适合漫画特点及其表现优势的改编手法：简化作品呈现过程，放弃小说原作中的复杂叙述，集中提炼适合图像的语言，充分发挥漫画的简洁、直接和夸张的审美效果。由此，这部改编的漫画作品面对鲁迅原作中深邃的思想、悖论的思维和复杂表达进行了直观和简化处理，利用漫画的抽象性、象征性和符号

---

① 〔日〕竹内好：《从"绝望"开始》，靳丛林编译，生活·读书·新知三联书店2013年版，第7页。

化的绘画语言，使改编后的文本变得简单、浅显和直露。改编过程中基本遵循简化、鲜明和清晰的基本原则，集中体现在人物形象的再塑造和情节设置上。

为迅捷地进入漫画叙事，全文先罗列了改编作品的登场人物，突出了小说中的人物形象。从小说到漫画的改编，首先是以人物活动为中心的漫画故事。整本书册中，除《藤野先生》外，作品中的人物形象可分为两组：一组是《头发的故事》中的 N 先生和《狂人日记》中的"我"。《头发的故事》原作中的对话推动情节和刻画人物的叙述手法被放弃，作品被改写成剪辫子后的 N 先生回国后的人生经历。N 先生在国内被视为异端，不得不经受被歧视和被嫌弃的、不被国人理解的遭遇。《狂人日记》中狂人的叙述被改换成对其疯癫过程的直接呈现，重点表达狂人的精神世界，他极度怀疑自己身处吃人的世界中，并怀着随时被吃的恐惧。这两部作品放弃了小说的叙述故事的方式，转为呈现主体的行为过程，表现具体行为时的言语和动作。作品通过漫画描摹动作和语言，通过线条、体积及比例突出表情和情绪，演绎遭压迫和反抗的人生经历。小说中人物行为的缘由，在改编中被省略和简化，被径直表达为具有合理性的反抗言行。借此手法，作品中的人物形象被肯定和被突出。漫画作品是在假定所有读者都将接受人物行为的潜在语境中而得以成立。另一组人物形象是《明天》中的单四嫂子和《阿 Q 正传》中的阿 Q，他们作为中国农村社会中处于底层的农民形象，代表的是需要被拯救的一类人。漫画作品删去小说中人物生活的社会环境，淡化人物受压迫受奴役的生活境遇、精神状态的社会成因，集中在人物形象的即时性和在场化，突出人物遭受的苦难和欺辱。

漫画作品中的人物形象塑造，不仅需要精简和提炼时空元素和各种环境元素，更需要将人物形象的动作语言外化成各种视觉绘画语言。漫画作品舍弃大量的叙述和说明，具象呈现原本抽象的、存在于想象中的内容。当《狂人日记》中三四个青面獠牙、圆睁着眼睛的吃人形象簇拥在一起时，读者内心就会充满了与狂人一样的恐惧感；《明天》中单四嫂子怀抱着的生病的宝儿被阿五抱走，她跟跄地尾随其后时，读者的情绪也随之起伏。

小说的漫画改编的另一手法是减少心理活动，或者把心理活动外化为可视对象景象或目击行动。如阿Q关于革命党到来的梦，直接体现为眼前所见的图像，真实可感。《明天》中宝儿过世的情节，被分割成单四嫂子抱着宝儿看医生、路上遇到阿五抱宝儿、邻居帮忙给宝儿收殓三段可视化的情节。为了让作品更为集中，漫画将《狂人日记》小说原作中的前言尽数略去，简化了繁复的多层叙述而成为线性发展过程。画作专注于狂人疯癫过程，将原作转变为疯癫想象世界的全息展示。狂人大量的心理过程不易被改编成清晰的单一情节，画作并列地呈现狂人想象的各种吃人图景，串成疯癫精神的脉络，把跳跃的、陡变的思维变成形象化的精神幻象，这一转换符合疯癫状态的表现。原作有大量狂人疯癫的心理活动，这一部分只能诉诸思维，难以诉诸视觉感官，画作将其转换为对外在行动和表情动作的表现。而在内容上，减少小说中狂人的各种离经叛道的反思，努力传递狂人发狂时的空间意象与物体的印象，将环境场景化，并赋以氛围，或者进行意象的外化，以此真切地、突出地、夸张地表现周围及狂人自己的动作和表情，使读者强烈地感受狂人疯癫状态中的精神世界。不管是作为失败英雄的知识分子形象还是苦难承受者的底层百姓，漫画的改编带来了更直观的视觉感受和更直接的心理撞击。通过简化、集中和强化，漫画语言使形象愈加鲜明和单面，更加直接且具有冲击力。这种改编在带来视觉冲击的同时，也会削弱小说人物形象的繁复和丰富的精神世界。

因不同的语言系统和审美观念，鲁迅小说改编的漫画作品通过删减、改造和转换等手法塑造人物形象。鲁迅小说重视人物性格和心理，漫画改编时，则转为运用通过动作语言和表情塑造人物形象的创作手法。漫画作品常通过强化和突显外在特质，或者重复固定标志性的动作，突出人物形象及其鲜明性格。如画作中的头戴破毡帽、衣衫褴褛、胡子拉碴、手足无措，且常在俯视视角下的阿Q形象；在图画的一侧斜侧着脸探出来、戴着黑色边沿的小圆帽、睁着怀疑又惊恐的大眼睛的狂人形象；以及头发凌乱、戴着圆框眼镜、唇上胡子向两边恣意生长的藤野先生等，这些形象都抓住了人物特征，是让读者印象深刻的成功范例。

### 三、离奇情节：悲情的孤独反抗和悲惨的底层受虐

除了鲁迅作品的形象特征外，《漫读》还集中体现鲁迅作品中离奇的故事情节，选取有关知识分子反抗经历和寻常百姓受苦受难的故事，在改编中强化了矛盾冲突。

为突出知识分子的激烈反抗，画作突出环境的黑暗和文化传统的强大，以反衬反抗行为的不同寻常和悲壮。为形成有质感的画面效果，改编时常有意突出反抗者处境中的巨大反差。如为了使人物行为举止处于更为极端的环境中，改编后的漫画作品还集中提炼了围绕着这些人物行为而展开的各种对抗的力量。在《狂人日记》中，狂人"我"被置于在阴森幽闭的背景下，周边遍布着围观者目露凶光的眼神，周遭满是或隐或现的各种阴毒而残忍的迹象。吃人的人和被吃的人都混迹其中难以分辨，唯有"狂人"清醒认识到其中的险恶，在黑

暗中保持敏感和清醒，不断有各种"发现"。这一环境中的惊悚感觉造成的恐怖和震惊形成了强烈的视觉效果，如此巨大的反差也烘托出知识分子反抗的决然和悲怆。同样，《头发的故事》也通过反差和突兀表现特点和差异。如表现剪掉辫子的留学生强烈感受到周边人的不解时的图绘，就充分地展示了这一创作倾向。这一场景中，先出现了三幅中国江南水乡的祥和喜乐的寻常生活图景，有在水里悠然撑船的，有在岸边怡然赏景的，有热闹集市的买卖，也有茶馆里的欢快畅谈，而当一位没有辫子、穿着西装的男子穿过人群时，所有的人都一致地流露出异样的惊愕的表情，并列的两幅小图分镜头重复强调了类似的感受和表达（见图7-9）。身处传统风气依旧浓厚的中国社会，剪掉辫子所遭受的强烈冲击，转为呈现没有辫子的人的尴尬、先行者被庸众所排斥的场景。图中，穿过人群而来的知识分子形象被置于图的中心，显得高大而孤独。这样的构图和编排让读者直接感受新旧文化冲撞的具体表现，以及主人公对抗旧文化和习惯势力的悲壮色彩。这些漫画作品从鲁迅小说原作提炼出核心情节，集中地表达了鲁迅所塑造的先行的知识分子孤独反抗时的悲情。

　　鲁迅作为有着强烈民族情结的现代作家，始终以反映中国的现实社会为己任。他塑造的知

图7-9　剪掉辫子的留学生在人群中

识分子，被视为担当历史使命的勇敢而孤独的反抗者。而底层百姓的故事，在改编后的漫画作品中，突出他们贫穷拮据的生活和被侮辱的精神，来说明他们所受的迫害之深重和命运之悲惨。《明天》中的单四嫂子是位农村寡妇，幼子阿宝是她生存的希望。但是阿宝偏又生病，夭折，她生活孤苦，完全得不到救助，只能深陷在无望中惨然地等待明天的到来。画作《明天》一一呈现单四嫂子经历的悲惨事件，表现其极端悲惨的境遇，突显其孤立无援的人生境遇，让读者体会其超绝的悲苦。而《阿Q正传》中对阿Q入狱的情节改编，略去小说中叙述者的转述，人物活动直接在漫画中呈现，让读者感觉到阿Q被捕和被杀的极度不幸。画作中，直接呈现举人老爷和把总密谋抓捕的情节的场面，再现举人老爷置人于死地的阴险残忍。把总大人的轻蔑、他和举人老爷的云淡风轻，以及两位的语言动作都在图中显露无遗。另外，情绪化的绘画效果的添加，更是直观再现权威者的凶狠无情，使读者深切领会到阿Q任人宰割的社会地位（见图7-10）。画作突出表现了作为底层百姓，不管是单四嫂子还是阿Q，都没有平等做人的权利，而社会的强烈不公和不合理是如此强大，底层百姓毫无反抗能力，只能默默地忍受被侮辱、被宰割的痛苦，他们的命运才会如此悲惨。

图7-10　把总和举人老爷谋划

　　《漫读》所选取的情节符合日本漫画故事中英雄传奇的情节模式，围绕着主要人物的经历设置情节，放弃了原作中的模糊、跳跃，使得纳入画作中的故事变得连贯，降低理解的难度，符合日本非专业读者对鲁迅作品的接受心理。不过，画作的情节改编无法表现鲁迅作品的叙述魅力，也降低了鲁迅原作的深度和力度。

### 四、审美特色：动作化、场景化和情绪化

在集中转换原作人物形象和情节模式的改编基础上，《漫读》更以漫画语言符号强化了画作的漫画审美特征。

首先是动作化。较之文字语言为艺术符号系统的文学作品，改编后的漫画作品突出了动作化特色。受 20 世纪六七十年代以来的日本现代漫画传统的影响，该作品也强化了各种动感表达。在画作的排版上，完全放弃了古典漫画的单幅绘画编排，而采用类似于影像的分镜头排版。如《阿 Q 正传》中阿 Q 欺负小尼姑的那一小节，首先用两小幅画分别展示阿 Q 试图欺负小尼姑的表情动作，和此时小尼姑充满惊恐的神情动作；再以一幅画把两位人物还原到全景中，展示周围人冷眼旁观和冷嘲热讽的旁观场面；再用分立的三幅画展示阿 Q 无所顾忌又得意忘形地把手指伸出来，小尼姑被捏着腮帮子的侧面画和表情因痛苦而变形并发出惨叫的正面画（见图 7–11）。如是设置排版，不仅使得这些画面完整地展示了事件过程，也表现了画面各自不同角度所代表的不同立场，使不同视点所展示的画面间产生相互映照和相互阐释的作用。漫画的分镜头图示，通过不同

图 7–11　阿 Q 欺负小尼姑

景别、不同视角和不同立场的画像组合拥有了事件发展中的内在节
奏，使这些图画间时间意识得以体现，使得静态的漫画因为蒙太奇效
果而充满了内在的紧张。漫画还会通过视角的变化（如俯视或者仰视
视角）来强化主观感受。如《狂人日记》中为表现吃人者和被吃的人
的对立关系，用俯视视角和仰视视角分别代表吃人者和被吃的人的视
角。通过这两种对立的视角的设置，形象地展示了吃人和被吃的关系
（见图7-12），以突破现实的方式夸大了人物的表情、动作或者效果，
以分离、变形或者突出感受，造成强烈的艺术效果。为呈现狂人的主
观臆想和深切感受，画面以密匝匝的周边人容貌和表情为重点，尤其
是以夸张手法描画的黑白分明的眼睛，被夸大地显露出来的近乎变形
的牙齿，突显狂人紧张和惊恐的主观心理。当他臆想这些吃人者时，
他们存在的背景都被涂成漆
黑一团，以表明他们阴森可
怖的形象。日本漫画常通过
有意放大主体在空间中的正
常比例的方式突显主观的情
绪。如以《明天》中宝儿死
后，刻画单四嫂子对儿子的
无尽痛惜时的表达为例，在
丰子恺的画作中，用一张单
四嫂子对着横躺在面前的宝
儿不断垂泪的图来体现此时
的心情（见图7-13）[1]。而《漫

图7-12 《狂人日记》中狂人的心理感受

---

[1]　肖振鸣编:《丰子恺漫画鲁迅小说集》，福建教育出版社2005年版，第220页。

读》中的《明天》则用两张单四嫂子睁大眼睛和流着眼泪的脸部特写，中间夹着一张死去的宝儿闭着眼睛的脸部特写，此时情绪表达已成为视觉关注的中心，强化突显了人物强烈的情绪（见图7-14）。所有突出动作化的表现却也是强化情感和心理世界的日本漫画的基本特色之一。两个作品对比，容易发现丰子恺的漫画是全景图，单幅画有中多个人物，并在人物与人物之间形成特定的结构关系，甚至提供背景。如通过人物的衣着、行为、姿势透露时代、年龄等社会信息。而日本漫画以抓取特写的手法，通过多幅图画来回闪现单四嫂子和宝儿的面部表情，强调了巨大的不可抵抗和无法自拔的悲痛。丰子恺画作用较写实的风格表现了中国画中情感表达的克制

图7-13 《明天》中单四嫂子在宝儿死后的情感表达

图7-14 《明天》中宝儿死后的场景

和内敛，日本漫画强调强烈情绪的特征则体现了日本文化着意于情境的激烈的情感表达。丰子恺的画作表达的是静态瞬间场景，而《漫读》中的漫画则呈现了动态影像手法。

其次是场景化。改编漫画改变了静止化场景，形成了对抗或对立的场景化效果。这也是矛盾冲突在漫画中的直接体现。鲁迅小说，为突出传统力量的强大和传统社会的难以改变，常把社会环境视为稳定的不可改变的静止状态并进行批判。在鲁迅小说的改编画作中，大量

的绍兴江南水乡，或者是传统青砖黛瓦的府第居所是常见的背景图，这种背景图往往在改编作品的开头出现，并作为一种不变的、不可更改的背景而存在。而随着人物形象的塑造深入或者情节的发展，人物活动的近身场景常被忽略。但是在此画作改编中，围绕着人周边的环境氛围，不管是人还是物所构成的环境空间得到了强化。如在《明天》中，当邻居们听说宝儿死后，开始穿街过巷地涌向单四嫂子的家，先是一幅外景的画，而后是进入单四嫂子家后的一幅背影图，图上有一位叉着腰的中国农村妇人和几个后脑勺，右上角还有单四嫂子俯身在桌上的图景，再是那些后脑勺转过来的正面脸，他们整体的或者部分的木然的大眼睛和冷漠的表情（见图7-15）。通过这三幅画就体现了

单四嫂子家居环境及周边的人际环境，这些小说原作中需要通过叙述补充说明的场景化的部分，通过几幅更为具体的环境得到了充实，从而使得人物形象的真实感大大增强。场景化的另一手法是通过增加声效的方式来加强场景

图7-15　《明天》中宝儿死后，邻居涌向单死嫂子家

效果。或是通过画面上内嵌的人物语言，使得人物形象表情动作通过绘画语言得以体现之外，还增加了声音语言这一维度，更多面地表现人物形象，使读者了解更多的人物信息，更多角度理解和感受人物在此时此景中的表现，人物对话语言的添加增加了人物形象的表现力。

或是通过一些象声词或者拟声词，这些词内嵌在画面中，并不具备特别清晰的含义，但是能有效地记录和传递现场即时的情绪，这些情绪反应却是环境（包括周围环境和人际环境）作用于人物效果的体现，也是组成环境的一部分。内嵌于画面的情绪的拟声词和象声词有效地增强感染力和真实感。除声音之外，还会运用色彩的明暗和黑白来增加现场感受。如常规的、合乎逻辑的和情理之中的画面一般背景是白色，如果遇到突然的变化，突发的事件或者强烈的负面情绪，就会通过全黑的背景表明这些不寻常情况。以阿 Q 欺负小尼姑的场景为例，原本当咸亨酒店的闲人拿小尼姑寻开心时，阿 Q 只是一位无关紧要的旁观者，而当他陡然间起了心思时，紧接着这两幅画的背景就全黑了（见图 7-16）。这种情况类似于电影作品中的黑白影像和彩色影像的切换。

　　最后是情绪化。这一漫画作品中常有瞪大了的眼睛、大张的嘴巴等许多突显感官的表达。此外，为了突出激烈的情绪，如高兴、害怕，往往会添加指代性的符号。如《阿 Q 正传》中小尼姑在咸亨酒店被人围堵受辱的场景：画面中间位置的小尼姑手里提着竹篮，周围的人说着各种怪话，或者做出各种表情，小尼姑低眉顺眼，苦着脸站着，她的肩膀边上显着两条线，表明此时的她内心已经非常害怕了（见图 7-17）。而眼

图 7-16　背景明暗变化表现阿 Q 心理转变

泪汪汪或者大汗淋漓的画面常在
漫画作品中出现。如《狂人日记》
中狂人被确定为癫狂的迫害狂想
症之后，更加怀疑周边的人怀有
预备吃他的恶意，此处出现了张
大嘴巴和凸爆眼睛的盘中大鱼
头（见图 7-18），通过夸大这一
死鱼物象的手法表现了狂人的心
理状态，这番表达超出了合乎常
理的观感，却达到了准确描摹狂

图 7-17 《阿 Q 正传》中小尼姑被围
堵和调戏

人心理的效果。感觉常常是难以名状的，难以用明确的语言或者特定
的画面来表达，或者表达难以到位。使用一些辅助手段可以增加漫画
的画面信息，也表明了感觉是真实且不可或缺地存在着的。除了增加
感官在画作的地位和分量、突出和增加感觉的表达存在之外，还有意
突出感觉所产生的现场效果。这一表达也说明感觉不是可有可无的，

不同感觉产生出不同的效果，甚至
将会改变事件的结果或者过程的走
向。由此，感觉效果的具象化和细
节化在漫画作品中也越来越被重视
和强调。日本现代漫画通过一些自
然景物的画面，或者只有一些符号
而没有实在内容的画面表达感受到
的效果。这样的画面通过象征、隐
喻等修辞手法来表明感觉的不可言
传。《漫读》中，在感觉效果的呈现

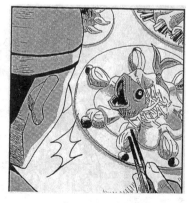

图 7-18 《狂人日记》中用死鱼眼
睛表现狂人的心理

上，不断地运用灰暗天空来表达凝重的心绪和压抑的心情；或者用密集型的线条和无规则的团块来表明受压迫和被动地位所产生的紧张和焦虑。以上的方法说明该漫画作品一方面强调现实表达之外的客观记录，另一方面也在强化心理和情感层面的主观表达。而鲁迅小说改编的漫画作品因为矛盾激烈，需要在对立双方人物塑造中体现激烈的情绪和强烈的情感，而能够真实地有效地表达这些心理的手法，其通过绘画语言进行有效的外化。落实在绘画语言上，既需要运用本点线面、色彩浓淡等基础绘画语言，同时也需要运用更多适应现代社会审美手段的绘画语言，譬如对电影的镜头语言的借鉴和运用。

　　日本漫画受超现实主义风格和电影艺术的影响，逐渐形成了"和魂洋才"[①]的典型特征。《漫读》这部漫画作品，无论在主题价值还是基本绘画风格上，都有别于中国当代由鲁迅作品改编的连环画。中国的通过绘画形式改编的鲁迅作品，都隐含着时代、历史或政治意识形态的内在诉求，在形式上延续中国传统绘画静穆、留白等基本特点。而《漫读》在尊重鲁迅原作的基础上，体现出运用漫画这一时尚手法，向大众传播鲁迅作品的努力；在延续日本"新漫画"传统的基础上，以为日本大众易于和便于理解的鲁迅形象为创作目标。改编具体实践中，因文字符号向图像符号的转换，又因为国别、文化传统的差别，表现出体现日本现代漫画风格和日本的鲁迅形象的创作倾向：力图遵循漫画审美的内在规律进行自我表达，形成鲜明和深刻并存、激情和感觉外化等创作特色。《漫读》的改编沿袭了日本漫画传统，把鲁迅作品视为外来文化，在表现鲁迅作品中的具体环境和内在文化传统时可见文化隔阂，画作所形成的"民族的作家英雄"形象是对鲁迅真

---

① 〔英〕保罗·格拉维特：《日本漫画60年》，周彦译，世界图书出版公司2013年版，第18页。

实形象的简化，塑造了充满焦虑、坚持精神抗争的鲁迅形象。但是，这部从日本文化视角再塑造鲁迅形象的作品，从他者立场切入鲁迅的精神空间和文学世界，为阐释、发现、理解和传播鲁迅形象提供了新思路。

## 第三节　小说《惜别》、剧作《远火——鲁迅在仙台》和漫画《鲁迅》中的"仙台鲁迅形象"

自 1902 年至 1909 年，鲁迅在日本留学 7 年多。从 1904 年开始，在仙台医专约一年半。在仙台学医的这段经历，是他融入日本社会、密切接触日本的一段人生经历。这段经历在他后来的自述中，在《呐喊·自序》和《藤野先生》中得以复现。这段经历既是日本作家和学者理解鲁迅的起点，也成为日本鲁迅形象塑造的基础。太宰治的小说《惜别》、石垣政裕的剧作《远火——鲁迅在仙台》、霜川远志的剧作《鲁迅传》、井上厦的剧作《上海月亮》及北野英明的漫画《鲁迅》和另一部漫画改编作品《漫读〈阿 Q 正传〉》从不同层面讲述了鲁迅"在仙台"的故事，它们共同构成了"在仙台"的鲁迅形象。本文以太宰治的小说《惜别》、石垣政裕的剧作《远火——鲁迅在仙台》和北野英明的漫画《鲁迅》三部作品，讨论不同艺术形态对"鲁迅在仙台"的想象，探讨作品中的鲁迅形象与创作者对鲁迅形象的不同解读。

### 一、空间意象

鲁迅在不同的"在仙台"文本中，感受到仙台不同的自然环境和人文氛围，形成不同的空间意象。彼时的仙台社会场景和空间意象给定了鲁迅形象的前景和背景。在这三部作品中，分别呈现了边缘化、自我化、故事化的仙台空间。

太宰治的《惜别》中以边缘化的仙台强调了仙台的陌生化、差异性。小说回溯到鲁迅留学仙台的 20 世纪初叶，那时的仙台是社会风气逐渐开放、逐渐消除闭塞，却依然保留着许多传统特色的荒僻地方。"这个东京来的奇怪的学生到底要和我说什么呢。我很不安，可对方好像完全不在意我的态度，就像是我的长官，自说自话地走在前面，我这个乡巴佬插不上话，只能苦笑着跟在后面。"[①]作品中，来自东京的学生会使生长在仙台本地的学生产生如此之大的心理压力，潜在地表明东京和仙台，既有中心城市和偏远乡郊的对比，也存在地域上的文化差异，甚至还有潜在的不平等关系。于是，在两位来自不同的地域的同学间，产生不同的心理效应，而影响到他们各自的行为选择。在太宰治的笔下，相较于中日的国族身份，他更在意东京和仙台的地域差异。此时的边缘化的仙台，表现出趋向中心的焦虑，在日本进入现代化的时期，仙台学校里一部分同学的军国主义思想、仙台的消费娱乐生活等都被作为新的时尚的一部分，仙台表现出改变地方性、努力追赶东京生活的新仙台气息。另外，仙台依然留存了强大的传统，表现出质朴的、充满了古典人情味的仙台生活。鲁迅在情感上倾向于接受具有传统特色的仙台生活。强大的地方传统和新时代气息冲突又融合的仙台精神气息，与既保留古典传统又追求新思想的鲁迅的精神气质是吻合的。鲁迅来仙台的目的是学习医学。"从《明治维新史》得知，兰学学者多数是医生。有很多是为了学习西方医学开始学习荷兰语。对日本民众来说，先进的医学和他们的生活关系最紧密，也是他们最需要的。治疗身体的疾病正是民众教化的第一步。待我医

---

① 〔日〕太宰治:《惜别》，杨晓钟、吴震、戚砺婉琛译，陕西人民出版社 2017 年版，第 47 页。

学有成，我要回国去治疗那些同我父亲一样，被中医欺骗只能等死的病人。我要治愈他们的疾病，让他们相信科学的力量，把他们从愚蠢的迷信中解放出来。"[1]《惜别》中，在仙台学医的鲁迅相信学习医学能接近西方科学，西方医学内蕴着西方科学的思想和力量。学医学的观念，维新的现代理念也来自东京。对鲁迅来说，学医只是手段，他最终的目标是选择能够拯救贫弱国家和民族的人生道路。在他内心深处，始终不能舍弃返回中心的理念。地处边缘的仙台，虽然暂时让鲁迅避开在东京的厌恶和不满情绪，但不能使他放弃中心的念头。他远赴偏僻的仙台学医，却在后来被证明学医不能让他实现拯救国族的愿望，最后他只能选择离开了仙台。在仙台与东京的中心和边缘的设定中，处于边缘的仙台，在鲁迅人生选择中只作为暂居地。在太宰治的《惜别》中，仙台的边缘性不仅体现在地域上，更体现在日本现代化进程中的政治定位上。

　　剧作《远火——鲁迅在仙台》则提供了另一视角的仙台空间表达，一个具有自我属性的仙台空间设置。与《惜别》的小说艺术表现不同，剧作《远火——鲁迅在仙台》则是以充分的剧场感和现场感，展现了仙台的空间意象和空间意识。这部剧作旨在表达鲁迅当年和仙台人民的情谊，强调仙台人民和鲁迅之间的交好，故而把重点置于鲁迅与仙台人共同经历的事件。创作者努力表达的是青年时代的鲁迅如何融入仙台的社会和生活。剧作中在场的仙台即在地的仙台。剧作通过剧场复现视仙台为已经凝固和静止了的过往时代环境和生活环境，并把鲁迅拉回到已经逝去的仙台空间中。戏剧作品的环境除了必要的戏剧背景的设置外，剧作中人物活动和人物关系所构成的社会环境和时代氛

---

① 〔日〕太宰治：《惜别》，杨晓钟、吴震、戚硒婉琛译，陕西人民出版社 2017 年版，第 38 页。

围则是更为活态的仙台空间表现。《远火——鲁迅在仙台》中，除了鲁迅居住的房子之外，还设置了仙台医专和仙台的剧团两处场景。剧作以主要人物行为和语言来推动剧情发展，具有很强的现场感。为同感于鲁迅的弱国子民的心态，剧作虚构了许多底层百姓受苦受辱的社会事件，如剧团演员光三郎受欺压、流浪儿清之助被污蔑偷钱等。在仙台发生的不平等不公正的社会现实，使人联想到同一时期的中国社会。剧作设置的仙台社会空间，使鲁迅能够同情和理解仙台人民，在共同反抗黑暗势力的过程中结下深厚情谊。由此，青年时代的鲁迅在仙台这一地理空间中，也会产生对故国家乡的思念。剧作《远火——鲁迅在仙台》以人情关怀和人道主义的思想确立了鲁迅与仙台人民的感情。而关于鲁迅在仙台的中国现代化之路的探寻，使国家摆脱强国殖民、民族摆脱异族歧视的鲁迅形象，在仙台空间中缺位。《远火——鲁迅在仙台》中的场景，呈现的是成年作家鲁迅的记忆，流露出的是温暖的感情。关于仙台的记忆，与鲁迅家乡的印象有不少相似之处，让他感觉既熟悉又新鲜。《远火——鲁迅在仙台》通过仙台空间的自我呈现，显示了仙台向鲁迅开放的姿态以及仙台人的友好也展示了充满人情味的仙台人文空间。

太宰治的《惜别》和石垣政裕的《远火——鲁迅在仙台》都以真实的仙台为基础进行空间设置，即使在作品中的改写有所发挥和想象，也不会偏离历史事实和空间实景太远。这两部作品中的仙台，只在合乎逻辑框架之内进行充实和合理的想象。北野英明的《鲁迅》中的仙台空间设置，则有更大的发挥，融入更多的当下的审美视点。漫画叙事结合文字和图像两种语言共同构筑了新的叙事形式，既运用文字进行抽象表达，又兼具图像的具象表达和指示性。但北野英明的漫画《鲁迅》中的仙台空间，减少了广阔的历史场景和社会图景，也淡化了鲁迅和仙台民众之间的关联。该漫画在表现仙台时，将自然物或建筑物作为主体，人物或被推至远景，或者被符号化置于画框的边角处。为体现在仙台的鲁迅所受到精神历练和情感磨难，突出设置了孤独的、冷寂的荒野图景：大多是暗夜、长路还有默默伫立的零星树木；如果有房屋，也是单独置于野外的环境（见图 7-19）。画作中鲁迅独处的空间设置，表现了鲁迅在仙台被孤立、被隔绝的感受（见图 7-20）。

图 7-19　以自然景物或建筑物为主体的仙台空间设置

图 7-20　鲁迅在仙台独处时的空间设置

当鲁迅和人共处时，常处于逼仄受迫的和被挤压的位置（见图 7-21）。

图 7-21　鲁迅在仙台与人共处的空间设置

　　如此空间设置，都是强调鲁迅在仙台生活时，在社会空间中处于被动的位置，甚至有可能成为暴力的承受者。漫画的语言强化了鲁迅自述的受辱和痛苦的记忆。

　　以上的空间设置基于地理位置、具体事件、对于鲁迅人生的影响等基本事实，因着各自不同的创作意图、表达方式或语言符号，表现出各自不同的仙台空间内涵和审美价值。

## 二、叙事视角

　　鲁迅在仙台的经历，被日本文艺界以不同的艺术语言重构，作品的叙事手法、叙事视角深刻影响了作品的表达，也限定了叙事立场。

　　《惜别》特意设置在仙台土生土长的田中卓作为第一人称叙述者。作品假设他在当年与鲁迅成为好朋友。借助这样一位曾经亲近当事人的叙述者，作品拥有了不同于鲁迅及报纸记者所写报道的叙事特权，也获得了更大的虚构和想象空间。在作品中，通过叙事者的回忆，保留了可能存在不拘泥于情景和细节真实的虚构特权。"不过，我也不能保证我笔下的恩师与旧友就是绝对的真实。像我这样普通人的记忆有时就像盲人摸象，总是难免片面；加之又是四十年前的往事了，记忆难免有模糊之处，因此我虽然满腔热情地提笔，但心中难免有模糊之处。我会尽力写出事实，哪怕仅仅是事实的一个方面。"①小说安排一位曾经与鲁迅一起在仙台生活、关系亲密的人作为讲述者，在限定叙事者的叙事视角的基础上，在进行虚构和想象时还能保证叙事的可靠。即使叙事者坦言他的叙事可能不可靠或模糊，观众也因叙事者的身份和态度，愿意接受他的故事。况且叙事人在故事开始之前，已经以他的人品、以最诚恳和谦逊的叙述态度，保证了叙述的可信度。由此，真实可信的叙述者的讲述中，所有关于鲁迅在仙台的故事，都有了合理性，而叙述者合逻辑的表达，为重构鲁迅形象提供了基本保证。对于鲁迅所经历的幻灯片事件，《惜别》做了和鲁迅《藤野先生》不同的解释。作品否定和淡化幻灯片事件对其离开仙台的作用和效果，认为鲁迅离开仙台、弃医从文是其思想历程发展的必然选择，而幻灯片事件只是"契机"。此番理解所塑造的在"仙台"的鲁迅形象，保证了鲁迅思想观念前后宗旨的一致，即鲁迅一直坚守儒家思想，他报效国家的强烈愿望始终不变。在这一前提下，鲁迅在仙台的人生选择完全符合他的性格特征和内心信念。如此阐释鲁迅在仙台的经历，否认和弱化了在仙台所受到的侮蔑和欺辱对其人生选择的影响。对于在仙台已经表现出独立思考能力和成熟思想的鲁迅而言，所有外在的不公待遇和困难都无法动摇他的坚定信念。

《惜别》中边缘化的仙台空间表达和第一人称的旁观者的叙述者设置，保证了鲁迅作为仙台的过客和外来者形象，也更加强化了鲁迅内在精神世界的力量和独立个性。鲁迅不落俗套、立意高远的性格，虽然难以为同学所理解，却暗示了鲁迅后来的人生轨迹。

---

① 〔日〕太宰治:《惜别》，杨晓钟、吴震、戚硚婉琛译，陕西人民出版社 2017 年版，第 6 页。

　　戏剧作品中的人物是通过表演来展示的。在设置的戏剧场景中，以真人出演的方式复活人物形象。《远火——鲁迅在仙台》中的鲁迅形象就是在与仙台人共同的生活场景中加以表现的。

　　剧作呈现了鲁迅在仙台的生活场景：房东大娘催促早餐，班长都筑陪伴上学。剧中的人物拥有更大的主动权和更多自我表达的可能。日常生活充满温情，周边人表现出友爱和关怀，在此氛围中，鲁迅非常容易地融入了仙台社会。在无意间保护剧团演员光三郎之后，鲁迅开始主动保护剧院中贫困的、受侮辱的和被冤枉的艺人，他在仙台底层社会人群中表现出主动姿态。戏剧以人物的行为和语言为主要手法塑造人物形象。鲁迅在考题风波和幻灯片事件这两个事件中处于被动位置，又受到了伤害。围绕考题风波出现了激烈的矛盾冲突：一方面有些同学要求向学校提交意见书进行讨论，另一方面，藤野先生和房东大娘主持公道。在此矛盾冲突中，当事人鲁迅则是处于缺席状态。剧中的幻灯片事件，略去过程，只呈现鲁迅看完幻灯片后的感受："夜晚街头，远处灯笼来来往往。听得见祝贺战争胜利的歌声。近处犬吠。黑暗中有人向吠犬投什么东西。似乎被打中，吠犬逃走了。周树人入室，疲惫的样子，手里拿着来自东京友人的信。他缓缓地坐在椅子上，草草地把两封来信读完后将倦态的身躯深陷在椅子里吸烟。面向窗际，仰望星空。""看那些星星比看我的祖国看得更清楚啊。看上去也更美呀。让外国人肆意横行，留下沾满泥浆靴印的祖国啊，你要劣于那些星星吗？为什么受如此蹂躏你仍然沉默不语呢。难道你只能呈现淡然的微笑不成？真是的……今天真不该去看那个幻灯。就算是上课之后也罢，显示这样的东西毕竟……（再次拿起信）东京的同仁们在为祖国而抗争。可我为什么，为什么在这里。在这里等待着什么呢。"① 剧作将鲁迅的《藤野先生》中幻灯片事件所带来巨大的心理波动和深刻的思考，转化为动作表演和台词表达，强调鲁迅和仙台人民的美好情谊，淡化鲁迅在仙台所遭受的心理创伤。《远火——鲁迅在仙台》这部剧作突出了剧中角色的在场情感，隐匿了角色的理性表达，减弱了《藤野先生》中的反思色彩。

　　与前面两种限制性叙事视角不同，漫画《鲁迅》采用多种叙事角度，形成多方位的叙事视角。漫画呈现事实材料，通过连缀这些事实材料构成故事情节。同时，在呈现事实材料的过程中出现渗透了情绪立场的评论，这些效果扩展了漫画对故事的呈现，形成不同次元的表达。在鲁迅故事的叙述过程中，以中年鲁迅为叙述者，在对鲁迅从童年到青少年经历的核心事件的讲述中，形成了全知全能的叙事视角。中年作家鲁迅既感同身受于青少年鲁迅的所有经历，又由于承受了这一结果而拥有更丰富的人生阅历，拥有更高的话语评判能力。这位叙述者既可以进入情节过程讲述自己的经历，又能够拥有中年人对少年经历的理解、思考和判断能力。这种全知全能的叙述权力可以自由穿行于各种领域和层面，也可以肆意地扩大各种感觉，甚至感官呈现；再加上漫画的颠覆传统虚实善恶等界限的审美观，形成了具有渲染情绪，突破限制的奇观化的叙事（见图 7-22）。鲁迅在仙台的形象冲破了各种写实主义的疆界，转换成具有超现实主义画风的表达（见图 7-23），如夸大动作和语言的激烈和暴虐程度。在人物形象刻画上，有意扩大表情动作幅度，还有非常夸张和肆意放大的情感表达和情绪外露。漫画为了表达鲁迅内心的强烈情绪，对动作或肢体加以变形或扭曲处理。画作通过夸大鲁迅所受到的伤害和打击，突显鲁迅在仙台

---

① 〔日〕石垣政裕:《远火——鲁迅在仙台》，屈明昌译，《上海鲁迅研究》2006 年第 4 期。

图 7-22　北野英明《鲁迅》的奇观化的叙事

所承受的磨难（见图 7-24）。

漫画通过画像的象征和指示效果，以夸张、离奇的方式超越了现实表达，体现更深层的情感和真实，也通过间离效果实现了清醒省思和理性评判。

### 三、角色定位

鲁迅在仙台的故事被日本学者、作家不断重构，不仅表明日本人试图理解在仙台留学的中国现代作家的经历，也表明他们通过鲁迅在仙台的故事反观日本文化带给鲁迅的感受、体验和影响，进而思考日本文化和中国现代文化之间的联系。在反复观照下，不同的"在仙台"的鲁迅形象也在映射着不同历史时期和不同作者对鲁迅形象的定位。

（一）太宰治的小说《惜别》：外来过客

创作于 1945 年的小说《惜别》是最早塑造鲁迅在仙台形象的作品。这部小说虚构鲁迅当年在仙台的一位本地的同窗挚友，借助于他的回忆，以本土视角再现鲁迅在仙台时的经历。这部作品根据鲁迅的作品和仙台历史与时代语境，通过鲁迅经历的生活和行为，表达作者对鲁迅行为的解读。这部作品在遵循基本事实的前提下，对鲁迅在仙台的行为进行再塑造，它在鲁迅的思想探索及观念价值方面进行了较大幅度的再创造，既塑造了一位孤独和深刻的留学生的形象，也大量地植入了对鲁迅形象和行为的理解。

这部小说作品是在大量调查基础上，设置了鲁迅与仙台本土文化

间的关系。首先，在太宰
治笔下，鲁迅选择仙台为
留学地点，是因为内心和
当时日本文化版图中的仙
台文化是契合的。材料中
增加了大量的对仙台本地
历史和鲁迅留学的环境的
介绍，展现了日本本土视
野下的仙台位置和角色。

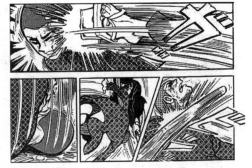

图7-23　鲁迅在仙台的形象具有
超现实主义画风

在介绍时特别强调了仙台不同于东京的政治地位。此时的仙台处于偏
远地区，这里的文化和鲁迅在精神上是契合的。仙台在文化上是被压
抑的，是具有传统特色的边缘空间。面对被压抑的处境，鲁迅与仙台
人一样，内心感受到不平和屈辱。而仙台作为正在崛起的地方代表，
它表现出的努力改变和奋发向上的精神又是鲁迅所努力寻找的。太宰
治设置了与鲁迅惺惺相惜的同窗田中卓这一人物。这位仙台本地人，
面对正在迅猛发展的现代化国家日本，表现得格格不入，他对日本社
会主潮具有陌生、不适和充满自卑的心理。这感受与来自中国的留学
生鲁迅相近。但是，从鲁迅的角度，即使鲁迅和仙台能够投缘，也只
是暂时的、外在的。作为留学生，他在仙台只是个异类，即使他拥有
田中卓这样的仙台本地朋友，两人都不接受当时日本的主流社会观
念，但是他们与日本主流氛围的隔阂起因和缘由并不同。由于相近的
人生境遇和心理感受，他们能够在困难时互助和合作。但是，鲁迅只
是仙台的外来者和暂居者。仙台的同窗田中卓可以友好地面对鲁迅，
但是两人的人生轨迹不会完全重合。田中卓以仙台本土的视角，构成
了对鲁迅行为和后来人生经历的不解和宽容的情感态度。在《惜别》

中，有对鲁迅大量的思想观念和行为方式的补叙和阐释。这样的表达说明在田中卓看来，他并不完全理解鲁迅的想法和行为。在作品中，常会出现大量的对经历的叙述或者对观念的理解，常通过两人的彻夜长谈来体现。在长谈中，为表明鲁迅个人行为的合理性，强调其为国为民的责任感，常介绍大量的时代背景或者时局时事，将个人行为和思想置于广阔的国际视野中加以阐发，以此来补充其行为的动力和合理性。不仅如此，太宰治还通过评价和补叙的方式帮助读者理解。如对幻灯片事件和鲁迅从事文艺活动间关系的阐释。太宰治在小说中就有意弱化幻灯片事件的作用，增加对鲁迅回东京准备文艺活动的补叙，以此强调鲁迅的思想观念形成及对行为变化的合理性解释，来增加鲁迅行为的可信度。这些补充和转述都说明太宰治并不相信观念的激化作用，也不相信鲁迅对从事文艺活动的激情行为的自叙。

图 7-24　画作中为表达内心的强烈情绪而出现的动作或肢体的变形甚至扭曲

　　《惜别》选用的叙事视角表明太宰治塑造鲁迅形象时的客观立场，鲁迅对曾经生活过的仙台和日本文化依然具有陌生感。

　　（二）《远火——鲁迅在仙台》：游侠义士

　　这是日本东北大学（仙台医专为其前身）的学生演剧剧本。它不仅虚构了鲁迅在仙台学习生活的细节、场景、相关的人物及过程，还增加了鲁迅在仙台看戏和结识剧院里的底层演员并帮助保护他们的故事。这些故事丰富了鲁迅在仙台的日常生活经历，拓展了鲁迅形象在仙台的内涵，尤其是其介入仙台社会生活的深度，鲁迅借此实现了对日本更深的理解。

《远火——鲁迅在仙台》中鲁迅在仙台的形象被塑造成来自异域的游侠义士。他表现出强烈的爱国主义情怀，内心充满了拯救国家民族的迫切感。这部剧作通过对鲁迅在仙台生活的展开，表现鲁迅与仙台人之间的交往，介绍了仙台的历史人文和当时的日本时局。仙台的方言和仙台人的质朴性格，医专的日本学生的思想情感和生活习惯，仙台多剧院的地方文化特色，使得鲁迅在仙台的生活更为具体和丰满。剧作中，鲁迅喜欢看戏而结交戏剧演员，接触日本底层百姓，还有与同学之间的交流，不仅再现了鲁迅在日本学习医学的具体情境，塑造了有着远大抱负的留学生形象，还塑造了鲁迅行侠仗义、济困救难的侠客形象。在剧中，鲁迅两次出手援助想学习的流浪儿清之助。这说明，鲁迅深入仙台社会，与仙台人密切交往。鲁迅的道义观念和侠义行为可以追溯到中国的传统文化观念，这一思想观念被日本文化认同。剧作将日本传统武士形象延伸到青年鲁迅身上，使鲁迅成为仙台人的心目中的游侠义士，将青年鲁迅在仙台的形象塑造纳入日本传统价值系统中。

这部剧作根据鲁迅所提供的在仙台的生活记忆，试图从仙台文化的角度理解鲁迅的行为，强化鲁迅和仙台底层人民的关系，以及表现鲁迅的爱国情怀。认同鲁迅，拉近鲁迅和仙台的距离，同时淡化和模糊了鲁迅在仙台生活时不能融入的陌生感和不适感，如对幻灯片事件于鲁迅弃医从文、最终决定离开仙台的作用只是简略提及，并未进行深入探讨。《远火——鲁迅在仙台》塑造的在仙台的鲁迅形象，其行为举止为仙台所理解和包容，包括他离开仙台前向藤野先生辞行，得到了后者的理解。但是，鲁迅作为留学生的内心矛盾和痛苦被转换为爱国情怀时，只是表现为表层的人生经历。剧作设置为摆脱贫困而寻找人生出路的清之助与寻找国家出路的鲁迅相互勉励的情节，但双方无法进行深入的对话、沟通和精神交流，在鲁迅身上，依然保留着与仙台文化或者日本文化不同的、中国青年知识分子独有的精神特质。

剧作《远火——鲁迅在仙台》以鲁迅留学时期的仙台为相对独立的空间，深化了鲁迅与仙台社会的接触，加深了他对仙台社会的参与程度。虽然最终鲁迅离开仙台，弃医从文，但是对其在仙台期间的人生经历的描述，加大了他和仙台人的友谊的比重，有意遮蔽和模糊了鲁迅痛苦的一面，突出鲁迅在仙台人民心目中留下的侠肝义胆的印象。

（三）漫画《鲁迅》：被欺凌者和受辱者

《鲁迅》是笔者迄今所见最为激烈地展现鲁迅在仙台的痛苦状态的漫画作品。鲁迅后来回忆在仙台一年半的时间，让他印象深刻的是两件事：一件是关于他的解剖学成绩受到怀疑和误解，承受了不公正和歧视；一件是他看到日俄战争中的中国人，因为替俄国人当密探被日本人杀头，且现场周围的中国同胞表现出了看客心态。这两件事情深刻地影响了鲁迅，导致他做出离开仙台、弃医从文的重大人生抉择。而日常生活中与仙台人的直接交往不多，且有不少美好的印象。但是，毕竟，鲁迅离开仙台也源于他在仙台的不愉快的记忆。在复现鲁迅在仙台形象时，一些作品为了强调鲁迅所处的恶劣环境和不利位置，也为了突出鲁迅的抗争奋发形象，有意夸张了他在仙台的情绪和记忆，进而塑造了被欺凌和受辱的鲁迅形象。如在霜川远志的《藤野先生——仙台的鲁迅》中，为了体现鲁迅受到藤野先生的特别关照和庇护，特别安排了有军国主义倾向的同学怀疑他是"俄探"，藤野先生为此提醒他的戏剧情节①。此情节在北野英明的漫画作品《鲁迅》中更进一步地得到发挥。画作安排了鲁迅在仙台受到霸凌的两段情节。这是改编尺度最大的片段，甚至违背事实材料。一段是他给母亲寄家书时，被怀疑成"俄探"而受到拳打脚踢，直至藤野先生看到出手制止；另一段是他进教室，在门口再度受到同学的凌辱。通过漫画的刺激性的画面，呈现了鲁迅在仙台遭受欺辱的场景（见图7-25）。

图7-25　鲁迅遭殴打和被欺辱的场景

鲁迅在仙台受辱的形象，基本上可以被视为有违事实的艺术表达。但是，这种形象可以看作鲁迅当年在仙台的内心冲突的折射。"不过，仔细地想一想，鲁迅后来曾在《藤野先生》中写过，是仙台——主要是仙台医学专门学校赶走了来这儿留学的鲁迅。这么说也许过分了一点，但我认为，起码可以说对他施加了迫害，使他不愿住下去"，而且，鲁迅因为幻灯片事件离开仙台，"这种说法虽然有点唐突，但他自己是这么写的，所以我想这也可能是事实。不过，作为在

① 董炳月：《鲁迅形影》，生活·读书·新知三联书店2016年版，第185页。

这之前的背景，也可以说是他产生这种想法的基础吧，恐怕在学校受到的侮蔑是起了促进的作用"。①增田涉的理解，是正视了当年在仙台的鲁迅和仙台文化间的冲突的体现。以诙谐戏谑夸大的漫画方式，呈现当年鲁迅在仙台的所受到的强烈的情绪，同感于他作为留学生身份被轻慢蔑视和欺辱，漫画的这种表达却在某种程度上符合精神层面的事实而不是现实层面的真实。当然，此番表达也可视为漫画语言将心灵感受强化和外化的结果。漫画语言某种意义上也是象征和隐喻的表达。

在仙台期间，鲁迅与日本人的关系最密切，这段经历深刻又丰富地展示了鲁迅近距离感受和体察日本文化的复杂心态。通过小说、剧作或漫画形式塑造的"在仙台"的鲁迅形象，体现了不同历史阶段日本人通过不同媒介对鲁迅形象的再造。通过不同的艺术形式讲述的鲁迅在仙台的故事，表现出鲁迅作为中国现代作家不能为日本文化所改造和融化的部分，鲁迅形象中"异质"是鲁迅形象的精神价值的一部分，而日本的鲁迅形象表达越来越突显和珍惜这份"差异"。

---

① 〔日〕增田涉：《我的恩师鲁迅先生》，卞之强译，西北大学鲁迅研究室编：《鲁迅研究年刊1979》，陕西人民出版社1982年版，第505、506页。

# 结　语


当代中国的鲁迅影像，已成为恢宏壮丽的文化景观，也是公众视野中难以忽略的社会图景。鲁迅形象经过影像的塑造和传播，已形成丰厚的形象谱系，已成为现代中国的赫然的文化符号，是中国当代文化生活中重要的精神纪念碑。

鲁迅影像的纪念碑性表现在它能够唤起中国人共同的文化认知和历史记忆。鲁迅形象超越了时空的限制，作为中国精神的基础原型，被不断赋予价值。

具有纪念碑性的鲁迅影像，承担着保存记忆和构造历史的功能。关于鲁迅的影像表达具有文化价值。鲁迅影像在被不断地挖掘、阐释，勾连周遭的各种文化生活和历史图景。关于鲁迅的阐释，在当代中国充满强烈的意义诉求和价值目标。

鲁迅影像的纪念碑性还体现在仪式感。能够产生如此众多的鲁迅影像，与大量的鲁迅纪念活动相关。仅存的鲁迅逝世时的短时影像中记录了鲁迅逝世到殡葬的全程性的纪念活动，而此后创作的鲁迅影像作品常与纪念鲁迅出生或者逝世的大型活动相关联。这些影像作品在见证和推动着人们纪念鲁迅的活动历史，同时也参与了鲁迅的纪念活动。展示鲁迅生平，介绍其成就和阐释其意义成为这些活动中不可或缺的环节，富有强烈的仪式感。

鲁迅影像的视觉性有利于传播，易于被大众接受，但在鲁迅研究界较少受到关注。随着视觉文化的兴起，鲁迅影像逐渐进入学者的研究视野并受到重视。20世纪90年代以来，鲁迅影集的出版，视觉文化理论在中国的兴起，鲁迅研究的新观点和新成果的冲击，以及近年来鲁迅所支持的版画运动、鲁迅与汉画像关系等问题引起鲁迅研究界关注，都在推动着鲁迅影像研究的发展。

本书所涉及的关于当代连环画中的鲁迅形象构筑、关于鲁迅作品的改编、关于各种电影传记片和电视连续剧鲁迅传记的研究，在21世纪已经逐渐展开和深入；而对于网络空间的鲁迅影像、鲁迅创作和视觉文化的关系、鲁迅文学创作中的现代视觉意识等的研究也正在进一步拓展和深入。

自2013年以来，本人开始着手鲁迅影像研究，最初一直在对资料进行收集、辨析和整理。这一阶段花费了大量的时间和精力，也走了不少弯路。如课题所涉的图像资料和影像资料大多为历史影像资料，因为不受重视，且因为不是大量流通的资料，渠道非常狭窄，再加上早年的保存格式和现今的播放格式不匹配等等诸多问题，加剧材料收集的困难。这一困难伴随着此课题研究的整个过程。后来经过多方的努力，包括朋友的帮助，才断断续续地收集到。当然，其中也不乏意外的收获和不期然的惊喜。

在获得大量影像资料的基础上，才慢慢形成课题中一些重要问题的思路和框架，如鲁迅形象史的发展流变，鲁迅研究对形象流变的影响，以及鲁迅形象发展的时代背景、生成机制及其价值内涵等。对这些问题的思考不仅梳理了鲁迅影像的多种景观及其发展演变过程，也在试图展示被固定观念和有限视角遮蔽了的陌生场景。鲁迅影像不仅只有现象，还有影像内部和外部的各种关联，更有产生这些作品或者如此变化的动力。这些问题和思路逐渐成型，系统和完整的框架才算大致确定，随之也逐渐形成相关问题的结构模式和表达程式。这些结构模式和表达程式对于我，就像是可以穿越黑暗的光线。随着材料的积累和问题的深入，借助这些亮光，我也看得越来越多，越来越清楚，思路也越来越清晰。回顾课题完成的整个过程，总是不断遇到问题和困难，又不断摸索而得以解决。这种充满了不确定又不断有收获的欣喜的心情，让我着迷，更是持续的动力。

当然，本书的研究对象——鲁迅影像还在不断增多，关于鲁迅影像的研究还在不断深入。面对如此错落参差又相互渗透的鲁迅影像的图景场域，试图用概括抽离的思维得到一个相对收敛的可把握的答案很不现实。期冀回到鲁迅自身和回到历史场景，或许只停留在理想层面。本书所进行的探讨和概括只是尝试，还留待以后更为深入和系统的研究。随着研究视点的改变和研究视野的开阔，鲁迅影像在未来的鲁迅研究乃至整个学术史上将会越来越重要。

# 参考文献

（1）〔英〕保罗·格拉维特:《日本漫画60年》，周彦译，世界图书出版公司2013年。

（2）〔法〕保罗·维利里奥:《视觉机器》，张新木、魏舒译，南京大学出版社2014年。

（3）〔日〕北冈正子:《鲁迅　救亡之梦的去向:从恶魔派诗人论到〈狂人日记〉》，李冬木译，生活·读书·新知 三联书店2015年。

（4）〔日〕长堀祐造:《鲁迅与托洛茨基——〈文学与革命〉在中国》，王俊文译，人间出版社2015年。

（5）〔美〕E.潘诺夫斯基:《视觉艺术的含义》，傅志强译，辽宁人民出版社1987年。

（6）〔英〕E.H.贡布里希:《图像与眼睛——图画再现心理学的再研究》，范景中、杨思梁、徐一维、劳诚烈译，广西美术出版社2013年。

（7）〔英〕E.H.贡布里希:《象征的图像——贡布里希图像学文集》，杨思梁、范景中编选，广西美术出版社2015年。

（8）〔瑞士〕冯铁:《在拿波里的胡同里——中国现代文学论集》，火源、史建国等译，南京大学出版社2011年。

（9）〔法〕乔治·迪迪–于贝尔曼:《看见与被看》，吴泓缈译，湖南美术出版社2015年。

（10）〔法〕吉尔·德勒兹:《运动－影像》,谢强、马月译,湖南美术出版社 2016 年。

（11）〔法〕吉尔·德勒兹:《时间－影像》,谢强、蔡若明、马月译,湖南美术出版社 2004 年。

（12）〔美〕简·罗伯森、〔美〕克雷格·迈克丹尼尔:《当代艺术的主题:1980 年以后的视觉艺术》,匡骁译,江苏美术出版社 2011 年。

（13）〔日〕井上厦:《和爸爸在一起》,李锦琦、张立波译,上海译文出版社 2017 年。

（14）〔法〕克里斯蒂安·麦茨、〔法〕吉尔·德勒兹等:《凝视的快感——电影文本的精神分析》,吴琼编,中国人民大学出版社 2005 年。

（15）〔美〕鲁道夫·阿恩海姆:《艺术与视知觉》,滕守尧、朱疆原译,中国社会科学出版社 1984 年。

（16）〔法〕罗兰·巴尔特、〔法〕让·鲍德里亚等:《形象的修辞——广告与当代社会理论》,吴琼、杜予编,中国人民大学出版社 2005 年。

（17）〔法〕雷吉斯·德布雷:《图像的生与死》,黄迅余、黄建华译,华东师范大学出版社 2014 年。

（18）〔英〕柯律格:《明代的图像与视觉性》,黄晓鹃译,北京大学出版社 2011 年。

（19）〔加〕朗·伯内特等:《视觉文化——图像、媒介与想象力》,赵毅、李有光、邱国红、孙慧英译,山东文艺出版社 2008 年。

（20）〔英〕理查德·豪厄尔斯:《视觉文化》,葛红兵等译,译林出版社 2014 年。

（21）〔法〕玛蒂娜·乔丽:《图像分析》,怀宇译,天津人民出版社 2012 年。

（22）〔英〕马尔科姆·巴纳德:《理解视觉文化的方法》,常宁生译,商务印书馆 2013 年。

（23）〔英〕诺曼·布列逊:《视觉与绘画——注视的逻辑》,郭杨译,浙江摄影出版社 2004 年。

（24）〔美〕尼古拉斯·米尔佐夫:《视觉文化导论》,倪伟译,江苏人民出版社 2006 年。

（25）〔法〕让-吕克·南希:《肖像画的凝视》,简燕宽译,漓江出版社 2015 年。

（26）〔美〕史沫特莱等:《海外回想——国际友人忆鲁迅》,河北人民出版社 2000 年。

（27）〔美〕唐小兵:《流动的图像——当代中国视觉文化再解读》,复旦大学出版社 2018 年。

（28）〔日〕藤井省三:《鲁迅〈故乡〉阅读史——现代中国的文学空间》,董炳月译,南京大学出版社 2013 年。

（29）〔日〕藤井省三主编:《日本鲁迅研究精选集》,林敏洁主译,中央编译出版社 2016 年。

（30）〔德〕瓦尔特·本雅明:《迎向灵光消逝的年代——本雅明论艺术》,许绮玲、林志明译,广西师范大学出版社 2004 年。

（31）〔德〕瓦尔特·本雅明、〔美〕苏珊·桑塔格等:《上帝的眼睛——摄影的哲学》,吴琼、杜予编,中国人民大学出版社 2005 年。

（32）〔美〕W.J.T.米歇尔:《图像学》,陈永国译,北京大学出版社 2012 年。

（33）〔美〕W.J.T.米歇尔编:《风景与权力》,杨丽、万信琼译,译林出版社 2014 年。

（34）〔美〕巫鸿:《中国古代艺术与建筑中的"纪念碑性"》,李清泉、郑岩等译,世纪出版集团 上海人民出版社 2016 年。

（35）〔日〕太宰治:《惜别》，杨晓钟、吴震、戚硚婉琛译，陕西人民出版社 2017 年。

（36）〔日〕小田岳夫:《鲁迅传》，范泉译，开明书店 1946 年。

（37）〔法〕雅克·拉康、〔法〕让·鲍德里亚等:《视觉文化的奇观——视觉文化总论》，吴琼编，中国人民大学出版社 2005 年。

（38）〔英〕约翰·伯格:《看》，刘惠媛译，广西师范大学出版社 2007 年。

（39）〔日〕竹内好:《从"绝望"开始》，靳丛林编译，生活·读书·新知三联书店 2013 年。

（40）〔日〕竹内好:《近代的超克》，李东木、赵京华、孙歌译，生活·读书·新知 三联书店 2016 年。

（41）曹聚仁:《鲁迅评传》，复旦大学出版社 2006 年。

（42）陈白尘（执笔）、叶以群、唐弢、柯灵、杜宣、陈鲤庭:《鲁迅》，上海文艺出版社 1963 年。

（43）陈怀恩:《图像学: 视觉艺术的意义与解释》，河北美术出版社 2011 年。

（44）陈漱渝主编:《谁挑战鲁迅——新时期关于鲁迅的论争》，四川文艺出版社 2002 年。

（45）陈漱渝:《鲁迅评传》，中国社会出版社 2006 年。

（46）陈永国主编:《视觉文化研究读本》，北京大学出版社 2009 年。

（47）党西民:《视觉文化的权力运作》，人民出版社 2012 年。

（48）邓云乡:《鲁迅与北京风土》，文史资料出版社 1982 年。

（49）董炳月:《鲁迅形影》，生活·读书·新知 三联书店 2015 年。

（50）丰子恺:《绘画与文学·绘画概说》，湖南文艺出版社 2001 年。

（51）冯雷:《理解空间》，中国编译出版社 2008 年。

（52）郜元宝：《鲁迅精读》，复旦大学出版社 2005 年。

（53）辜也平：《中国现代传记文学史论》，人民文学出版社 2018 年。

（54）广东鲁迅研究小组编：《论鲁迅在广州》，1980 年。

（55）韩丛耀：《图像：一种后符号学的再发现》，南京大学出版社
2008 年。

（56）黄乔生：《鲁迅像传》，贵州人民出版社 2013 年。

（57）靳丛林：《竹内好的鲁迅研究》，北京大学出版社 2012 年。

（58）李长之：《鲁迅批判》，北京出版社 2003 年。

（59）李浩：《许广平画传》，上海社会科学院出版社 2008 年。

（60）李何林编：《鲁迅论》，北新书局 1935 年。

（61）李何林：《鲁迅的生平及杂文》，陕西人民出版社 1973 年。

（62）李欧梵：《铁屋中的呐喊》，河北教育出版社 2001 年。

（63）梁东方：《连环画里的时代记忆》，人民出版社 2015 年。

（64）林非、刘再复：《鲁迅传》，中国社会科学出版社 1981 年。

（65）林曼叔：《鲁迅论稿 香港鲁迅研究史》，香港文学评论出版社
2016 年。

（66）林贤治：《人间鲁迅》（上、下），人民文学出版社 2010 年。

（67）林志浩：《鲁迅传》，北京十月文艺出版社 1991 年。

（68）凌燕：《可见与不可见：90 年代以来中国电视文化研究》，中国传
媒大学出版社 2006 年。

（69）刘伟：《"日本视角"与中国现代文学研究》，人民出版社 2011 年。

（70）刘运峰编：《鲁迅先生纪念集》，天津人民出版社 2007 年。

（71）卢今：《鲁迅的故事》，四川少年儿童出版社 1981 年。

（72）鲁迅：《鲁迅全集》，人民文学出版社 2005 年版。

（73）《鲁迅与藤野先生》出版委员会：《鲁迅与藤野先生》，谢泽春译，

中国华侨出版社 2008 年。

（74）路文彬：《视觉文化与中国文学的现代性失聪》，安徽教育出版社
2008 年。

（75）罗岗、顾铮主编：《视觉文化读本》，广西师范大学出版社
2003 年。

（76）倪学礼：《电视剧剧作人物论》，中国广播电视出版社 2005 年。

（77）盘剑：《动漫研究：理论与实践》，浙江大学出版社 2016 年。

（78）乔丽华：《我也是鲁迅的遗物——朱安传》，上海社会科学院出版
社 2009 年。

（79）钱理群：《心灵的探寻》，河北教育出版社 2005 年。

（80）裘士雄、黄中海、张观达：《鲁迅笔下的绍兴风情》，浙江教育出
版社 1985 年。

（81）石一歌：《鲁迅的故事》，上海人民出版社 1973 年。

（82）石一歌：《鲁迅艰苦奋斗生活片段》，上海人民出版社 1975 年。

（83）唐弢：《鲁迅在文学战线上》，中国青年出版社 1957 年。

（84）唐弢：《鲁迅的故事》，中国少年儿童出版社 1980 年。

（85）汪晖：《反抗绝望：鲁迅及其文学世界》，生活·读书·新知 三联书
店 2008 年。

（86）汪卫东：《现代转型之痛苦"肉身"：鲁迅思想与文学新论》，北京
大学出版社 2013 年。

（87）王韧：《望古格：王韧电视新闻作品选》，上海人民出版社
2007 年。

（88）王乾坤：《鲁迅的生命哲学》，人民文学出版社 1999 年。

（89）王晓明：《无法直面的人生——鲁迅传》，上海文艺出版社
1993 年。

（90）吴秀明主编：《中国当代文学史料问题研究》，中国社会科学出版社 2016 年。

（91）孙郁：《鲁迅与周作人》，河北人民出版社 1997 年。

（92）孙郁：《一个漫游者与鲁迅的对话》，新疆人民出版社 1998 年。

（93）肖伟胜：《视觉文化与图像意识研究》，北京大学出版社 2011 年。

（94）肖振鸣编：《丰子恺漫画鲁迅小说集》，福建教育出版社 2005 年。

（95）徐昭武主编：《追寻鲁迅在南京》，中国画报出版社 2007 年。

（96）许寿裳：《鲁迅传》，新世界出版社 2017 年。

（97）《学习鲁迅》，山东人民出版社 1972 年。

（98）严家炎：《论鲁迅的复调小说》，上海教育出版社 2002 年。

（99）叶世祥：《鲁迅小说的形式意义》，作家出版社 1999 年。

（100）于奇智：《凝视之爱：福柯医学历史哲学论稿》，中央编译出版社 2002 年。

（101）张梦阳：《中国鲁迅学通史》，广东教育出版社 2002 年。

（102）张梦阳：《鲁迅传：会稽耻》，华文出版社 2012 年。

（103）郑家建：《被照亮的世界——〈故事新编〉诗学研究》，福建教育出版社 2001 年。

（104）郑学稼：《鲁迅正传》，胜利出版社 1943 年。

（105）周宪：《视觉文化的转向》，北京大学出版社 2008 年。

（106）周海婴：《鲁迅与我七十年》，南海出版公司 2001 年。

（107）周令飞主编，赵瑜撰文：《鲁迅影像故事》，人民文学出版社 2011 年。

（108）周宁编：《世界之中国：域外中国形象研究》，南京大学出版社 2007 年。

（109）周月亮：《影视艺术哲学》，中国广播电视出版社 2004 年。

（110）周作人：《知堂回想录》，三育图书文具公司 1970 年。

（111）朱正：《鲁迅传》，人民文学出版社 2013 年。

# 附录一  鲁迅相关影视作品一览表

（1）鲁迅逝世及葬礼、出殡场面视频，明星影片股份有限公司公司1936年。

（2）《鲁迅生平》，唐弢编剧，黄佐临导演，上海电影制片厂1956年。

（3）《鲁迅战斗的一生》，石一歌、傅敬恭编导，上海电影制片厂1976年。

（4）《鲁迅传》，王相武编导，中央新闻记录电影制片厂1981年。

（5）《鲁迅之路》，余纪编导，上海电影制片厂1999年。

（6）《民族魂》，王韧编导，上海电视台1999年，6集。

（7）《作家身影·鲁迅》，蔡登山编导，台湾春晖影业2001年。

（8）《周氏三兄弟》，阿忆编剧，凤凰卫视2001年，6集。

（9）《鲁迅》，亨利·朗日编导，法国电视三台1999年。

（10）《先生鲁迅》，中央电视台探索发现频道2001年，8集。

（11）《鲁迅》，史践凡导演，浙江电视台1982年，4集。

（12）《鲁迅在南京》，史践凡导演，浙江电视台1982年，2集。

（13）《鲁迅在日本》，史践凡编剧，史践凡、奚佩兰导演，山西电视台1986年，4集。

（14）《鲁迅与许广平》，史践凡导演，浙江电视台2001年，

20集。

（15）《鲁迅》，刘志钊编剧，丁荫楠导演，上海电影制片厂2005年。

（16）《民国文人·鲁迅》，刘晓梅编导，凤凰卫视2006年。

（17）《春秋　鲁迅与胡适》，张问捷编导，阳光卫视2014年。

（18）《眉间尺》，凌纾编导，上海美术电影制片厂1991年。

（19）《阿长与〈山海经〉》，王晨星编导，东京工艺艺术学校2015年。

（20）《祝福》，桑弧导演，北京电影制片厂1956年。

（21）《阿Q正传》，袁仰安导演，香港长城电影制片有限公司1958年。

（22）《阿Q正传》，岑范导演，上海电影制片厂1981年。

（23）《伤逝》，水华导演，北京电影制片厂1981年。

（24）《药》，吕绍连导演，长春电影制片厂1981年。

（25）《铸剑》，张华勋导演，北京电影制片厂1994年。

# 附录二 文化随笔:探寻鲁迅的日本踪迹

## 故人依稀可见——东京几处鲁迅身影踪迹

来日本前,早已多次想象鲁迅在东京的遗迹。从 1902 年 4 月到 1909 年 8 月,7 年又 4 个月的留学生涯中,除了 1904 年 9 月到 1906 年 3 月在仙台学医外,鲁迅大部分时间都在东京度过。弘文书院、伏见馆、中越馆、西片町十番地等都曾经是鲁迅的住所。年轻的鲁迅意气风发,对未来满怀憧憬,踊跃参加各种政治集会和文化活动。日后,这些情景化成了记忆,尤其在 40 岁之后的作品中,它们作为青少年时期无法实现的梦的遗留,留给读者的满是苦涩回忆和沧桑感受。然而,鲁迅心境中的主调不是适值青春的鲁迅心情。在东京时,鲁迅日记和友人的书信中的感受清晰而明确,即使是不快的感觉也指向分明,这与他归国后文字的晦涩和模糊的格调不同。可以想象,洋溢着青春气息的鲁迅曾经是多么坚决和果敢。现在,所记载的与鲁迅的地址大部分不再留存,但在日本的鲁迅因先锋行为,留取了充满青春激情的珍贵生命记忆。

### 一、只余历史回响的弘文书院

弘（宏）文书院[①]是鲁迅在东京栖居的第一站，是专门为中国留学生进入日本高等专门学校设立的私立补习学校。鲁迅入学当年招收56人，与他同期的学员还有陈天华、胡汉民、黄兴和杨昌济等中国现代历史中的重要人物。学校生活并不宁静。弘文书院因为一位姓汤的同学行为不检点，被日本媒体披露，导致留学生群体形象受污损。而后，陈天华又因为不满学监限制他们从事革命活动的僵化管理方式，强行剪了学监头发，又引发一场轩然大波。动荡年代，异国他乡的极富冲击力的革命行为，在青年鲁迅心里留下深刻印象。满怀期望来到日本的鲁迅，强烈希望中国学习日本的经验，通过维新而强大。在弘文书院的学习使他更进一步地深入了解现代科学知识。20多年后，化学课和生物课依然历历在目："在这里，三泽力太郎先生教我水是养气和轻气所合成，山内繁雄先生教我贝壳里的什么地方其名为'外套'。"[②]此时的日本因为明治维新，正处在蒸蒸日上的快速发展阶段，西方文明包括科学文化思想随着现代化改革深入人心，很快在社会上形成积极主张改革和西化的思潮。创办学校的嘉纳治五郎也深受时代思潮的影响，作为日本柔道鼻祖，他提倡自由开放的办学理念。为了招收更多的中国留学生，他特地到中国进行考察。但是，作为校长的嘉纳的教育理念，并不能得到希望获得新思想的中国留学生的理解和完全认同，在世界性的革命思潮不断冲击青年思想的时代背景下，时有矛盾发生。

---

[①] 弘文书院（改名之前称亦乐书院）是1896年柔道家、教育家嘉纳治五郎在牛込创办的中国留学生教育机构。1903年为避讳乾隆皇帝的"弘历"的"弘"改名为"宏文学院"。1909年关闭。

[②] 鲁迅：《鲁迅全集6》，人民文学出版社2005年版，第326页。

鲁迅在异域环境和文化冲撞中，打开了视野，但是也看到留学生群体中，各种沉溺于声色的怠惰表现。这些"杂音"和丑陋现象带来强烈刺激，与他赴日的初衷产生了冲突。留学生中的一些人留恋日本的欢娱生活，耽溺于樱花树下的醉酒笙歌，匆忙赶赴一些无聊的聚会。这种生活方式与鲁迅来日的追求格格不入，让他觉得孤独、气闷和困惑，于是他在《藤野先生》中生动鲜活地展示了这一批留学生的滑稽丑态。"但到傍晚，有一间的地板便常不免要咚咚咚地响得震天，兼以满房烟尘斗乱；问问精通时事的人，答道，'那是在学跳舞'。"另外，校方的一些做法让他不解和不满。刚开学不久，他们就遇上了学校组织的祭孔活动。"我大吃了一惊。现在还记得那时心里想，正因为绝望于孔夫子和他的之徒，所以到日本来的，然而又是拜么？一时觉得很奇怪。而且发生这样感觉的，我想决不止我一个人。"（《在现代中国的孔夫子》）他毅然决然离开热闹繁华的东京，赴偏僻的仙台学医。

弘文书院 1909 年关闭。它曾经是面向中国留学生的最大的日语学校，在促成第一次留学潮方面具有巨大的贡献。该院的地址是牛込区西五轩町 34 番地，一百年后的今天，弘文书院已经荡然无存，曾经的喧嚣纷扰不再。

现在，通向饭田桥的大道上架起了高架桥，桥下的阳光被遮蔽得所剩无几。大道的另一边神田川缓缓流过，这条河流一直通向御茶之水。一个世纪前这里还是偏僻的郊区，一派乡野景象，曾经唤起出国在外的游子们的无限遐思和难以遏制的思乡之情。紧邻大马路是几幢大的公寓房，有十几层高。在这么狭窄的空间里造出这么高的大楼，你会强烈地感受到东京的用地紧张。高楼的周围零零星星地种了一些绿树，枝丫伸向高空，楼高树少，无形中有种逼仄感。所幸的是日本环境洁净，空气透明度高，因为清爽，才不至于让人觉得不可忍受。

大楼后面是窄小巷弄，路上很干净，地上的斑马线非常清楚，好像是刚画上的。房顶上的电线密布交织，隔几米就是一根电线杆，这是唯一凌乱的地方。天空也是一色，略显得单调寂寞。巷子两边是一些低矮的房子。有住家，有厂家，也有仓库和车库。房子排列不整齐，都是就着地块的形状和自己的意愿建造的，房型不统一，外观、门窗都不一致。房子与房子紧紧挨着，高低错落，基本色调以白和灰为主。不过，偶然发现住家门口的花盆中的花，起到了别致的点缀作用。

挨着的另一条巷弄，是一所江户川小学校，有很大的操场，这在日本东京很少见。这里很安静，白天几乎不太能看到人。这种安静、干净甚至略显沉闷的感觉，东京随处都有，没有特色，也不见特殊标志，经过此处的人几乎不会产生特殊的感觉。很难想象当年，一个多世纪前，那些充满热情和朝气，甚至是莽撞但是又散发着青春气息的年轻人，曾经群情激愤地在这里经历过的令人激动的历史往事。时间把一切都冲刷得干干净净，化作历史的尘埃而融入了物质能量的循环。

出来的时候，发现一块旧的牌子，牌子上说明这是日本的国产飞行机制造地，时间从1909年开始，思忖了一下，那是弘文书院解散后的事了，牌子上写着此处为新宿区指定史迹。弘文书院的意义价值更有待于中国人去感知和理解，但这是日本国土，弘文书院遗址的境遇也在情理之中了。

沿着这条巷弄往东走，有一条名为"横丁物语"的商业街。街头特地展示了昭和三十年（1926）与今天的对照。历史的气息只能在市井空间中感受了。

## 二、汤岛圣堂——人神一体的孔夫子神社

日本的神社到处都是。孔子作为来自中国的圣人，在这里也被列为一方神圣而受祭拜。

乘地铁至御茶之水圣桥口，出站后，站在桥头，看到几幢青砖瓦房的宏大建筑物掩映在繁密树丛中。走过去，路边插着的紫色旗帜上的白色大字尤为显眼，上面写着"汤岛圣堂"。门边竖着的牌子上写着建筑物建造于 1922 年，后来遭受火灾，1935 年重建。当年此事还专门引起中国的重视。据此，鲁迅用日文写了自己对孔子的理解，在日本的《改造》月刊上发表。中译文最初发表于 1935 年 7 月在日本东京出版的《杂文》月刊第二号，题为《孔夫子在现代中国》。显然，作为新文化运动的主将，鲁迅对尊孔行为一贯不以为然。他还在该文中回忆了自己初到日本对学校组织的祭孔活动的吃惊和反感。有感于汤岛孔庙复建和何键送孔子画像一事，他表明自己于孔子以及后人认知的孔子的理解。由于文章是在日本发表的，鲁迅的观点更显中肯、客观和确定。他辨析了孔子本人和被奉为圣人的孔子的不同，这也是鲁迅最为理性的对孔子的评价了。他在文章中写到的"御茶之水"的孔庙深藏在记忆中。

汤岛圣堂（见图附录 2-1）坐落在文京区，占地 13915 平方米，现开放的有三进，地上铺设长方形的青石板，门廊很高，气势宏伟，门槛也很高，典型的中式建筑。两边种着高大树木，树木底下有花丛和灌木。进门后，

图附录 2-1 汤岛圣堂

一处开阔的庭院，往上走十几级台阶，就是第一进"入德门"。两扇大门很厚很重，大开着。再往前走，看到了更大的门厅，门廊挂着"杏坛"二字，六扇黑漆门打开，门厅前竖着八根粗大的柱子，左右对称，端庄肃穆。门厅后连着两排耳房，围着见方的大大的天井。站在天井中间，阳光照下来，天空极为辽阔，四处都是高大的建筑物，很凝重，也令人感到压抑。屋顶的四角竖着龙的雕像，龙角高高竖起。最后一进是大成殿，殿内供奉着孔子及诸弟子的牌位。这空间秩序与大多数孔庙基本相同。牌位前的正中桌子上摆着些糕饼蔬果的模型。大殿前临近大门的角落，还有两件形状怪异的文物，一件为"鬼龙子"，一件为"鬼狄头"，都是中国古代传说中的灵兽，在1799年所建的圣堂就存在。边上还有一些关于此遗迹复建历史的介绍，与鲁迅当年就读的弘文书院创办者嘉纳治五郎有关。

大殿出来后行至中庭，发现门边竖着一个架子，上面挂满祈愿的祷词，大体写着学业有成、考试合格之类。孔子在日本受到尊奉，在于孔子的学问家身份，大概日本人希望受益于智力上的相助吧。

在右边的庭院里，我们一行还发现了高大的孔子像，宽袖长衫，双手胸前握拳，双眼平视远方，非常像中国人心目中的孔子。

走出汤岛圣堂，发现圣堂前面路边的牌子上写着"昌平坂"，这里曾经是20世纪初的日本东京的文化中心，章太炎担任主笔的《民报》的办公地点也离此处不远，鲁迅、周作人、许寿裳、钱玄同等人曾聆听其教诲。东京地震频繁，几经变迁，原址已不复存在。

汤岛圣堂殿内的孔子牌位、孔子像，还有鲁迅记忆中的祭孔经历，以及他用日语写的对孔子形象的解读，在今天下午汇集成奇妙的多棱镜。日本人敬奉各种各样的鬼神，房子后面或者边上有可能就是神社或者寺庙，人、神和鬼共处一空间。中国人见了，才真的有种说不清的滋味了。

### 三、依稀仿佛故梦在——伍舍

图附录 2-2　伍舍

日本人尊重历史，尊重文化，也尊重文学家，鲁迅在日本广为人知。然而鲁迅当年在东京并不知名。鲁迅当年住过的地方，大多已寻不着了，但伍舍在原址复建，还可以据此想象原貌（见图附录 2-2）。

现在，这是一幢老式的建筑，是十来米长，六七米宽的二层瓦房。房子的外墙是淡黄色的，门窗都被漆成暗红色。与周围的青瓦白墙的洋派别墅相比较，显得古旧而土气。房子的旁边建有一条从一楼到二楼的楼梯。临马路的一边有一道一人高的围墙。一根缠绕各种电线的电线杆立在围墙外，在寂静的环境中更增添了一些落寞。房屋的前面有一大块空地，是用来停放车辆的。站远了看，还可以看见庭院里种了一些树木，已经绿意盎然了。围墙的一段连着一道暗红色的铁门，门边的围墙上有一门铃，门铃的边上有一牌子，上面写着"中冈"。围墙的另一端空了一米左右，容一人进去。进去后就是房屋的后门了。这房屋居然分别有四扇小小的后门，每扇门的门口都放了个洗衣机。原来房屋被分成了四个单元住处。在这狭小的空间，遍布着各种设施管道和电表，杂乱地放着一些物件。窗棂上挂着日本便利店买的透明雨伞，停放着两辆自行车。房屋角落的墙根杂草丛生，有些草都爬到半人高了。看样子这里住的不是一家人，倒像中国的出租房。难道这房子一直延续着当年的格局和出租的功能？从房子后门处出来，围墙外的一块银灰色的牌子特别醒目，上面写着这是"夏目漱石 鲁迅旧居迹"，上面的内容确定这就是周氏兄弟当年住过的"伍舍"原址了，但这后建的房子也开始显现斑驳的岁月痕迹。牌子是官方立的，很新，落款是"文京区教育委员会平成 26 年 12 月"。

曾经与鲁迅同住过此房子的许寿裳在《亡友鲁迅印象记》中描述过这房屋："规模宏大，房间新洁而美丽，庭园之广，花木之繁，尤为可爱，又因为建筑在坂上，居高临下，正和小石川区的大道平行，眺望也甚佳。"[1] 时过境迁，现在的房子较之周边的漂亮别墅，实在逊色了。门扉紧闭，而内部构造也看不到了。只能凭借周作人的记忆来复原，"那房子的确不错，也是曲尺形的，南向两间，西向两间，都是一大一小，即十席与六席，拐角处为门口，另有下房几间"。[2] 显然，现在所见到的房子经过了改造，成为两层楼房了。然而，像这样的住所，对于鲁迅来说，颇让他感受到经济的压力，不到一年，他们就搬家到另一处较小的房子了。

从伍舍的房子沿着路往北向下走，可以看到路边也有一块牌子，写着"新坂（福山坂）"，新坂曾是日本现代文人夏目漱石和樋口一叶经常活动的地方。从这里沿着巷弄的小路往南走，穿过路边的一幢幢雅致的别墅，就看到路口立着"石坂"的牌子，上面写着附近一带与东京大学很近，是明治时代文人学者常住的地带，牌子上罗列了许多学者文人的名字。顺着坡道走出巷口，隔着马路就是菊坂。这里还留着许多破旧的老房子，甚至许多是木板的和式建筑。房屋间距非常

---

① 许寿裳：《亡友鲁迅印象记·许寿裳回忆鲁迅全编》，上海文化出版社 2006 年版，第 30 页。

② 周作人：《鲁迅的故家》，河北教育出版社 2001 年版，第 273 页。

小，低矮的房子周围和屋顶密密麻麻地拉着许多凌乱的电线。路边的介绍上说明樋口一叶曾经在此居住过，但是经历了火事，只留下残迹了。在一条仅容一人通过的巷弄里，一口遮盖的小井上面，一座生锈铸铁的旧式压力抽水机，或许这就是残存的历史遗迹了。

夏目漱石是日本现代文学的奠基者，樋口一叶则是日本现代文学领域才华横溢的女性作家，他们两人是日本现代文学的开风气作家，与鲁迅在中国现代文学史上的先锋姿态可以遥相呼应。当年的鲁迅与他的挚友许寿裳一直在追寻着文学理想和文化使命："怎样才是最理想的人性？""中国国民性中最缺乏的是什么？""它的病根何在？"这些问题缠绕在鲁迅心头，徘徊在他的灵魂深处，伴随一生，也成为中国现代文化的原初命题。

### 四、充满俗世激情的上野公园

日本房子窄小，却留足了外部空间。

上野公园是东京最大的城市公园。它不仅占地广阔，自然资源和文化资源也非常丰富。

这里有不忍池。池塘水域广阔，划着小船，游弋在湖面，荡漾在碧波之上。春寒料峭的时候，池边矗立着稀稀拉拉的树木，耀眼的阳光使得池景色彩鲜明又各自分立，萧瑟又寥落；夏天，池中陡生热闹，开满的荷花袅袅婷婷挺拔于丛绿中，随风晃动，惹人怜爱。

上野公园最出名的是樱花（见图附录2-3）。樱花树整齐地分列在行道两旁，盛开的樱花紧紧挨着，顺着樱花道走，如同拨开绯红的天上云，通向远处的蓝天。樱花很神奇，远看是团簇的美，融为一体，统一一致；近处细看，又发觉每一株、每一枝和每一朵都是完整的，都是精致的，没有残缺，也没有萎败。而那可爱的粉色，总是挑

图附录 2-3　上野公园

动着最为敏感的视觉神经，美得让人心动，美得让人心神荡漾，美在心尖悸动。上野的樱花繁盛，樱花祭更是盛况空前。满开的时候，日本人名之为"见顷"，树下就铺满了垫子，备齐佳酿美食的日本人动情地欣赏樱花的姿态，释放着看花人的激情，举杯相庆，吟诗歌唱，密密麻麻的人群中时时可闻赞叹声。树下的或走或驻的人们，所有的情绪都被樱花笼罩，也为樱花所感动，传递着花海的盛典美事。

　　上野公园不仅风景宜人，更有历史悠久的古迹。曾经是德川幕府的家庙旧址。公元 17 世纪建成的宽永寺虽然多次损坏，还是遗留了一些遗迹。日本非常注重保留文化遗迹。清水观音堂、五重塔、大佛殿、东照宫等，零零散散地分布在上野公园内。宫殿的大门是贴金的唐门，结构繁复，门上雕刻有各种象征权贵和富丽的图案，在阳光下反射的光让人无法睁眼，有种透不过气的感觉。最让人吃惊的是大佛像，因为数次遭灾变，现仅遗留脸部浮雕。但是它被嵌入一石壁而被供奉着，佛像不失尊度。

　　上野公园于 1876 年开放，从江户时代横跨明治时代，一直延续至今。这里有 52.5 万平方米的占地面积。这里是休闲场所，容纳了现代日本民众的情感和体验，还是个充满了俗世激情的地方，有各种民间和现代的文化风景。

　　公园内有非常著名的上野动物园。虽然当今社会随着生态意识的觉醒，许多人对动物园并不热衷，但是，上野动物园因为存有太多的珍稀动物而受到市民的热捧。动物园门口的游乐场所总是人满为患，门口卖冰激凌的小摊前人来人往，络绎不绝。

公园的广场上总是有各种唱歌或者杂技表演。这些艺人们在这里舒展而自由地展示才艺，或疏或密的围观者中不时地会有掌声。还有百无聊赖的人坐在长椅上发呆或者喂鸽子。

公园附近有多座著名的建筑物，它们是东京国立博物馆、国立西洋美术馆、国立科学博物馆，东京都美术馆等。时不时地会有重大展览，那些热门的展览更增添了公园的人气指数。

上野公园融汇了从传统走向现代的各类日本文化，也代表了日本混杂和多元的文化特征，各种俗世激情都可以在这里得到体现和释放。100多年前留日的中国年轻学生经常出没于此。但是，鲁迅似乎并不认同这种激情的释放和表达。他在描述上野公园的景色时，明显地表现出一种"隔绝"的心态。这种他者和异域的心态扩展到他对出没其间的同学的态度。"上野的樱花烂漫的时节，望去确也像绯红的轻云，但花下也缺不了成群结队的'清国留学生'的速成班，头顶上盘着大辫子，顶得学生制帽的顶上高高耸起，形成一座富士山。也有解散辫子，盘得平的，除下帽来，油光可鉴，宛如小姑娘的发髻一般，还要将脖子扭几扭。实在标致极了。"[①] 显然，这段话表明鲁迅无法融入日本热闹的、享受生活的氛围，也不喜欢此处的俗世美丽和激情。他保留了典型的中国传统知识分子的责任感和审美趣味。深厚的家国关怀和忧患意识显然无法融入轻松的享乐和世俗化的审美观。而与他同时来的其他的留学生追求跳舞等时髦的交际生活方式更为他所不屑。有趣的是，当年鲁迅对上野公园的嘲讽反而引起了后人来上野

---

① 　鲁迅：《鲁迅全集2》，人民文学出版社2005年版，第313页。

公园瞥一眼的念头。

当我们离开上野公园的时候，一位新加坡来的女性迎面而来，焦灼地问我们是否知道上野公园有没有鲁迅的遗迹。她说她特意把孩子交给丈夫，自己在公园内已经转了好几圈了，只是为了寻找鲁迅的遗迹。当我告诉她可能找不到时，她遗憾地笑了，连声道谢。

### 五、鲁迅当年经过的日暮里车站

"日暮"在中国文化传统中是一个充满了萧瑟、落寞和无限惆怅的意象，"日暮乡关何处是，烟波江上使人愁"（崔颢《黄鹤楼》）、"日暮苍山远，天寒白屋贫"（刘长卿《逢雪宿芙蓉山主人》）、"移舟泊烟渚，日暮客愁新"（孟浩然《宿建德江》）等诗句中的"日暮"时常与离情别绪、孤单冷清、寂寞寥落等负面情绪联系在一起，那是敏感多思的诗人感受自然天候的心理反应，更是"日暮"传递出来的心绪投射，传统文化中的日暮意象深刻地影响着一代又一代的中国文化人。

但是，日本人对太阳下山解读出别样的意义，将一处名为"新堀"的地名改为"日暮里"，表示这是个"在此度过一天也不会厌倦的地方"。原来消沉下坠的基调被改为积极乐观的情绪。

近一个世纪前，一位中国青年经过此地，他身在日本已经两年，却全然不能感受日本人在此地感受到的兴奋，只顾着为祖国感到哀伤和悲苦，沉重和悲痛。他在此处停留时间很短，却陡然生出许多感慨。日暮里和水户，成为他情绪化的直接客体，弥漫开来的心绪在20多年后记忆犹存，被记载在《藤野先生》中。途经日暮里时，内心深处的强烈使命感以及与之伴生的忧患意识都被激发。或许，日暮里当年是热闹的，在日本人眼中活力四射，光鲜十足。而鲁迅，只是在此地找到在异国他乡难以忘怀的情绪记忆，知识分子的责任感和自觉意识，深刻又丰富的痛苦。

图附录 2-4　日暮里车站

如今，日暮里车站（见图附录 2-4）是东日本旅客铁道的京滨东北线、常磐线和山手线及京成电铁的京成本线交汇的枢纽车站，旅客们络绎不绝，繁忙穿梭。经历了岁月的冲刷，日暮里车站日益显现出沧桑。铁道和站台在奢华的东京显得相对古朴和简易。车站的规模不算大，设施略显陈旧。蛛丝网般密布的铁道线和架在头顶的电缆线略显杂乱无序，过道和两边绿色的铁栅栏无论在样式还是材质上都因历史的沉淀略带滞重感。车站内的装修正在翻新，试图延长它的使用寿命，但仍处处显现出衰败和疲顿的感觉。车站通往月台的过道不宽，人一多，略显拥挤。不知是年代久远还是承载量有限，人在铁质的过道上走，偶尔会发出吱吱呀呀的声音。还有裸露的外墙上因风雨冲刷的斑驳水渍，冬日傍晚的阳光照射在上面，昏黄的光晕似乎眷恋着曾经有过的辉煌，历史遗韵弥漫缭绕，久久难以散去。此时此景似乎触动了我。不知鲁迅若目睹今日日暮里车站风采不再的情景，将作何感想。

离开日暮里车站时，天全暗了。鲁迅当年感受着日暮里的景色，惦念着中国的未来。而今，或许日本也需要担心起它的未来了。日暮里车站逐渐隐于黄昏的暮色，历史不会停住它的步伐。

## 在仙台寻访鲁迅

仙台对于大部分深度接触鲁迅的中国人而言，充满了现代性的诱惑，鼓荡着探究的冲动。众所周知的《呐喊·自序》提示着所有的读者，在仙台，鲁迅开始了他的毅然决然的断裂，即使未展开的现代中国尽是无物之阵的荒原，中国现代文学开创者鲁迅依然以悲怆的姿态挺立起来。那种文化英雄的悲情形象，无疑是研究现当代文学的学人们无限心仪的文化场景。鲁迅的叙述正是现代文学充满传奇的开场白。因为鲁迅的叙述而前往仙台觅迹，几乎成为朝圣之举，是不可抑制的向往。

从东京出发，乘坐北陆新干线，大约一个半小时后，就到了仙台站。较之东京，明显地感受到这里的城市节奏放慢了，路上行人较为悠闲，一副怡然自得的样子。与日本其他的城市一样，仙台的交通设计得很方便合理。当年的青年鲁迅来到仙台的时候，虽然没有享受到今天仙台的现代风格，然而，他应该同样能够感受到此处与东京不同的城市风格和本地人的精神特质。那份来自非中心城市人所有的热诚和善良都被他记录下来了，虽只有片言只语，寥寥数字，却足以体现本地的待人风尚，为此，鲁迅满怀感恩，铭记在胸。时隔20多年后，饱经沧桑沉郁压抑的鲁迅将感受到的温暖诉诸笔端，"学校不但不收学费，还有几位职员为我的食宿操心"。[①] 在不涉及政治争端的人情空间，都是简单淳朴的关怀，纯粹素朴却又体贴入微，这样的暖意，即使在惨烈、残酷和满是敌意的战争遗恨中，也成为一股能够化解隔阂和陌生的潜流。

---

① 鲁迅：《鲁迅全集2》，人民文学出版社2005年版，第314页。

　　从车站乘坐公交车，大约一刻钟时间就到了东北大学。东北大学的前身是鲁迅就读的仙台高等医学专科学校，于1907年继东京大学、京都大学之后正式成为日本第三所国立大学。东北大学的史料馆是一幢独立的旧式洋房，红砖木窗，很有些岁月的痕迹了。门前树木苍翠欲滴，愈加增添了凝重感。走上木楼梯，一上两楼，就看到了立着的大大的标牌——"鲁迅与东北大学"，副标题为"历史动荡中的留学生"。看这个题目，作为中国人就能强烈地感受到史料陈设背后的同情和理解，似乎在这里可以重现鲁迅当年留学日本时在《自题小像》中所写的"灵台无计逃神矢，风雨如磐暗故园"的悲怆焦虑，体会到此刻的日本人对当年充满悲情和为国家民族努力奋争的留学生的关切，在鲁迅那一代知识分子"寄意寒星荃不察"的艰辛背后，有着更多的共通的人性，有着更多的对苦难的共鸣和体察。鲁迅纪念展示室是东北大学史料馆的常设展室，它拥有专门的空间。二楼的另一片展区则是对东北大学校史的详细介绍。鲁迅在日本东北大学成了标志性的存在，他的文化形象意义具有特殊性，甚至超越地域国家和民族时代的限制，成为独特的存在。

　　在这里，我发现了对应于日文的汉字是简体字。这在日本属于比较特殊的现象。日语中虽然有很多汉字，但是日语的语法与汉语语法不同，所以，在日本要懂得日语的意思还是不容易的。在日本许多城市，考虑到与中国人的交往联系，许多地方都会把日语翻译成汉语，但是更多处的汉语是繁体字，有些地方是既有繁体中文，也有简体中文。但是仙台不同，不仅是在东北大学史料馆的鲁迅陈列室，整个仙台城的汉语翻译，都使用了简体字。这是个真正认同鲁迅，也因为鲁迅而认同中国、尊重鲁迅的文化背景和民族身份的日本城市。

　　陈列室标牌上最惹眼的是鲁迅的照片。这张照片是1903年鲁迅在东京拍的。照片上的鲁迅非常年轻，穿着学生制服，戴着学生帽，五官周正，脸上稚气未脱，只是严肃又沉静的表情似乎与流露的青春气息不协调。此时的年轻鲁迅日后的人生之路，尚待开启，更面临着各种变化和转折。很难想象，日后作家鲁迅的脸为何变得如此鲜明，如镌刻过一样让人难以忘怀。至少当时，在仙台时的鲁迅的面貌和表情并未从人群中突显出来。如果一定要分辨和深究，唯一的感觉就是他的目光，沉郁深邃又缥缈。

这个陈列室，充分体现了日本的史料功底。鲁迅在仙台时间不长，从1904年9月入学，到1906年3月离开，共一年半时间。凡是相关的信息和线索，在陈列室中都可以看到，包括鲁迅的学习证明、成绩证明，藤野先生改过的笔记，其中有纸质材料，有照片，还有幻灯片，史料很齐全，也很细致。其中还特意提到在仙台时的鲁迅有抽烟的习惯。经由尽可能周全的细节拼接，努力复原了当时的片段和场景，包括鲁迅在日本时的学习状况、时代背景和生活实景。史料和实物穿过了时间隧道，晕染着光阴，历经了沧桑和变化，如此真实又确凿地复活了热血青年鲁迅的选择和追求，令人不由得陷入沉思。百年后的我们，面对着他当年那些毅然决然的人生抉择，又怎么能理解他当时的心态和思绪呢？今天，我们通过这些陈设的物品，穿越到百年前，想象鲁迅在仙台医专怀揣青涩又充满豪情的青春梦想，我们能够理解他的情、他的痛和他的思吗？

陈列室除了展示鲁迅在仙台的史料外，还陈设了延伸史料，从而将鲁迅与仙台的关系扩展成具有历史深度和民族广度的事件。展示中增添了日后鲁迅对仙台的回忆（主要在散文《藤野先生》中——笔者注）和鲁迅与仙台的延伸关系。在这里，我还见到了苏步青先生年轻时候的照片。他也毕业于日本东北大学。在我孩提时期，苏步青是平阳人口口相传的传奇人物，他对我影响深远。直到今天，我才知道他是鲁迅的校友。不期而至的意外让我意识到那时的留学生潮流在近现代壮阔的历史长河中的意义和价值。

陈列室里还留下了鲁迅在仙台的两张照片，其中一张是合照，是鲁迅所在仙台医专送别一位老师去德国的照片。照片中人数众多，当然鲁迅也就被淹没在人群中了。另外一张则是送别鲁迅离开仙台的照片。那是日本的同学欢送他的照片，照片中共有5人，鲁迅立于照片后排的左方。与在东京所拍的照片相比，离开仙台时的鲁迅似乎变化不大，依然年轻，依然沉静，略微少了些东京照片中的窘迫，更为沉稳和坦然。有意思的是照片的说明，这张照片是鲁迅与同学吃过甜食后所拍。之后，我曾经寻访过鲁迅当年吃甜食的一丁目，据说这里在当时也是非常热闹的场所，今天仍延续了旧日的繁华。华灯初上的时候，熙熙攘攘，人气很旺。但是，《呐喊·自序》中所记留给读者的印象却是鲁迅在仙台的生活是萧瑟压抑的，似乎跟临走前吃甜食怎么也无法联系在一起，更无法感受到鲁迅曾经在充满烟火气的街市上领略俗世人生，甚至他本该有过的日常生活场景也在过于耀眼的光芒中隐没了。再细想，印象中鲁迅一直是严肃、深邃、沉重和抑郁的，充满了沧桑，不管是他自己的叙述还是后人给他构设的形象，都没有生活感，即使在生活空间中，他也总是表现得像是脱离了世俗。在鲁迅的作品中，我们不断地感受到他独到的见解，深刻的思考，在理性世界里独步天下的感觉。所有平凡的、日常的和感性的事件或者事务，背后都有着深刻的意味，或者能够被挖掘出来不一般的见地。而在读者的期待中，我们不断地强调他的不修边幅的衣着，与常人不同的作息时间，在生活中的哲理思考等等。我们惯常的印象是，鲁迅是不同于常人的，超凡脱俗是对鲁迅的基本定位。而且，中年以后的鲁迅脸上的特殊的精神气质也就成为他留给后人的基本印象。当我们面对青年鲁迅的曾经有过的青年人气质时，反而有些不适应和难以接受了。

鲁迅形象在经历了无数次反复解读和细读之后，感性层面的鲁迅不复存在；真实和完整的鲁迅，不断从不同层面、不同视角和不同立场被考察和探究之后，只存在于理论的框架和阐释的系统中。鲁迅形象在历史中不断地沉淀和叠映，清晰和虚幻只是一体两面。

这张五人合照中有藤野先生。这位剪短发，戴着领结穿着西装的瘦削的日本中年男人，表情肃穆，目光专注。在鲁迅犀利、深刻和凝重的文字中，藤野先生被描述成充满了温暖的情感力量的师者形象，曾经被我想象成一位和蔼可亲、穿着和服的始终微笑的日本人。面对这张略显刻板的形象，我猛然意识到他的外貌所透露出来的精神气质与我们后来所看到的大多数的中年鲁迅的肖像照非常相似。他们当年在仙台的投缘契合，他们日后的绵绵不绝的相互惦念源自他们相近的精神气质——严肃而温暖，深邃又深情。

日本的东北大学无疑非常重视鲁迅，整个展览细致到位，充满敬意。在这座古旧的房子里，只听到鞋子踩在木板上的吱呀声，灯光投射在展板上，傍晚的余晖照着窗棂，整个展室显得那么空寂肃静凝重。

东北大学另一处留给后人瞻仰的与鲁迅有关的场所是阶梯教室，即《呐喊·自序》中所写的著名的幻灯片事件所发生的地点。现在的阶梯教室在东北大学出版社的后面，四周被栅栏围住。栅栏连同教室都被涂成白色。平时教室的门和栅栏的门都是紧闭着的。只有周二和周四下午 1 点到 4 点，或是庆典的日子和东北大学 6 月 22 日的学校纪念日才开放。如果要去参观，还要提前预约。所幸的是鲁迅展览室里把阶梯教室内部的照片和一些幻灯片都陈设出来了。史料记载，当时利用幻灯片传播时事的宣教活动确乎存在。无论与清朝的战争还是与俄国的战争，确实都有一些相关的纪录片存在。但是，关于鲁迅当时是否真的在课堂看到了刺激他并促使他做出弃医从文决定的幻灯片，存在激烈的争论。不管怎样，这桩在中国现代文化史尤其是中国现代文学史上标志性的事件和鲁迅的标志性的举动，深刻地影响了中国现代历史和中国现代历史的叙述。

从东北大学出来的时候，天差不多暗了。校园里的众多名人纪念碑和塑像与参天大树一起成为学校的历史的见证，也在铭刻着与这个学校相关的复杂而沧桑的历史陈迹。

从东北大学的校门出来，沿着大路走，两旁绿树成荫。不到10分钟，就可以看到右边的路上有座破旧的日式两层楼。木式结构，年久失修，大概是怕倒坍吧，好多处还用破木板或者暗红色的铁皮加固。门扉紧闭，显然是好久没人住了。房子外面还有些日常用品放着，当然也是非破即旧的。只是房子边上还有棵樱花树。

初夏时节，绿意盎然，生机勃勃。这是日本建筑的特点。即使再破旧的地方，也会让人感受到在破败和废弃之外的生机存在，才没有彻底寥落和绝望。正门外还有一盏灯点着，夜幕低垂的时候，让人感受到了暖意。正门靠右的角落里，写着"鲁迅故居迹"（见图附录2-5），是郭沫若题的字，千真万确了，这就是鲁迅仙台留学时住过的房屋了。老旧的木板经岁月的冲刷，木

图附录2-5　仙台鲁迅故居

头上的纹理都非常清晰了。侧面的土墙因为长期废置，都变得斑驳陆离了，房子里面的水瓢都还挂着，似乎在告诉你这是厨房的位置。房子四周缠绕着的电线说明这里的主人曾经也把日子过得生气勃勃，充满了烟火味。鲁迅在《藤野先生》中曾经提到他在仙台感受到的浓浓的人情味。无论是学校的校工还是寄宿的民居家的主人，都让他感受到如家的温暖。即使他并不喜欢日本的饮食起居，抱怨过难咽的芋梗汤，也抱怨过不让他安睡的蚊子，但是他没有抱怨这里照顾他生活的人。仙台的日本人是本真和质朴的，与鲁迅深沉的情感是投合的。

仙台历史悠久，曾经是日本东北的要塞。虽然经历过大地震，但是旧城市还在，如今已经成为旅游景点。在仙台市博物馆，可以看到鲁迅纪念碑（见图附录2-6），1960年设立，纪念碑上简单地记载了鲁迅在仙台学医的经历，并

图附录2-6　仙台市博物馆院内的
鲁迅纪念碑

指出他弃医从文的历史意义。当年藤野先生对鲁迅离开仙台表示遗憾。但半个世纪后，鲁迅的行为被赋予了非同寻常的历史意义。当年来仙台的鲁迅是孤独的，也是勇敢的。今天仙台纪念鲁迅是隆重的，充满仪式感的。这里除了这块纪念碑之外，还有特意从中国运来的鲁迅的塑像，为赞扬鲁迅的功绩，也为仙台与绍兴的两座城市的友谊。在纪念碑前的空地上。其中还有1981年竖立的纪念鲁迅诞辰100周年的纪念碑。此碑前有一棵松树颤颤巍巍的，看上去很年轻。1961年许广平亲手栽下一棵黑松，只是当时栽种的树没有长好，1999年又栽

种了一棵。在鲁迅纪念碑和塑像前面，这块空地作为进行鲁迅纪念活动的场所，负载了宏大的意义。100多年前鲁迅来到仙台的时候，那里中国人非常少。但是今天因为鲁迅，仙台成为日本所有城市中与中国联系最紧密的城市之一了，素朴的情感穿越了时空得以延续。倘若九泉之下的鲁迅知道了纪念他的盛况，会是怎样的感受呢？

鲁迅纪念碑上有郭沫若的题词。我想起了东北大学前面的旧屋也有郭沫若的题词。还有东京神保町的内山书店，也有郭沫若的题字。郭沫若也曾经在日本留学，与鲁迅同为中国现代文学大家，以政府官员身份在纪念鲁迅的活动中题词。现代中国的思想和文化活动与日本关系密切，也让后人意识到当年留日学生的历史意义和强大的力量。

那是充满了变化契机的时代，也是不可预设未来的年代。当时的鲁迅和郭沫若将会成为言说历史的知识分子，今天他们已成为阐释历史的历史符号，一切都在未完待续中。

在纪念碑和鲁迅像之间，有一块木牌，上面写着"中日不再战"，是卢沟桥事变30周年时设立的。当时种下的树已经长得郁郁葱葱了。

离开时，四下无人，只听到鸟叫。傍晚的阳光很柔和，树影斜铺在草地上，拖得老长老长，一片晕黄。到了仙台旧城的老城门，靠右走，看到了军马战殁的纪念碑。纪念碑立得很高，很有视觉冲击力。日本人如此重视生命，却主动地发动战争，让人费解。再走几步路，就是通往现代仙台城去的JR地铁站和公交站了。

仙台保留鲁迅的方式是史料性的，丰富而诚实。

# 东京周边：水户和横滨

## 一、水户——此处或可明志寄哀思

图附录 2-7　朱舜水像

从东京到仙台，路经水户车站。水户在幕府时代独立性很强。无论是二代藩主光国、九代藩主齐昭，都是有独立思想、敢作敢当的亲民的仁王形象。水户文化精神的确立和发扬直接与明代遗民朱舜水（见图附录 2-7）有关。鲁迅作为中国人，体会到本国前人在他国曾经有过的如此辉煌的人生经历，内心感触良多，这也在情理之中。若干年后，时空变换，意气风发的青年鲁迅成为沉郁深邃的中年鲁迅，从希望中国从积弱积贫的弱国角色中摆脱出来的留日学生，到日益感受到沉重和压抑的现代知识分子，他还是未能忘怀专程前往水户、凭吊遗民朱舜水时的心境，这成为他年轻时富于深刻象征意味的举动。

今天从东京到水户，在东京站乘坐北陆新干线，一个多小时就到水户。在水户市，依然留有许多与朱舜水相关，或受朱舜水传播的儒家思想影响而留存的处所或遗迹。

在水户，最大的也是最有名的庭园为偕乐园，它是第九代藩主德川齐昭下令建造的，最初是为了让在弘道馆修文习武的藩士们放松心情，品花赏月。由于此地藩王素有勤政爱民的品格，遵奉与民同乐的文化思想，因此取名为"偕乐园"。另外，受朱舜水儒家思想的影响，德川家族在东京建造了"后乐园"，寓意为"后天下之乐而乐"，遥相呼应。偕乐园中开得最盛的是梅花，这里是日本冬季赏梅的最佳去处。梅花在中国文化传统中是清高的花，其孤寒倨傲的品格符合中国传统文人的精神追求，能在日本得此推崇，不知是否与朱舜水有关系。偕乐园中，有专为赏梅的三层楼房，名为好文亭，据说藩主德川齐昭在此与文人墨客赏花赋诗，品尝弄乐。楼房边上有一小木房，那是待合室，题名"何陋庵"。楼房边上还有一额匾，上面写着，"巧诈不如拙诚"，很明显，这些座右铭也是深受儒家思想的影响的证明。离开偕乐园时，发现门口路边立着一块石碑，写着"大日本史完成之地"。朱舜水被邀请到水户后，曾参与日本历史的编订，这一史实说明朱舜水在日本地位很高，而他以遗民身份修史，是儒家文人的"立言"举措，也是传统的一种表达。

在 1665 年，第二代藩主德川光国从长崎将朱舜水邀请至江户。自此，德川光国在朱舜水的指导下，更为清晰和确定地以儒家的文化思想实践他的政治方略。德川光国在复杂的历史背景中，以"尊王攘夷"的君臣关系确立了自己的政策，以地方政治领袖的施政能力，施展其个人的榜样魅力，在日本历史上留下了不少传奇轶闻。水户黄门成为日本民众心目中的明君清官的典型形象。他的政治业绩和历史贡献，深受朱舜水的儒家思想的影响。德川光国非常敬重朱舜水，在他过世后，刊行他的全部著作。甚至为表达对朱舜水的敬意，把朱舜水的墓地安排在自己家族的墓群中。

水户德川家墓所在常陆太田，是偏僻的小市镇，距离水户十几公里。从车站出来后，叫了辆计程车，十几分钟，在一条山路上，看到路边竖着石碑"水户德川家墓所"。进入墓地有两道门，前面一道是铁栅栏门，后面一道是类似于神社结构的木门。此地绿树成荫，绿竹葱茏，悠然静谧。墓地周围围着一人高的围墙。顺着围墙往上走，发现坍塌的围墙有一个七八米宽的缺口，缺口处堆放着很多的碎石沙土。顺着路边树林的间隙朝里面看，整个墓群大概在施工中。我用蹩脚的日语询问几个工人模样的人，才知道墓地正在整修，不让进去，他们一再强调危险。后来专程去工程事务所询问，但是被拒绝了，不能进去。

回去的路上，车子经过的地方，人很少。鲁迅当年来过水户，却不曾来过此地，也不曾寻访过朱舜水的墓地。他所说的这是"朱舜水客死的地方"也不是历史事实。朱舜水客死江户，东京大学校园里还有他的纪念碑。可能鲁迅经过水户时，朱舜水作为明遗民的身份引发了深潜于他内心深处的故国情感，才使他念念不忘。回到水户车站，看到的水户车站完全是个充满了现代商业气息的交通集散地。充满了现代建筑审美意识的玻璃外墙，宽阔的门厅，宽广的广场，还有外立面上的各种品牌的广告，使人怎么都感觉不到鲁迅的那份无法释怀的情感。

## 二、焦虑与希望——面对现代化激情下的横滨

东京附近的横滨港在日本的现代化历史上扮演着传奇的角色。

1853年，美军将领佩里率领四艘军舰驶入江户湾浦贺港，这些冒着黑烟、装载雄厚军备的现代化军舰威慑力极大。第二年春天，幕府被迫签订《日美亲善条约》，继而与其他西方国家签订通商条约，从此结束锁国政策。国家的危机加速了幕府政权的灭亡，此后开启的明治维新使日本走上现代化之路。随着国力增强，甲午海战后，日本打败了清政府的北洋舰队，并成功地晋升为东方强国。这一切都始于渔村港口横滨，日本接受西方文明迅速崛起的现代神话由此展开。

如今，从东京到横滨，坐地铁不到一小时的就可直达。在日本大通站下车，地铁站位于横滨市的中心地段。一出站，就会发现欧洲风格的建筑鳞次栉比。那些大型的石柱，宽阔的门厅，高耸的屋顶，大面积的几何构图，夸张的雕刻和装饰显然迥别于东方审美观，不见日本本土的和式印记。站在长长的街道上，强烈地感受到日本在现代史上的陡然崛起，也感受到现代西方文明的强大气场。

横滨开港后，英国，法国等西方国家分别在这里建立了自己的码头、领事馆等商业和军事建筑。而今，这些建筑物都被收归。经历了100多年的社会变迁，以及地震火灾等巨大的破坏，这些散发着异域风情的建筑染上历史光晕，备具沧桑感。当年视为新潮和时尚的石材或者钢筋混凝土的楼房，不少被用作资料馆或者纪念馆。步入横滨开港资料馆、横滨市开港纪念会馆、神奈川县立历史博物馆等场所，都不免地涌起思古之幽情。让人惊讶的是，在这些历史建筑物内部，忠实地保留着当时的历史记录，不管是关于日本本土的还是欧美国家的。在原英国领事馆一楼的墙壁上，今天仍留着在萨英战争中阵亡的英国士兵的纪念铭板，与此铭板并排的是关东大地震的纪念铭板。

具有近代历史感的西洋建筑奠定了横滨建筑的基本风格，这种建筑的大量涌现完全覆盖了开港前的横滨古貌。横滨的主干道上，后来建造的高楼大厦与具有历史感的开港建筑并排耸立，并无时代的区隔，反而突显了开港时期建筑物的标识性作用。让人惊讶的是，有些后来盖的楼房，仍然在尽力保留旧的建筑元素和风格。缓步走在人行道上，经常会发现，基座和下面的一两层还是老建筑物，而在此之上完全是新的外立面，不同材料和风格的建筑嫁接在一起，使你不得不佩服日本人的奇妙想象力了。这类建筑上常有原建筑物的年代说明，这类标记一再强化着历史记忆。这个海滨港口城市居然保留着几十座开港时风格的旧式建筑物，这不免让人想起被誉为"东方巴黎"的上海外滩。在100多来的历史变迁中，许多建筑物经历和承受了多种变故，但即便因为战争和地震遭受了巨大的破坏，在恢复和再建过程中，新建筑物也总是努力保留旧时风貌。

纪录开港历史和经历历史沧桑的另一集中地带当属横滨港。

在此港口，曾经修建了长长的防波堤，称作"象鼻"。这个充满想象的地带如今已经被开发成观光旅游区。隔着象鼻眺望，不远处就是大片的横滨红砖仓库，如今都被修整一新。一字排开的壮观的仓库显示着港口当年辉煌的吞吐量，以及由此延伸出的对整个日本的现代工业和商业的巨大辐射能力。当然，今天的横滨港有了新的发展，也有了新的建筑。驻足在此，最为强烈的印象依然是开港带来的巨大震动和由此而确立的时代标记。

横滨不仅是日本最先打开国门与西方沟通交流之地，而且也是中国侨民聚居地，甚至是近代中国政治文化变革的发源地。开港之初，在日本与西方的贸易沟通、文化交往中，有不少中国人充当翻译。鉴于此，横滨聚集了大量的中国人，这是现在中华街的由来。中国近现代的不少重要历史人物都曾经在此展开各种政治和文化活动。孙中山在此先后住了七年之久，梁启超在这里创办发行《清议报》，苏曼殊在此出生、就学……至今为止，横滨的中华街依然保留着鲜明的中国特色。横滨中华街上有关帝庙，有妈祖庙，还有中国各地小吃名店。它不仅在日本，而且在世界华人圈子中都有深厚的影响力。

1902年，鲁迅在推崇新思想的知识分子俞明震的引领下，乘着海船来到日本，登陆横滨港。此地正是逆转了日本国家命运和开启强国之路的新兴之地，四处洋溢着西方文明带来的现代性激情。风华正茂的年轻鲁迅在时代思潮强烈的撞击下，开始了他在日本长达7年之久的求知生涯。关于当时对横滨的感受，鲁迅没有给后人留下文字资料。但可知的是，他不止一次来过横滨。散文《范爱农》记载了他当年来横滨接新来的中国留学生的经历。显然，鲁迅认同横滨的新气象和新面貌。这里开启了日本现代化的进程，第一家报纸、第一座火车站……当他看到范爱农带的绣花鞋时连连摇头。横滨港是他到日本的第一站，他乘着日本第一条铁路到东京。作为来自甲午战争战败国的留学生，鲁迅感受到强大的焦虑。然而，由横滨开始的日本的崛起又让他萌生了无限的希望。这是他在日本的基本心态。

今天，横滨开启的日本现代化神话成为历史景象，横滨港被开发为主题公园，横滨中华街被当作旅游景点，曾经鼓荡的政治激情日渐消弭，鲁迅与同期留日青年的焦虑和激情随逝去的历史而消隐。

### 三、福井藤野严九郎纪念馆

早上 10 点半从东京站出发，换了两次车，到福井时已是傍晚。又换了趟只在乡村运营的小列车，到了名为芦原的边陲小镇。此地靠近日本海，隔海相望的就是朝鲜半岛。冬天，正下着雨，丝丝寒意直侵肌骨。镇上人很少，非常宁静。在旅店放下行李，步行五分钟，就到了藤野先生纪念馆。纪念馆前面的小广场上矗立着鲁迅和藤野先生的塑像。藤野先生留着标志性的两撇小胡子，坐在椅子上。塑像鲁迅是个风华正茂的青年，立在老师身边，气宇轩昂。两人都平视前方，凝重肃穆，目光邈远，默默无语。雕像显示了创作者对两人关系的想象和设定。塑像后面的纪念馆由两部分组成，前面部分是新添加的展厅，后面独幢二层楼房是由藤野先生的原住处翻新改建的，乌木瓦房，典型的日式建筑。临时管理员是个在宁波待了好多年的中年日本男子。馆内除了他，没有游客。

推开日式推拉门，可见一个半环形的展室，面积不大，仅十多平方米，正中并排摆放着鲁迅和藤野严九郎的半身铜像。这是展室最抢眼之处，也是展室的核心，展品分别由福井市芦原镇和北京鲁迅博物馆提供。置放在此的藤野先生塑像神情平易可亲，目光温和，嘴角上翘，略带笑意。而鲁迅已经从门口那位清俊的青年成为饱经沧桑和深怀忧患的中年知识分子，面庞瘦削，短发硬挺，眼神凝重。从门前的广场到展厅，两对塑像中的主人公年龄不同，就像跨越了历史时空，不禁让人唏嘘。广场上的鲁迅和藤野先生的塑像是两人相处时真实情境的想象，展室中的铜像则是两人留给后人的典型印象（见图附录2–8）。

图附录 2–8　藤野严九郎与鲁迅像

纪念馆内的陈设详尽且有条理。靠左边墙壁被灯光照得通亮，通过大量的史料和文字说明介绍藤野先生的生平和事迹。内容主要由两部分构成，一部分是藤野先生的家世和生平。靠门边的墙上有藤野先生的家谱图示，清晰明确，一目了然，一如日本文化的惯有风格。另一部分是鲁迅与藤野先生的交往过程。追溯了藤野先生与鲁迅交往的源起，还提及藤野严九郎的汉学老师野坂三郎对他的影响。由于对中华文化的感恩和敬仰，藤野先生对成为他学生的鲁迅尤为珍爱疼惜。靠门的左边是书架，架上摆满了关于藤野先生的研究资料。从资料收集的齐全详备，足见日本研究者的细致入微的功夫。铜像背后则是三个可点击的屏幕，将藤野纪念馆的文字和图像内容都收录其中了。这里充分利用了现代媒体，内容丰富又详尽。

连着展厅，就是藤野先生住过的旧屋。宅屋楼上的正厅是 8 坪，楼下的是 10 坪。楼梯也是典型的日式风格，非常陡，需要半扶半蹲才能上去。屋内陈设的是木质的或是藤篾编的旧家具，站在稍显低矮的散发着旧日气息的房屋中，可以想象当年房屋主人的生活场景和工作环境。所有的家具都是曾经用过的旧物，既有颇具西方现代特征的产物，如收放机和电唱机，也有典型的日式风格的酒杯酒壶，还有最能代表主人身份的医药箱和医疗设备，非常齐全。这幽暗的房子曾经是病苦的人们的希望和支撑。在楼梯的拐角处，还看到了传统的和服，上面赫然绣着藤野家的家徽。

出来的时候，天已经全暗了。周围还是寂寥无人。不远处汤屋冒着热气。

福井是日本偏僻的小镇，藤野先生后来蛰居在家乡行医。他的中国学生鲁迅的文化影响力使默默无闻的乡村医生进入公众视野。后人从鲁迅的文字中了解到藤野先生的耿直和质朴，也了解到师生之谊的真挚和可贵。藤野先生成为象征性符号而获得永恒意义。驻足在地道的日本偏远小镇，感受接地气的医者形象，看到完全本土化的纪念馆设置，忽然觉得历史如此亲近又如此陌生。

# 附录三 论文

## 论 20 世纪 30 年代鲁迅与日本佛教界之关系——从日本镰仓圆觉寺的两棵鲁迅赠树说起

### 一、圆觉寺鲁迅赠树的事实辩证

日本镰仓的圆觉寺佛日庵内有两棵树，枝干虬曲，苍劲有力，一棵"木莲"（见图附录 3-1），树旁标着昭和八年四月鲁迅寄赠；一棵"泰山木"（见图附录 3-2），树旁标着昭和八年六月中旬鲁迅寄赠。

图附录 3-1　木莲　　　　图附录 3-2　泰山木

　　关于两棵树的记载最早出现在《感觉日本》中，"还有鲁迅在昭和八年（1933年）寄赠的泰山木和木莲。鲁迅寄赠的这二棵树长得都很茂盛，据说是铃木大拙带回日本的，可在'鲁迅与日本大事系年'中均无记载"①。

　　这两棵树都标着鲁迅赠送，而关于此树来源，只是模糊地说明与鲁迅相关，一无确定的历史记载，二无具体的场景细节。如果真是鲁迅所赠，那么鲁迅通过谁赠树，又为何赠树呢？《感觉日本》中提到的带树回日本的铃木大拙，是日本盛名远扬的禅宗大师。首先，铃木大拙与镰仓圆觉寺关系密切——"铃木见性悟道，拜圆觉寺住持宗演为师"，"铃木大拙当时在日本镰仓的家中潜心研究禅学"②，铃木大拙曾在圆觉寺修佛悟道。其次，铃木大拙与鲁迅有过面对面的交往，有据可查。鲁迅1934年5月10日的日记记载，铃木大拙确有过与圆觉寺佛日庵住持一起来上海拜访鲁迅的经历。"十日晴。上午内山夫人来邀铃木大拙师，见赠《六祖坛经·神会禅师语录》合刻一帙四本，并见眉山，草宣，戒仙三和尚，斋藤贞一君。"③此次见面，鲁迅还与铃木大拙、眉山、草宣（实为静宣）、戒仙及内山完造合影留念，斋藤贞一为他们拍摄。④其中眉山即为高畠眉山，时任佛日庵住持，而摄影者斋藤没有出现在相片上。这张照片不仅确证鲁迅曾与铃木大拙见面，还证实鲁迅与佛日庵（即树木栽种的寺院）的住持眉山见面交谈过。虽然没有确定的史料证明鲁迅赠树的行为，但是根据以上的材料，铃木大拙接受了鲁迅赠树，或者和佛日庵的主持眉山一起接受了

①　商金林:《感觉日本》，安徽文艺出版社2000年版，第378页。
②　沈鹏年:《鲁迅先生和铃木大拙》，《佛教文化》1993年第3期。
③　鲁迅:《鲁迅全集16》，人民文学出版社2005年版，第449页。
④　参见黄乔生:《鲁迅像传》，贵州人民出版社2013年版，第302页。

鲁迅赠树，带到与他关系密切的圆觉寺栽种，似乎顺理成章。

赠树行为符合寺院的赠物传统。圆觉寺佛日庵内这两棵赠树，一棵是木莲，另一棵是泰山木。泰山木，又叫广玉兰。鲁迅一直持有花木的喜好。年轻时曾经不远万里从日本带回水野栀子，移栽在绍兴老家庭院中①。鲁迅生前很喜欢广玉兰②，在上海虹口公园的鲁迅墓前，也种有广玉兰，现今枝繁叶茂。圆觉寺所赠树木的品种和行为也符合鲁迅的惯常行为。

然而，为何双方都认为是善意的举止，"鲁迅与日本大事系年"却无记载？除了鲁迅日记向来简练，只作为事件记录，并无缘由、细节和场景的解释外，是否还有其他的原因？赠树的历史事实如果存在，经由铃木大拙的关系寄赠的树所标注时间也让人困惑存疑。木莲树上所标时间为昭和八年四月（1933 年 4 月），泰山木所赠时间为昭和八年六月（1933 年 6 月），说明是分两次给寺院送树。那么鲁迅为何在一年内两次赠树呢？如果真以树苗实物的形式赠送，以当时日本和中国的物资运送渠道和方式，显然不合理。另外，圆觉寺赠树标注时间为 1933 年，这年份是在鲁迅与铃木大拙见面的前一年。按照常理和《感觉日本》中所述，经由铃木大拙带回日本这一行为，应该发生在鲁迅与铃木大拙见面之后，即昭和九年（1934 年）了。如果赠树时间不错，那么为何赠树时间反而在鲁迅与铃木大拙见面之前呢？

---

① "回故乡后，鲁迅将带回的日本水野栀子移栽在庭院中，后赠给他的表弟——养蜂专家郦辛农。一九六二年，他的表弟又把水野栀子转赠绍兴鲁迅纪念馆，至今仍存活。"鲁迅博物馆鲁迅研究室编：《鲁迅年谱 1》（增订本），人民文学出版社 2000 年版，第 215 页。

② "再登七步石级而上，是方形的墓前大平台。平台上植有两株鲁迅生前喜爱的广玉兰。"朱家栋：《鲁迅葬仪及鲁迅墓》，《鲁迅生平史料汇编 第五辑下》，天津人民出版社 1983 年版，第 1131 页。

据现有史料，在鲁迅面晤铃木大拙一行之前，双方并无交往记录。鲁迅与铃木大拙及眉山第一次见面时间是 1934 年 5 月 10 日，即昭和九年五月十日，这是所能找到有记录的鲁迅和铃木及眉山唯一一次见面。赠树所标的时间说明双方在会面前一年曾以赠树的方式进行交往。这种可能性存在吗？如果标注的时间无误，那么如何确定赠树这一行为？事实上，关于寺院的赠树，除了切切实实地送树苗或者树木外，还存在另外一种方式，即认领，或出资，或不出资，这是历来寺院和信众间交往的一种方式。在镰仓的圆觉寺和建长寺周边，至今还留有不少认领树木的石碑。除了将树苗送给寺院外，还存在寺院借鲁迅的名义标了两棵树的可能，即于昭和八年（1933 年），在四月和六月种下两棵以鲁迅名义赠送的树，分别有了不同时间和不同品种的两棵树。由此，存在不同赠树的方式，也存在赠树时间与双方见面时间不同的可能。再联想到他们当年见面的情景，从鲁迅日记来看，鲁迅因内山夫人的前来告知赶往内山家与铃木大拙一行见面。从常理上推测，铃木大拙如此隆重的约会，以日本人的礼节习惯，一般见面前都需要约定，而此次约会只通过内山夫人叫上鲁迅，显然有些突兀。除了鲁迅与内山完造的关系密切的解释外，还有另一可能，即在约会的安排之前打过招呼。由于鲁迅没有特别放在心上，当内山夫人赶过来叫他时（此时，鲁迅和内山老板住得很近），他才想起之前答应过，便匆匆赴会。如果如上推测是事实，那么也就存在鲁迅与日本佛教界乃至铃木大拙更长远的联系交往，那么昭和八年鲁迅托人赠树或者以鲁迅的名义在圆觉寺认领所赠送树木的可能性就存在了。而后，1934年，铃木大拙一行拜访鲁迅就是有备而来，并非突然之举了。

另外，还有后来被发现的史料可以证明鲁迅忘记或者忽略了日本佛教界当时十分重视的交往。如 1985 年，圆觉寺的佛日庵内，发现鲁迅写给该院住持高畠眉山的字。而鲁迅在与高畠眉山见面时送字情节，可能只是即兴而作，并没有被记入当年日记。鲁迅与圆觉寺佛日庵的交往史料不限于日记或者史实所载，只是鲁迅可能并不特别重视这一赠树行为。

两棵标着鲁迅寄赠的泰山木和木莲，已然葱郁苍翠。鲁迅为何赠树、如何赠树的详情被历史淹没，但鲁迅与佛日庵的交好通过寄赠的树木和给眉山的赠字都因为日方的重视得以传世，而鲁迅又为何以如此模糊不定的关系模式和如此曲折隐秘的心态与日本佛教界进行交往呢？

### 二、遏抑和阻隔：鲁迅与日本佛界的交流

鲁迅作为中国现代启蒙文学作家、新文化运动的力倡者，不仅努力吸收西方新知，还广泛汲取更为丰富的精神资源，其中包括佛经。当他于20世纪30年代在上海接触日本文化时，与日本佛教界进行了一场未及深入就被悬隔的交流。

自开埠以来，日本侨民大量迁入上海。20世纪30年代，随着日本势力的快速扩张，日本与中国文化交流日渐增多，上海日本侨民人数激增，而在日本侨民势力扩张、日本文化习俗和生活方式增多和影响扩大时期，鲁迅自广州来到上海，结识日本的书店老板内山完造。自此以后，他与日本人交往增多，内山书店成为鲁迅与日本人及日本文化交流的文化空间，内山完造成为鲁迅与日本民间交流的中介和桥梁。在此过程中，鲁迅也接触到来中国的日本佛教人士并与之交流。佛教界颇少关涉时局敏感问题，却切中了鲁迅潜藏在内心并被抑制了的佛学意趣。最初与鲁迅交流的是来上海处理佛法事务的杉本勇乘。1932年3月，杉本勇乘被安顿在离内山书店不远的东本愿寺。"东本

愿寺上海别院于 1876 年 8 月在北京路创设，是日本佛教进入中国的开始，该寺院被中国人称为'东洋庙'，1883 年移往虹口武昌路。东本愿寺开办学校、诊所，管理墓地，创办《佛门日报》等。"① 这则关于东本愿寺的历史介绍，体现了日本寺院的建制和社会文化价值，也说明它在延续着日式的文化功能和宗教定位。明治维新后，日本寺院日渐世俗化，除了传统的宗教事务外，还担负着处理丧葬、卖坟地等社会服务功能。而当时坐落在上海虹口区的东本愿寺，对聚居此地的日本侨民来说，符合他们的文化心理和精神认同，满足了他们的宗教信仰需求。与杉本勇乘的交往，使鲁迅更深地理解了日本佛教的理念、社会功能和运作方式。杉本勇乘仰慕和尊敬鲁迅，他们不仅常在内山书店的文艺漫谈会上见面，而且，还发展了更深的私人情谊。鲁迅作为长者，关心这位日本的年轻僧人。杉本勇乘曾说，他们之间有过很多交谈，"鲁迅先生的话给我影响很深的，使我弄懂了许多道理"。② 鲁迅曾经送给杉本两幅扇面，一是《自嘲》③，一是李白的《越中览古》，除此之外，"还赠送杉本勇乘两张照片"④。杉本勇乘 1933 年 3 月份回日本，不到一年时间，鲁迅留赠给杉本这么多的纪念物，说明两人见面很多，关系相当亲近。身处佛门的杉本勇乘非常关心鲁迅家人："有一天，听说鲁迅的孩子海婴病了，我送去儿童玩具电车一辆、气枪一

① 〔日〕高纲博文、陈祖恩主编：《日本侨民在上海（1870—1945）》，上海辞书出版社 2000 年版，第 56 页。
② 张杰：《鲁迅：域外的接近与接受》，福建教育出版社 2001 年版，第 127 页。
③ 《鲁迅日记》1932 年 12 月 21 日记载："为杉本勇乘师书一箧。"鲁迅：《鲁迅全集 16》，人民文学出版社 2005 年版，第 339 页。
④ 张杰：《鲁迅：域外的接近与接受》，第 126 页。其中详细地介绍照片的具体情况："一张是鲁迅与蔡元培、萧伯纳的合影，鲁迅在照片的背面题字，'杉本勇乘师鉴 鲁迅 一九三三年三月四日 上海'。另一张是鲁迅在北京师范大学讲演照片，照片背面有鲁迅的英文签名。"

把。"①而鲁迅日记确证了这一事实。两人的交往使鲁迅对日本佛教和日本僧侣获得直接的感受和认识，也给双方留下了温馨深刻的印象。

1933年，铃木大拙带着日本佛教界人士进行了一次有计划的、系统的对中国的考察。此次考察范围非常广，足迹遍及台州、杭州、宁波、镇江、北京等地的著名寺院，并且与所到之处的文化名流会面，如王一亭、蒋梦麟、胡适等，其中也有鲁迅。回日本后，铃木大拙有感于与鲁迅见面的美好记忆，写道："内山书店的主人的费力帮助下与鲁迅见面了。虽然与短躯伟貌的鲁迅只交谈了一会儿，却是春宵一刻值千金的感受，那是一问一答的爽气快乐的感觉。"②铃木大拙通过简略描述，交代了他们间交谈的现场氛围和心情感受，复现了轻松愉快和心领神会的会面场景。回顾会面缘起，显然是铃木大拙一行主动相邀，而后通过内山书店主人的帮助促成约见。虽然没有记载谈话的具体内容，见面时间固然仓促，但能够想象当时相谈甚欢。半个世纪后发现的佛日庵遗留的鲁迅手迹，也证实了当时的融洽氛围及双方的美好的感受。

与鲁迅会面时，铃木大拙特意赠送佛经给鲁迅，其中有关于慧能法师的资料。一个月后，鲁迅在日记上记载，"晚斋藤君赠麒麟啤酒一箱"③。斋藤贞一正是受铃木大拙之托给鲁迅送啤酒，这是鲁迅第二次收到铃木大拙的礼物。这一赠送行为表达了铃木大拙对鲁迅的重视和用心。可以肯定，此次交谈过后，鲁迅与铃木大拙具备了继续交往的基础，至少在铃木大拙看来如此。铃木大拙的《支那佛教印象记》发行于10月10日，鲁迅收到该书的时间是10月28日，日记中记

---

①　张杰:《鲁迅:域外的接近与接受》，福建教育出版社2001年版，第127页。

②　〔日〕铃木大拙:《铃木大拙全集26》，岩波书店2001年版，第157页。

③　鲁迅:《鲁迅全集16》，人民文学出版社2005年版，第457页。

载，"得铃木大拙师所赠《支那仏教印象记》一本"[1]，铃木大拙在新书出版后马上给鲁迅寄赠《支那仏教印象记》，再次表明了铃木希望与鲁迅有进一步交流的意愿。自1933年5月至10月，铃木大拙主动相邀与鲁迅见面，并共三次赠送礼物，分别是佛经、啤酒和著作。在交流过程中，他也领略了鲁迅的风采，不断地表示欣赏和敬重，并希望与鲁迅继续深入交流。整个交流过程都可以体现出铃木大拙的积极主动和真挚热诚。

　　梳理日本佛教界与鲁迅的因缘际会，可以看得出这是个逐步深入的过程。而鲁迅的佛学理念和理解能够得到日本佛教界的赏识，源于他对佛教感兴趣，对佛经的阅读积累和思考，继而所获得的独到见地。早在北京生活期间，鲁迅就表现出对佛学的浓厚兴趣。1912年，他开始收集佛经书籍[2]；1914年大量阅读佛经，"是年公余研究佛经"[3]。在他这一年所购买的100多种书中，佛学相关的书籍占了80多种。[4]鲁迅曾对许寿裳说："释迦牟尼真是大哲，我平常对人生有许多难以解决的问题，而他居然大部分早已明白启示了，真是大哲！"[5]在大量的系统的佛经阅读中，鲁迅沉潜于幽深邃密的佛学世界，汲取佛经的思想营养，形成了具有独特见识的佛学思想。他能长期挣扎于现实苦闷终不至于颓废和自弃，佛学思想是支撑他抗争的精神力量之一。他也在吸收佛学精神的基础上，对苦、死亡、涅槃等主题进行了

----

[1]　鲁迅：《鲁迅全集16》，人民文学出版社2005年版，第480页。

[2]　参见1912年5月24日日记："梅君光羲贻佛教会第一、第二次报告各一册。"鲁迅：《鲁迅全集15》，人民文学出版社2005年版，第2页。

[3]　鲁迅先生纪念委员会编：《鲁迅先生纪念集》，上海文化生活出版社1937年版，第3页。

[4]　参见《甲寅书账》，鲁迅：《鲁迅全集15》，人民文学出版社2005年版。

[5]　许寿裳：《亡友鲁迅印象记》，人民文学出版社1977年版，第44页。

思考。

　　首先，鲁迅在阅读佛教教义的基础上，不断对佛学思想进行现代化的思考。鲁迅年轻时期开始思考宗教于中国文化现代化的作用，重视佛经的思想价值和精神资源作用，"肯定的是宗教和神话可以满足人的'形上之需求'，能激发人的创造性；否定宗教，是否定宗教方术，因为宗教方术已完全丧失了其原初的本体意义和创造性精神，而变成了异化人的精神枷锁"①。作为五四新文化的实践者，他坚持以人性思考为基准内化和激活佛经，进行佛学研究和佛理的阐释。他吸收了章太炎先生的佛学理念②。他认为尼采对佛教的形而上阐释是具有现代性的思想资源③，"所以他对于佛经只当做人类思想发达的史料看，借以研究其人生观罢了"。④ 这是鲁迅看佛经的出发点，也是他一贯的立场。由此，他反对僵化地理解佛教教义，在《论雷峰塔的倒掉》中鲁迅严厉批判法海利用宗教法术等强权方式压制美好情感，欢欣鼓舞地庆贺象征威权的雷峰塔倒塌事件。⑤ 在他看来，当佛教通过戒律形成宗教权威压抑人性，或是违背自然天性时，只能是阻碍社会进步的教条化做法，应该予以批判。

　　其次，鲁迅尤其强调佛学的实践功能。他曾经在给徐梵澄的书信中明确提出："捐生喋血，固亦大地之块，足使沉滞的人间，活跃一下，但使旁观者于悒，却大是缺点。……此外，作和尚也不行。……

---

① 潘正文：《立人中的本体论内涵——鲁迅早期文化思想的佛学透视》，《鲁迅研究月刊》1998 年第 7 期。

② 许寿裳：《亡友鲁迅印象记》，人民文学出版社 1977 年版，第 44 页。

③ 刘沧龙：《尼采对佛教的批评及两者形上思想之比较》，华梵大学哲学系编：《华梵大学第六次儒佛会通学术研讨会论文集》下册，华梵大学出版社 2002 年版。

④ 许寿裳：《亡友鲁迅印象记》，人民文学出版社 1977 年版，第 44 页。

⑤ 鲁迅：《论雷峰塔的倒掉》，《鲁迅全集 1》，人民文学出版社 2005 年版。

我常劝青年稍自足于其春华，盖为此也。"[1] 鲁迅正是以积极参与时代的态度，鼓励青年哪怕是和尚都要珍视生命的意义，积极入世，强调社会价值和实践能力。为此，广泛研读和思考佛理之外，鲁迅还出资刻印《百喻经》作为母亲的寿礼[2]，在表达孝心的同时传播佛教文化。在鲁迅看来，这部先讲故事后通过比喻阐述佛学义理的佛经通俗易懂，便于信众的理解和接受。坚持切实的态度是鲁迅佛学思想的基础。进而，他尤其反对中国人不明就里、盲目跟风的佛教参拜形式。在他看来，这种方式只不过是欺骗和自欺而已。在上海生活期间，鲁迅常关注中国佛教界盛行的虚伪的佛教活动。在赠给内山完造的打趣诗中，讽刺和批评中国人流于表层和形式的吃斋念佛行为，戏谑地借用了佛界常用语"南无阿弥陀"[3]，嘲弄和揶揄社会名流的虚伪本性。在他看来，这种行为并非彰显了佛学的真谛，而是盲目和愚昧的国民性格的表现，是悖逆于现代的"立人"目标，无益于现代文化建设的。这些思考和行为体现了鲁迅致力于现实的佛学思想。

鲁迅的佛教见解和佛学观念指向现实社会和现世人生，与他国民性改造的启蒙工作方向一致，因此他比较容易接受具有世俗化功能的日本佛教观念。日本的佛教由中国传入并深受中国影响，双方具有深厚的交流基础。明治维新后，日本佛教改换形态和观念，放弃了许多

---

[1] 徐梵澄:《星花旧影——对鲁迅先生的一些回忆》，鲁迅博物馆、鲁迅研究室、《鲁迅研究月刊》选编:《鲁迅回忆录 散篇》（下册），北京出版社1999年版，第1316页。

[2] 周作人（署名周遐寿）在《鲁迅读古书》中说，"鲁迅读古书还有一方面是很特别的，即是他的看佛经。一般文人也有看佛经的，那大半是由老庄引伸，想看看佛教的思想，作个比较，要不然便是信仰宗教的居士。但鲁迅却两者都不是，他只是当作书读，这原因是古代佛经多有唐以前的译本，有的文笔很好，作为六朝著作去看，也很有兴味。他这方面所得的影响大概也颇不小，看他在一九一四年曾经捐资，托南京刻经处重刊一部《百喻经》，可以明了"。见《读书月报》1956年第9期。

[3] 鲁迅:《赠邬其山》，《鲁迅全集7》，人民文学出版社2005年版，第451页。

严格戒律和刻板教条，在现代转型中采用融入世俗的生活方式，承担了许多参与现世的社会职能。和尚在大多数情况下只是一种职业，过着"肉食妻带"的世俗生活。铃木大拙被誉为日本的佛教哲学家，倾向于佛学的形而上阐发。另外，他所奉行的禅宗，侧重于个体可操作的修性成佛，佛性见诸现实生活，佛性见诸人性的宗教态度。这既传承了最中国化的佛教传统，又与日本的实际相结合，表现出更多的贴近人性内涵和改造社会的实用主义价值。如此强调理性色彩和侧重实用主义价值的佛学观念，成为双方展开交流和深入探讨的基础。

基于日本佛教界的实际要求和鲁迅的佛学素养，这是一场值得期待的思想交汇。然而，面对热诚迫切的铃木大拙等日本佛教界人士时，鲁迅缺乏足够的主动性。一年内，鲁迅日记上三次记载与铃木大拙的交往。然而，在他收下了铃木的礼物后却没有展开进一步交往和互动，也看不到鲁迅热切的态度。而鲁迅活用《金刚经》中的话来描摹眉山并送字的举措以及具体场景，未载入日记。究竟是不经意忘记还是有意隐去更为深入的细节记载，鲁迅的心态想法现在无从知道。鲁迅与铃木大拙交往的过程中，只是把与日方的交流控制在礼节层次，克制，低调，淡化了进一步交往的可能。

在中日关系异常紧张的历史背景下，即使佛教交流也难以摆脱政治。铃木大拙率团访问中国佛教界时受到冷遇。[①] 鲁迅与铃木大拙的交流受限于时代背景和历史境遇。作为个体，很难逃离时代语境。除了极其简略的事实记载外，鲁迅没有留下更加具体的记录，更没有后续行动，来应对铃木大拙的热诚。

---

① 沈鹏年：《鲁迅先生和铃木大拙》，《佛教文化》1993 年第 3 期。

### 三、纠葛与选择：国族立场与文化情感间

从甲午战争、日俄战争到"九·一八事变"和"一·二八"事变，中国与日本矛盾加剧。日本军国主义扩张意图昭然若揭，中华民族抗日情绪迅猛高涨，原来中日间仅存的沟通交流余地逐渐丧失，中日文化交往和民间往来的空间越来越局促。

这种紧张局势使曾经在日本生活达七年之久，深度感受日本文化的鲁迅处于情感和理智的矛盾交织中，在丰富复杂的心理感受中体验和思考。

在上海生活，接触到日本文化时，鲁迅常会表达他怀念日本的生活，表达他对日本文化的感情。这些美好的情感在行为上转换成促成中日文化交流的动力。鲁迅常利用自己的留日经历和拥有的文化交流优势，增进中日文艺交流，促进中国现代文学走向世界。即使他委婉地拒绝了日本方面交换创作的要求，还是推荐青年作家在日本的《改造》杂志上发表文章。①

然而，中日之间日渐恶化的关系，使得鲁迅很容易因为日本留学的经历及与日本人交往的经历成为被指责的对象。基于对双方国力及民族性格的清醒认识，他意识到中国的危险处境，也清楚自己的人生抉择。他曾亲身感受到日俄战争日本获胜时全民狂欢的场景，也曾长期感受弱国子民的屈辱。如何在险恶、复杂的生活环境和关键的历史时刻不伤害民族尊严，不违背民族立场，又能保持基本情感，不失自主个性，成为鲁迅的困扰。在上海生活期间，鲁迅多次试图消除国人因不解和误解产生的敌意、反感。与日本人来往交流的经历，令他备

---

① 〔日〕山本实彦：《鲁迅的死》，《鲁迅回忆录　散篇》（下册），北京出版社1999年版，第1440页。

感压力。

最初，关于"汉奸"的猜测和指认使鲁迅意识到与日方交流的危险。他在给增田涉的信中，提到"拙作《南腔北调集》闯了大祸。有两三种刊物（法西斯的？）说此书是我从日本拿到一万元，而送给情报处的，并赐我一个'日探'尊号。但这种不实的攻击，很快就会消散的罢"①。显然，该信中所提到的从日本拿钱和"日探"称号说明社会已出现各种直接猜疑和否定鲁迅的民族立场的言论，这是非常危险的信号。随后，1934年6月2日致曹聚仁的信中，他再度提及："我之被指为汉奸，今年是第二次。记得十来年前，因爱罗先珂攻击中国缺点，上海报亦曾说是由我授意，而我之叛国，则因女人是日妇云。今之衮衮诸公及其叭儿，盖亦深知中国已将卖绝，故在竭力别求卖国者以便归罪，如《汗血月刊》之以明亡归咎于东林，即其微意也。然而变迁至速，不必一二年，则谁为汉奸，便可一目了然矣。"②

这两封信说明当时关于鲁迅是汉奸的说法有鼻子有眼地被编造着，并在不断升级中，信中流露了他因受到猜疑和指责而产生的愤懑情绪。即使他再小心，再慎重，也难免陷入是非，缺乏理性的民众容易受到一些不怀好意却深有心机的舆论的蛊惑和蒙蔽。他意识到中日关系恶化的严重后果，并预估这种恶劣影响的波及面将越来越大。表明自己的立场是首要和关键之举，以理性态度谨慎地行动，才是一种有效的自我保护手段。自此，外界舆论质疑鲁迅的立场的言论一直不断，直至他逝世都没有完全平息。

当中日冲突不断加深，影响冲击的范围不断扩展，有留日经历的知识分子群体遭遇着同样的困境和威胁。鲁迅不仅考虑到自己，还忧

① 鲁迅：《鲁迅全集14》，人民文学出版社2005年版，第300页。
② 鲁迅：《鲁迅全集13》，人民文出版社学2005年版，第131—132页。

心已经十多年不来往的胞弟周作人。当他看到周作人脱离现实的诗歌遭到批评时，特意指出"周作人自寿诗，诚有讽世之意，然此种微辞，已为今之青年所不憭，群共相和，则多近于肉麻，于是火上添油，遂成众矢之的，而不作此等攻击文字，此外近日亦无可言。此亦'古已有之'，文人美女，必负亡国之责，近似亦有人觉国之将亡，已在卸责于清流或舆论矣"①。这段话表明鲁迅意识到周作人和自己因与日本的关系，已有诸多不便不利。他在努力为周作人言行辩解的同时，更担心周作人不辨事态、一味沉溺于自我世界的处事方式，忧虑周作人看似逍遥和淡漠的姿态将引来危险。他注意到《平津文化界对时局的意见书》中未见到周作人的签名时，特意让周建人带信给周作人，"遇到抗日救国这类重大事件，切不可过于退后"②。

虽然鲁迅已经明确立场，也意识到随之而来的压力和考验，但是，现实困难不是以他的个人愿望和能力能避开和克服的。日方不轻易放弃对鲁迅的争取和利用，有明显军国主义倾向的日本人甚至直接公开挑衅。最为激烈的一次是鲁迅在内山书店与野口米次郎的正面交锋。

N 氏：中国的将来将会怎么样呢？

L 氏：我看中国的将来将变成阿拉伯沙漠。所以我才战斗！

N 氏：日中亲善友好能出现吗？

L 氏：要是有可能，那也完全是日本人个人的说法。

N 氏：现在中国的政治家和军人最后要是没有安定群众的力量，那么适当的时候把国防和政治像印度委托给英国那样行不行呢？

---

① 鲁迅：《鲁迅全集 13》，人民文出版社学 2005 年版，第 87 页。
② 陈漱渝：《东有启明西有长庚——鲁迅与周作人失和前后》，《鲁迅研究动态》1985年第 5 期。

　　L 氏：这么做来就有个感情问题。如果是财产同样化为乌有，那么与其让强盗抢劫而去，莫如让败家子用掉了好，如果是同样被杀，我想还是死在本国人的手里好。

　　一九三五年秋天的某日，在安静的屋子里两个诗人在谈话。我只是恍惚地听着。这就是那个诗的对话。①

　　以上对话节选自内山完造记录的《诗的对话》，其中的 N 氏即野口米次郎，L 氏即鲁迅。野口曾在 1935 年 10 月去印度讲学途经上海时，在内山完造的介绍下与鲁迅见面。鲁迅在 10 月 21 日的日记中记载过此事。②野口逼迫鲁迅表态的强横态度，代表了当时日本越来越强的侵华声音，越来越外露的侵略意图，也说明中国的危机日益加剧。显然，鲁迅当场有力地回击了野口。然而，日方傲慢骄横和充满敌意的态度让鲁迅认识到，野口等人的观点代表不利于中国的日方势力在走强。他极为忧虑，产生不再与日本名人会面的想法："与名流（日本的）的会见，也还是停止为妙。野口先生（米次郎）的文章，没有将我所讲的全部写进去，所写部分，恐怕也为了发表的缘故，而没有按原样写。长与先生（善郎）的文章，则更加那个了。我觉得日本作者与中国作者之间的意见，暂时尚难沟通，首先是处境和生活都不相同。"③

　　据内山完造回忆：

　　现在，我打算就记忆之所及，把先生平日的谈论之片段记录在下面：

---

① 〔日〕内山完造：《上海漫语》，山东师范学院聊城分院中文系图书馆编：《鲁迅在上海（三）》，1979 年，第 11 页。

② "午朝日新闻支社仲居君邀饮于六三园，同席有野口米次郎、内山二氏。"鲁迅：《鲁迅全集 16》，人民文学出版社 2005 年版，第 557 页。

③ 鲁迅：《鲁迅全集 14》，人民文学出版社 2005 年版，第 382 页。

"老板，孔老夫子如果此刻还活着的话，那么他是亲日呢还是排日呢？"

听着这十分愉快的漫谈，还是最近的事情。

"大概有时亲日，有时排日吧。"

听见我这么说着，先生就哈哈哈地笑了起来。[①]

这是1936年10月，鲁迅与内山完造的一番交谈，说明鲁迅在心里已经反复追问自己多次，也说明他在面对这个问题时受到的压力很大，实在是希望在现实中得到能够两全的回答来化解矛盾。显然，内山完造模棱两可的回答切中了鲁迅内心深处的两难困惑，所以他的笑是心领神会又意味深长的。关于"亲日"或者"排日"的反复追问，看似矛盾，实则又是明晰而确定的。在复杂的社会文化环境中，鲁迅只能克制自己，割舍与日本的交往，力求不被国人误解，明确态度表明立场成为首要选择。这种谈话也说明鲁迅在面对日本文化交流时，已迫于形势而产生强烈焦虑了。

除了内山完造外，周边的人都感受到形势的紧迫和体会到鲁迅愈来愈大的心理压力。而另一位日本友人山本实彦在与鲁迅交往过程中也强烈感受到鲁迅的理性又复杂的态度：

在他的脑海中非常敏感地把种种现象清晰准确地映现出来。但是，尽管他的强而有力的愤恨的心在燃烧着，然而却慎于言。这也是给予每个可嘉的对手的友谊。他的愤怒的墙壁，对分寸界限是反复三省的。……他对我国人的批评的讽刺，也那样洗炼，从中可以看出其深刻性。由此可见，不论多么伟大的人物，如果不把民族的墙壁放在眼中，生存是很困难的。特别是在现在，中日两国关系严峻对立的时

①〔日〕内山完造：《忆鲁迅先生》，《鲁迅回忆录　散篇》（下册），北京出版社1999年版，第1479页。

刻，这就更为重要。①

以上材料表明，中日双方关系变得越来越紧张，交往空间越来越逼仄。不管是野口对鲁迅的试探性提问，还是鲁迅对内山的试探性提问，都说明鲁迅与日本人的交流空间在被迫收缩。鲁迅还计划搬家，表现出急迫的心情和坚定的决心——毕竟，家住日本侨民聚居地是莫大隐忧。

由此可见，20世纪30年代鲁迅与日本人的交流一直受迫于日渐恶化的中日关系的压力。这可能就是日本佛教界积极主动的态度没有得到鲁迅积极回应的原因。

圆觉寺的两棵树来历的扑朔迷离，是鲁迅与日本的复杂关系的隐射，既有情感上的留恋和不舍，更有强烈国族意识，还有从传统走向现代的知识分子的强烈使命感。面对20世纪30年代紧张的中日关系，鲁迅为避免误会和质疑，与日本佛教界只能进行"有缘无分"的交流。无论鲁迅还是铃木大拙的个体意愿和努力都难以左右其结果。在矛盾激化的时代语境中，中国现代知识分子肩负着强烈的民族责任，国族意识大于一切，其文化立场和价值定位只能从属于时代抉择。

## 知识谱系的架构与改造——现代文学史中的鲁迅形象

鲁迅是20世纪标志性的文化意象和民族精神资源。长篇累牍的鲁迅研究形成了丰富浩繁的意义之林，承载着建构现代学术框架和

---

① 〔日〕山本实彦：《鲁迅某种内心的历史》，《鲁迅回忆录　散篇》（下册），北京出版社1999年版，第1506页。

知识谱系的重担，成为20世纪文学史、文化史和学术史的重要内容。新旧世纪之交，鲁迅研究的新增长点和新突破日渐减少，也日显"疲惫"。不断遭质疑的鲁迅及鲁迅研究使许多人面对鲁迅形象时深感陌生和隔膜，这种状态显然背离了鲁迅研究的初衷。"鲁迅热"的消长固然与文化生态变迁密不可分，但也直接受制于学界阐发的鲁迅形象的内核。因此，有必要从学理上进行反思：学界曾经塑造了怎样的鲁迅？在新的历史境遇中，源自鲁迅的精神资源是否会失落？当深入鲁迅形象的内核时，可以发现：不同话语模式中的鲁迅形象不尽相同，甚至还有抵牾和碰撞，试图给鲁迅形象赋值的多方努力造成了意义层累、模糊、遮蔽甚至改变了鲁迅的初始面貌，使其变得迷离和不定，难以认知和把握。20世纪文学史以专业化的知识和体系化的组织将作家、作品、思潮、流派等诸多文学现象整合在一起，集中连续地描述饱含差异和充满矛盾的文学状态，形成确定而统一的历史意识。在颇为自信的文学史叙述中，鲁迅形象既表达了浓厚的意识形态色彩，也显现了强烈的价值冲突，成为现代知识谱系中架构与改造的前沿地带。本文试图通过搜检和解读各种现代文学史中的鲁迅形象，透过累积的意义库存，探寻潜藏的价值评判体系，期冀在这缝隙间勾连起某种历史流脉，为今后研究提供可资借鉴的思路。

通观中国现代文学史作品，鲁迅成为史家绕不过的对象。虽然不同文学史依据自身的价值评判标准给出不同的鲁迅形象，详略有别，褒贬不一，但是，几乎所有文学史都给鲁迅留出了相当分量的篇幅和相当醒目的位置，只要体例允许，都有专门章节的论述，而且，往往认定他是现代文学史上的首席作家。就目前出版的文学史著作而言，大致有以下几种话语体系对鲁迅形象进行构造和阐释。

## 一、革命话语中的形象设计

第一种是 1949 年之前的革命话语逐渐强化的文学史中的鲁迅形象。这个阶段的文学史写作虽然受到了 20 世纪 20 年代至 30 年代盛行的革命思潮的影响，依然充满了个性化的表述。其中影响较大的有王哲甫的《中国新文学运动史》。这部史著深受进化论影响，始终强调社会变革对于文学流变的制约和主导作用。王旗帜鲜明地表达了自己对文学规律的认知：“本来从事于文艺的人，在气质上说来，多是属于神经质的。他的感受性比较一般人的要较为锐敏。所以当着一个社会快要临着变革的时候，就是一个时代的压迫阶级凌虐得快要挺而走险，素来是一种潜伏着的阶级斗争，快要成为具体的表现的时候，在一般人虽尚未感受得十分迫切，而在神经质的文艺家却已预先感受着。先把民众的痛苦叫喊了出来。所以文艺每每成为革命的先驱，而每个革命时代的革命思潮，多半是由于文艺家或者由于文艺有素养的人滥觞出来的。”[1] 在此基础上，王哲甫倡导重视文学的自主性和文学家能动性，认为“在外形上，新文学要用明显优美的文字，艺术的组织，自然的声韵表现出来，在内容里要有真挚的情感，丰富的想象，超乎时代的思想，反抗腐旧社会的精神”[2]。在人文精神和文学形式双重标准下，王专门安排了新文学作家略传，鲁迅是新文学史上作家第一人。在王哲甫设定的文学史视角中，鲁迅无疑是将历史价值和艺术追求两方面成功结合的典范，由此，王对于鲁迅的生平和创作经历、论著、翻译及相关的文学活动都有比较详细的记载，勾勒出作家鲁迅在不同文学空间的立体形象，这是较早给出的多维而丰富的，甚至还

---

[1]　王哲甫：《中国新文学运动史》，北平杰成印书局 1933 年版，第 13 页。
[2]　王哲甫：《中国新文学运动史》，北平杰成印书局 1933 年版，第 14 页。

未能完全剔除、删减和统一在单一话语模式中的鲁迅形象。

此后的鲁迅形象就日渐突显"革命气质"。李何林的《近二十年中国文艺思潮论：1917—1937》（以下简称《思潮论》）出版于20世纪40年代，这是以思潮为线索构筑的文学史，其中涵纳了历次影响较大的文学论争和各种代表性创作观念。自然，在以思潮史的线性发展为唯一主线的编撰体例中，无法突出个体的创作成果，但对鲁迅研究已经颇有造诣的李何林还是在此书中突出了鲁迅的作用和影响：在《序》中，他设立了鲁迅在新文学的领袖地位，"我们可以说，埋葬鲁迅的地方是中国新文学界的'耶路撒冷'，《鲁迅全集》中的文艺论文也就是中国新文学的《圣经》。因此，本书引'经'甚多，以见我们的'新中国的圣人'在近二十年内各时期里面中国文艺思潮的浪涛中，怎样尽他的'领港'和'舵工'的职务"①。与王著相比较，李在《思潮论》将马克思的唯物史观和阶级论观点贯彻得更为彻底，他把二十年文艺概括为两种思想的支配，"由一九一七到一九二七年是资产阶级文艺思想较多和无产阶级文艺思想萌芽的时代；由一九二八到一九三七年是无产阶级文艺思想发展的时代"②。这种历史时段的划分在新中国成立后的革命史叙述中不断得以沿用。从此后的文学史写作来看，依据阶级论描述文学史为新中国成立后文学史论著的倾向和框架提供了思想资源和有效的学术准备。与20世纪二三十年代大多偏重印象解读的鲁迅研究相比较，借用革命系统理论建构文学史描述鲁迅形象，既拥有了较为明确的定位，又缩减了阐释的可能空间。著述于新中国成立

---

① 李何林：《近二十年中国文艺思潮论：1917—1937》，陕西人民出版社1981年版，第14页。

② 李何林：《近二十年中国文艺思潮论：1917—1937》，陕西人民出版社1981年版，第10页。

前的文学史表达的日渐纯化的"革命"话语，虽然还没有达到新中国成立后的文学史中的鲁迅形象的政治标准，在革命话语中还是有限度地提供鲁迅形象的丰富性，却也逐步确立鲁迅在新文学中的不可替代的地位，同时，这种形象设计为新中国成立后浓厚政治意识形态改写、神化和遮蔽鲁迅奠定了基调。

## 二、阶级论中的价值定位

尽管新中国成立前的中国现代文学史家们毅然以社会承担和民族救亡的姿态来界定新文学性质，在同时代的文学史观中显得相当激进，然而，在新中国成立后日渐浓郁的政治氛围中，此前的历史叙述却被视为保守或者过时而受到贬抑。李何林在 1950 年就对《思潮论》进行了自我否定："《思潮论》对于抗战前二十年中国新文学的性质，没有明确的指出从开始到末了都是统一战线的反帝反封建的新民主主义文学。对于五四时代的领导思想问题，又认为是资产阶级思想占优势，没有看见无产阶级思想从开始就在领导着了。以上二者不过是《思潮论》在两个大的方面的缺点或错误，其他大的小的错误或缺点还很多。"① 李何林的自我检讨折射了社会体制和文化思潮对文学的压迫，新中国成立之初的文学努力确证新政权的合法性，史家们把著述现代文学史的学术冲动与对阶级意识的强烈认同联系在一起。文学史写作也有了努力的方向，即以阐释毛泽东的新民主主义论中的鲁迅意义为最终目的。力陈新文学的革命性和阶级立场成为不可逆转的述史潮流。在无产阶级文艺的框架中，毛泽东在延安文艺座谈会上的讲话成为所有文学史中对鲁迅定位和评判的唯一标尺，所有的阐述和解读

---

① 李何林：《近二十年中国文艺思潮论 1917—1937》，陕西人民出版社 1981 年版，第 26 页。

都朝着这个既定目标努力，在著名的"文学家、思想家和革命家"的三大家的定论中，确立了革命文艺的先驱者和领导者的鲁迅形象。作为中国新文学史中的旗手，鲁迅形象成为一个文化标志、权力话语的集中表述地带。

丁易的《中国现代文学史略》是以阶级分析理论为圭臬对现代文学现象进行选择、辨析的典型文学史作。全书前面四章自觉运用毛泽东的新民主主义理论追寻新中国成立前的文艺运动和各种文艺论争，在现代作家阵营内部进行从未有过的严格的阶级分层。在新型的国家话语的文学史中，能够被接纳的作家并不多，鲁迅承荷了政治意识形态的重负。此书名为"中国现代文学史"，从章节题目的设置中读者完全能够领会作者对鲁迅地位的推崇，只要是在鲁迅的有生之年，文坛上的一切活动都离不开鲁迅的领导。而且，这部史书还安排了整整两章的篇目来谈鲁迅，没有一位作家能与之相较。在所有篇目中，差不多有四分之一的比重与鲁迅的文艺活动直接相关，如第一章中，第二节论述了"鲁迅对于文学革命理论建立的贡献及初期文学革命理论"，第三节探讨了"鲁迅对于这一时期的文学革命运动的领导以及文学研究会和创造社的文学主张"，在第二章"左翼文学运动（上）"中，作者的界定是"以鲁迅为旗手的中国左翼作家联盟的活动"。为了树立完全符合当时意识形态理念的鲁迅形象，整部文学史不仅向读者介绍鲁迅，还在不断地解释和阐述过程中对鲁迅的言行进行辨析，以此来消除人们记忆中的疑虑，"鲁迅对革命文学，始终没有反对过，在创造社攻击他的时候，他虽然也曾经写过文章来反驳，但他的态度并不是反对革命文学，正如画室所说：'我们在鲁迅的言行里，完全找不出诋毁整个革命的痕迹来，他至多嘲讽了革命文学的运动（他并没有嘲笑革命文学本身），嘲笑了追随者中个人的言论与行动。相反地，鲁迅这时对革命文学的认识，较之那些革命文学提倡者还要认识得深刻彻底'"①，"这次论争却推动了鲁迅更进一步深入研究马克思列宁主义的文艺理论，……他由进化论走向阶级论，无条件的接受了马克思列宁主义的思想和文艺理论，并坚决为之奋斗，终于成为'无产阶级和劳动群众的真正友人以至于战士'"②。作者以坚决捍卫鲁迅的姿态论证鲁迅的革命者身份，全力剔除了鲁迅本人气质中与坚决的、果断的革命行为并不完全契合的犹疑的心态，也使得鲁迅丰富复杂的内心世界和精神空间不断压缩，而在一次次的"鲁迅保卫战"中，这种"为贤者讳"的好心举动和努力阐释倒成了可以延续的传统。

以新型国家话语整合新文学发展的史著还有王瑶的《中国新文学史稿》，这部近60万字的力作顺应着体制的需要，试图把新民主主义理论和毛泽东文艺思想等政治话语糅合在"五四"以后的文学史中，以文学现象作为意识形态的表征确证革命文艺历史演进的规律。努力迎合新中国话语模式的《中国新文学史稿》进一步强化了鲁迅形象的符号化和象征功能，鲁迅不仅仅是一个具体的个案，其作用不只是在与其他作家的对比参照中得以呈现，鲁迅成为整个新文学史的方向，具有普泛意义，"'鲁迅的方向'的意义并不仅指鲁迅一个人的方向，而是指从'五四'开始的'文化新军'的整个队伍的"③。王瑶在面对文学史实时不断地感受到运用这种先验的理论的力不从心、捉襟见肘，比如，全书体例安排中，鲁迅的创作成果并不十分突出，只是在第三章的第一节论述了鲁迅的小说，第五章的散文第一部分中论述了鲁迅的杂文，第八章的第七部分中谈到了鲁迅的《故事新编》，第六章标题

① 丁易:《中国现代文学史略》，作家出版社1955年版，第65页。
② 丁易:《中国现代文学史略》，作家出版社1955年版，第67页。
③ 王瑶:《中国新文学史稿》，上海文艺出版社1982年版，第6页。

设置为"鲁迅领导的方向"，在目录中也没有突出鲁迅的卓尔不群。不过，当鲁迅成为"'五四'革命文学的优良传统"的代表时，鲁迅在新文学中是否参与那些论争，其具体的观点，或者其创作中是否存在与无产阶级文艺思想疏离的具体现象已经不重要了。作为精神领袖，鲁迅在这部文学史中不仅已经成为完美的文化意象、政治理论框架下最有力的例证，甚至被初步定型为"文化圣贤"的形象。

### 三、政治解禁思潮中的意义重估

20世纪70年代末80年代初，在学人的激情涌动中鲁迅形象的代言功能再次得以体现。应和着"文革"的结束和社会变革的展开，鲁迅成为学术界研究的热点，也成为冲决政治桎梏和封闭思想的一大突破口，这是在新的历史境遇中再度铸造鲁迅形象的学术运动。周扬的《坚持鲁迅的文化方向，发扬鲁迅的战斗传统》的长篇报告中，强调要把学习鲁迅与建设高度的社会主义精神文明密切结合起来。[1] 与剧烈变化的时代脉搏声气相通，1981年唐弢的《中国现代文学史》（三卷本）中将"现代文学"定位于"中国现代复杂的阶级关系在文学上的反映"[2]，表明现代文学史返回文学现场的努力。虽然《绪论》中也设定了现代文学的政治性质，论述现代文学与中国社会历史的关联，但是它显示出现代文学史写作中尽量放松政治唯一的遴选标准的倾向，而代之以宽容的态度。既提出居于主导地位、占有绝对优势并获得了巨大成就的，是"无产阶级领导的人民大众的反帝反封建的文学"[3]，又提出现代文学的"复杂的文学成分"。全书依然突出鲁迅在现代文学

---

① 张梦阳：《中国鲁迅学通史》，广东教育出版社2001年版，第544页。
② 唐弢：《中国现代文学史（一）》，人民文学出版社1979年版，第7页。
③ 唐弢：《中国现代文学史（一）》，人民文学出版社1979年版，第8页。

史上的重要地位，与20世纪五六十年代文学史不同的是，主要落实在鲁迅的创作实绩中，一共有两章分别论述了鲁迅的小说创作和杂文创作，而鲁迅的文艺贡献仅占一节。很显然，如此编排的目的表达了编者对鲁迅形象的定位。在文学史著中，确立鲁迅在现代文学史上的地位是因为鲁迅的文学贡献，而不是文艺活动。至于对鲁迅形象的塑造来说，表面上是退缩，事实上却表达了编写者在文学史上对鲁迅形象的坚守，也体现了文学史编写者的专业眼光和本位意识。与前面提到的文学史的编写方式不同，这部文学史是采取集体编写的方式进行的。

对鲁迅形象的再度锤炼在《中国现代文学三十年》这部文学史中更为明显。用"三十年"来概括新中国成立前的中国现代文学史，本身就说明了编著者对现代文学的理解。三十年仅仅是一段时间，无形中冲淡了多年沿用的现代文学这一概念积淀的浓厚的政治意识形态色彩，同时也形成了现代文学与中国历史现代化间的内在联系。"在这本书的历史叙述中，'现代文学'同时还是一个揭示这一时期文学的'现代'性质的概念。……这样的'文学现代化'，是与本世纪中国所发生的'政治、经济、科技、军事、教育、思想、文化的全面现代化'的历史进程相适应，并且是其不可或缺的有机组成部分，而在促进'思想的现代化'与'人的现代化'方面，文学更是发挥了特殊的作用。因此，本世纪中国围绕'现代化'所发生的历史性变动，特别是人的心灵的变动，就自然构成了现代文学所要表现的主要历史内容"①。以现代性替代新中国成立后的中国现代文学史中的政治权力话语成为这本文学史的核心理念，因此，文学史的框架有了重大的调整，"吸收

---

① 钱理群等主编：《中国现代文学三十年》，《前言》，北京大学出版社1998年版，第1页。

最新的研究成果，力图显示本学科已经达到的水平"，重点落实在"对作家（特别是足以显示现代文学已经达到的水平的高峰性作家）的文学成就的论述"[①]，在这样的编撰理念下，增添了许多新的作家和重要的作品，鲁迅在文学史上的地位依然稳如磐石，但是鲁迅形象的内涵已经发生了重大变更。《中国现代文学三十年》对鲁迅的介绍是"20世纪中国伟大的思想家与文学家"，这事实上也包含了在新的理念中对鲁迅形象的新的期待，新的信仰价值和精神寄托。章节的安排上，既保留了鲁迅小说和杂文创作成果，而且以往常常忽略不谈的《野草》、《朝花夕拾》和《故事新编》也有了独立的一节。这种更进一步回归文学史本位的读解引起学术界的共鸣，鲁迅形象的神话色彩逐渐淡化，这部文学史以两章的分量论述鲁迅所有的文学创作成果，并没有粉碎鲁迅形象的偶像定位。《中国现代文学三十年》将对鲁迅形象的阐释压缩到文学场域，对此后的文学史写作具有引导作用。鲁迅的政治符号化倾向逐渐弱化，鲁迅在文学史上的分量和比例逐渐缩小，多元文化语境中，话语权的切割和分享不断地挑战、整合和修改着鲁迅形象，却又始终无法绕过鲁迅形象。

## 四、汉学界的"他者"解读

在中国大陆不断建构鲁迅形象经典意义的同时，域外，鲁迅的神化升级也是热火朝天，"鲁迅是一个很理想的偶像和旗帜"[②]，但是因为社会环境和认知观念的不同，海外的中国现代文学史写作出现分化，

---

[①] 钱理群等主编：《中国现代文学三十年》，北京大学出版社1998年版，第665—666页。

[②] 王润华：《华文后殖民文学：中国、东南亚的个案研究》，学林出版社2001年版，第59页。

或是表达着鲁迅与主流意识形态间的差别，夏志清是其中的代表；或是表达对政治意识形态的摒弃，试图以此来抗衡或者颠覆过于强劲的对鲁迅的造神行为，瓦解鲁迅形象的政治道德力量，试图将鲁迅形象设定在文学本体进行考察，司马长风的文学史写作引起了普遍的关注。

　　夏志清的《中国现代小说史》深受另一种意识形态的影响。他把鲁迅置于现代小说的第一人，然而，他介绍鲁迅生平时带有明显的倾向性："鲁迅是中国最早用西式新体写小说的人，也被公认为最伟大的现代中国作家。在他一生最后的六年中，他是左翼报刊读者心目中的文化界偶像。自从他于一九三六年逝世以后，他的声誉更越来越神话化了。他死后不久，二十大本的'鲁迅全集'就立即出版，成了近代中国文学界的大事。但是更引人注目的是有关鲁迅的著作大批出笼：回忆录、传记、关于他作品与思想的论著，以及在过去二十年间，报章杂志上所刊载的纪念他逝世的多得不可胜数的文章。中国现代作家中，从没有人享此殊荣。"[①] 此番略带调侃和嘲弄的口吻为作者论述鲁迅定了基调，令读者在阅读之前先有思想准备：夏的论述立足于瓦解鲁迅形象的精神内聚力，似乎论者已掌握充分的事实基础，有足够的自信遵循公共理性原则进行鲁迅形象的再造。然而，《中国现代小说史》难以做到不偏不倚地批评，具备了西洋文学专业知识的夏志清在观照中国现代文学时，习惯以西方文学的精神价值来要求中国现代文学，认定中国现代文学由于缺乏西方宗教意识又"摒弃了传统的宗教信仰，推崇理性，所以写出来的小说也显得浅显而不能抓住人生道德

---

① 　夏志清：《中国现代小说史》，友联出版社有限公司 1979 年版，第 27 页。

问题的微妙之处了"①，再加上作者对 1958 年的中国文坛深有抵触，因此，鲁迅生平介绍之前添加的那一段也足以显示其好恶了，这种评价态度与他所否定的研究立场一致，"犯了大陆学者同类的狭窄观点的错误"②，他对鲁迅小说的推崇和对鲁迅杂文的不屑一顾也并非全是出于文学研究的中立立场。在这部现代小说史中，读者一方面将会因著者对鲁迅小说鞭辟入里的分析而赞叹，另一方面也不禁为著者难以掩抑的不平之气的干扰而遗憾。

与夏志清不同，司马长风在《中国新文学史》中则尽量剔除社会道德的标准，单纯从艺术标准重估文学运动和文学创作。司马长风在论述新文学的萌生及日后的流变时就表明了自己对文学的评判标准。"我们反对文以载道，是从文学立场出发，认为文学自己是一客观价值，有一独立天地，她本身即是一神圣目的，而不可以用任何东西束缚她，摧残她，迫她做仆婢做妾侍。因此把文学监禁起来，命令她载孔孟之道固然不可，载马列之道也不可。无论载什么道，都是把她贬成了手段，都是因禁文学，摧残文学，坚持下去必然造成文学的畸形发展，终至于气息奄奄。"③ 在文学史的编写体例上，则以纵向变迁为主脉，以作家作品为史实概述现代文学状貌。鲁迅形象和其创作在这部文学史中的位置虽然重要，但不占绝对优势。在这部文学史中，鲁迅被描述为中国新文学运动的领袖之一，中国新文学史上的伟大文学家之一，关于鲁迅的创作成果和其文艺思想也被零散地安排在不同时段和不同的主题中。司马长风在解读文学作品时，也倾心于个人好恶

---

① 夏志清:《中国现代小说史》中译本序，友联出版社有限公司 1979 年版，第 13 页。
② 古远清:《台湾当代文学理论批评史》，武汉出版社 1994 年版，第 173 页。
③ 司马长风:《中国新文学史》上卷，昭明出版社有限公司 1980 年版，第 5 页。

而非公共的评判标准，评述鲁迅的小说创作时，他指出其中多篇小说，"掂在手里都沉甸甸的有份量，都有独立的生命，值得流传。他把小说当做服务人生的手段，这一点虽然减损了作品的成色，但是他在这自设的障碍下，写出了这样声光迫人的小说来，实更显出他拔群的才能"[1]。但是当编写者以文学的纯粹性来审视鲁迅的创作时，便有诸多的倾覆性的表述，他将郁达夫和鲁迅两种不同风格的小说进行比较，"在文学的浓度和纯度上，鲁迅不及郁达夫"[2]；进而还对鲁迅在文学史上的地位进行降格评定，"三十年代的文学代表作，应是曹禺等的戏剧，……绝不是鲁迅、瞿秋白等人的杂文，当然更不是官方御用的'民族主义文艺'作品"[3]。司马氏的文学史以实现文学的纯粹性和评判的个性化试图对浓厚意识形态中的鲁迅形象进行解构和还原，希望树立中性的客观的艺术评判旗帜，但是司马氏遵循的艺术标准本身只是另一种权力话语，这种写作姿态将导致文学史的零散化倾向，使鲁迅形象的普遍规律和代言者身份自然弱化乃至迷失在众多所谓的个性化丛林中。

## 五、多维视角下的整合与透视

作为与时代社会背景直接相关的专业领域，中国现代文学史的流变和时空差异自然无法脱离与时代社会的诸多瓜葛，而且撰写者的时代背景、知识结构及价值立场直接形成了文学史著的风格，另外还牵涉现代文学学术史的变迁。而鲁迅形象在文学史中的嬗变与鲁迅研究有着密切的关系，诸多文学史中的鲁迅形象可能千姿百态，但就目前

---

① 司马长风：《中国新文学史》上卷，昭明出版社有限公司1980年版，第106页。

② 司马长风：《中国新文学史》上卷，昭明出版社有限公司1980年版，第159页。

③ 司马长风：《中国新文学史》中卷，昭明出版社有限公司1980年版，第21页。

出版的文学史而言，都是从如下三个维度进行鲁迅形象造型设计的。

　　首先，关于鲁迅的身份定位。任何关于作家的研究都需要对作家进行定位，相当多的学术研究只是把定位隐含在材料和论证过程中，而文学史中出现的作家、作家的排序都包含着与其他作家的参照对比，排序意味着对作家进行进入文学史的合法性论证，事实也就为作家创作的作品或者文艺活动进行价值评定提供基础和依据。涉及鲁迅形象，在中国现代文学史中，大致有三方面的重点表述：第一，在文学的范畴内设计鲁迅形象。在文学史上评价现代作家，鲁迅是无法绕过的。第二，在文化史中评定鲁迅的价值，探讨由文学而延伸的文化领域的鲁迅形象。第三，在激烈的意识形态中认定鲁迅的立场，这也是当今受指责最多的鲁迅形象塑造方式。20世纪中国大陆出版的中国文学史对鲁迅形象的描述，经历了从单一专业领域向多方领域扩张而后又逐渐收缩的过程。较早出版的现代文学史，如陈炳堃的《最近三十年中国文学史》中的鲁迅，"一般人认他为现代中国文学的写实大家，和短篇小说的名手"①。而到了王哲甫的《新文学运动史》中的鲁迅形象就承担了超越作家的社会职能，"总之，鲁迅是新文化运动的健将；他也是天生的急进主义者。不管反对他的人如何攻击他，他在中国文坛上的地位，将永不会动摇的。在我们这暗无天日的国家里，凡事都是守旧落后的；要找几位头脑清晰，思想急进如鲁迅的革命家真不容易啊！"②再看五十年代王瑶的文学史，鲁迅不仅以他的作品代表了新文化的成就，而且还指引了未来文学的方向，他走过的道路更成为中国现代作家的榜样。鲁迅形象从作品所产生的精神价值到实践活动都赋予功能价值。钱理群等主编的《中国现代文学三十年》介绍鲁

---

① 陈炳堃：《最近三十年中国文学史》，上海太平洋书店1930年版，第270页。
② 王哲甫：《中国新文学运动史》，北平成杰印书局1933年版，第297页。

迅时，"鲁迅是 20 世纪中国伟大的思想家和文学家"①。这对比于浓厚意识形态化的鲁迅，已经是较为中性和理性的表达了。世纪之交出版的《中国现代文学史》对鲁迅的定位更为简略，"鲁迅，是现代小说的奠基人"②。与大陆的现代文学史中鲁迅形象相比较，海外的文学史对鲁迅形象的设置比较单纯。

其次，关于鲁迅的创作成果。在取得鲁迅是现代文学大家的共识前提下，不同文学史对其作品的评价存在很大差异。一个问题是鲁迅创作的哪些作品能成为现代文学典范。20 世纪 80 年代之前的大多数文学史，特别是以唯物史观和阶级论为主导思想编写的文学史看重鲁迅的小说，尤其注重其前期的小说，即收录在《呐喊》《彷徨》中的小说。绝大多数文学史都视《阿 Q 正传》为鲁迅最杰出的作品，如《中国现代文学三十年》、唐弢的《中国现代文学史》都有专门的一节，而司马长风的《中国新文学史》却颇有微词，如谈到《阿 Q 正传》时，他独辟蹊径地提出，"总括来说，鲁迅如不把阿 Q 当作一个人物，一开始就以寓言方式，把他写做民族的化身（那篇序自然要砍掉），那么会非常精彩，并且可消解以上所以批评"③。值得注意的是，20 世纪 80 年代后的文学史吸收了大量关于《野草》和《故事新编》的研究成果，在增添鲁迅创作成果的过程中也逐渐使鲁迅作为文学家的形象更丰满。另一个问题是关于鲁迅的作品题材的差异和分级。鲁迅的创作成果有两大题材，一是小说，二是杂文。鲁迅的杂文与惯见的散文有较大差别，这也成为鲁迅对于现代文学的又一贡献。在具有鲜明政治色彩的文学史著中，杂文的重要作用要更为突出，它直接面对社会现

---

① 钱理群等主编：《中国现代文学三十年》，北京大学出版社 1998 年版，第 37 页。
② 朱栋霖等主编：《中国现代文学史》，高等教育出版社 1999 年版，第 29 页。
③ 司马长风：《中国新文学史》上卷，昭明出版社有限公司 1980 年版，第 111 页。

实进行社会批判。在相对理性和多元的文化语境中，小说更为史家所关注。因为它进行社会观照时保持距离，并对社会现实进行过滤和提升。而海外出版的文学史则往往不认同鲁迅的杂文，夏志清就表达了对杂文的轻视："作为讽刺民国成立二十年来的坏风恶习来看，鲁迅的杂文非常有娱乐性，但是因为他基本的观点不多——即使是发挥得淋漓尽致——所以他十五本杂文给人的总印象是搬弄是非，啰啰嗦嗦"；司马长风则通过艺术标准否定了鲁迅杂文的价值，"其实在那个时代，他绝无意趣写什么散文，也更无意写什么美文，反之对于埋头文学事业的人，他则骂为'第三种人'，痛加鞭挞。在这里我们以美文的尺度来衡量他的杂文，就等于侮辱他了"①。对鲁迅作品迥然不同的评判和遴选结果，一则说明鲁迅作品内在的矛盾和丰富，二则也体现了阐释者本身所持的价值立场和审美标准间的差异。

第三，关于鲁迅的文学实践活动在文学史上的地位和价值。对于关注文学史的演变发展的文学史著，文艺实践活动催生了思潮的涌动和社团流派的兴起，这些材料很容易成为文学史的节点，因此，在此类史著中所占比重较大，而更关注文学内部结构调整和规律发展的文学史往往比较淡漠实践活动。因此，各种关注运动、思潮演变的文学史，和追寻历史发展的线性脉络的文学史中，鲁迅的文艺实践活动较为丰繁。如李何林的《近二十年中国文艺思潮论：1917—1937》中不仅把鲁迅确定为现代中国两大文艺思想家，而且还在第二编的革命文学的论争中，特意突出了"鲁迅的态度"，而丁易的《中国现代史略》中多处突出了鲁迅的在现代文学发展的每一阶段的文艺主张。司马长风的《中国新文学史》将鲁迅称之为"为人生的艺术"的大旗手，"所建

①　司马长风：《中国新文学史》中卷，昭明出版社有限公司1980年版，第148页。

理论较通顺，影响也广大"①，专门梳理了鲁迅文艺思想的演变过程。相反，更注重文学实绩来形成观点的文学史著对这一方面的评议就比较少，因为这类史著更倾向于把鲁迅视为文学家，更强调鲁迅在现代文学上独特的创造才能而不是"窃火"功能，而后人承传鲁迅的思想也该因作品而产生。就目前发掘的文学史材料而言，鲁迅在现代文学上的实践活动主要体现为三种方式，一是参与文艺论争，二是参与文艺理论建设，三是翻译域外文学。在许多情况下，前两类活动是相互缠结交织在一起的，尤其是20世纪30年代后鲁迅在上海的活动。鲁迅的文艺活动作为鲁迅本人的社会历史实践和话语实践，在文学史中的不同待遇都与各史家的具体的写作动机有关，也体现了文学史的话语权力和借用此权力进行操作的叙述规则。

文学史叙述隐含着话语权威。鲁迅形象的身份地位、文学创作和文学实践的三层次体例设置体现了现代文学史特定的历史情境，写作主体的活动方式。按照时间顺序排列的中国现代文学史的写作多采取"总分"的写作方式，先有某一时段的文学概况、文艺思潮和文学流派的全面和整体的呈现，然后按不同题材分析具体的作家作品。凡是采用此种体例编排的文学史，其实已设置了文学史上作家遴选的标准，隐含着对现代价值理念的认同，甚至以潜在的价值理念设定题材之间的等级、不同风格流派之间的差别。鲁迅处于新文学萌生期，以小说这种典型的现代文学样式的创作成果著称于世，在中国现代文学史上的地位不言而喻。现代文学史中"前话语"的设置也为读者和论者阐释和解读鲁迅设置了话语的范畴和界限。

中国现代文学史中鲁迅形象的变迁来自鲁迅研究的丰富和深化，

---

① 司马长风：《中国新文学史》上卷，昭明出版社有限公司1980年版，第238页。

文学史写作中"不虚美、不隐恶"的史家传统使得观点和立场的表达上更中性和克制，而高校中中国现代文学史的教学任务又使之更趋通识性，注重在接受主体中的影响。鲁迅作为不断产生新意义的文化原型，提供了不断延展的意义空间。对鲁迅在文学史中形象塑造的梳理与解读，有助于开拓鲁迅精神资源，为鲁迅研究的进一步深入提供借鉴。

# 后 记

这个课题是我完成的第二次系统性的学术思考。作为有幸进入人文学术研究的 70 年代生人，我自觉深受 20 世纪 80 年代浓厚人文理想的时代氛围和学术传统的影响，难以忘怀导师及前辈研究者的谆谆教诲，也难以改变对学术研究和著书立论的敬意，不敢轻慢，甚至惶恐。这一迟缓而沉重的状态持续了好多年。

本书为国家社会科学基金项目的结项成果。一开始面对鲁迅影像这一研究对象时，已明白这是需要突破单一领域或专业的跨学科的研究。随着课题的展开和深入，逐渐发现，此研究的跨度之大和困难之大在预期之外。不管是资料收集，史实的分析甄别，还是理路的把握，都有难度，常有种置身在荒野中又忽觉着身处幽闭暗室的错乱抓狂的感觉。在视觉文化的视野中、在鲁迅研究学术史的背景下来探讨中国当代鲁迅形象塑造，不是流于表层现象的梳理，就是各说各话。不管是既定的非常成熟的鲁迅研究的思维方式，还是分门别类的现当代文学研究和影视研究的专业思路，各自都难以完全整合，更不用说文学和影像两类不同的专业思维和研究方法了。而在深入问题和爬梳资料的过程中，随着对资料的细读和思考的深入，新的发现和观点不断出现。本计划以电影、电视作品为中心研究鲁迅形象的影像化表达，后来发现鲁迅影像的外延其实更大。当代中国鲁迅形象的影像流变中，传播面广、影响力大的连环画深刻地参与了当代中国的鲁迅形象的建构；随着视觉文化的发展，漫画和动画同样不可忽视。同时，鲁迅影像的传播不断地冲破民族、国别、文化和媒介的限制，超越我原初的问题的设定和概念的界定，不断地冲击原有的知识谱系和思维模式，直到我不得不放弃原有的体系和框架，重新思考鲁迅影像的内在逻辑、结构和表达。经历了困难和煎熬，才慢慢"孵化"出今天的结果，这份心境可能所有经历过同样过程的前辈和同人们都能感受。

　　虽然研究推进缓慢，但还是时有欣喜和收获。本课题的思考成果多次发表于学术会议，与学界的旧友新知进行讨论，不断地确认思路、调整方向，或被提问，或获认同，每次都有不同程度的收获，而后又是一番深入思考和修改完善。现在想来，这是非常可贵的过程。本书的部分内容已在《文艺研究》《现代文学研究丛刊》《学术月刊》《鲁迅研究月刊》《上海鲁迅研究》等国内重要期刊上发表。回顾自己曲折的研究过程以及获得的认可，猛然发现已在此领域不知不觉跋涉了一段长路，在殷切和充满期待的目光中不断地耕耘和收获。

　　欣喜之余，特别要感谢提供各种帮助的师友。已退休的史践凡导演和他的弟弟史近都先生，热情洋溢地接听我的电话，详尽地回顾了拍摄《鲁迅》时的具体情况，提供了大量史料，并给我很大的信心。复旦大学的张业松老师、神户大学的郑洲博士、郑州大学的王连旺老师、浙江传媒学院的陈佳沁老师，都曾经给我提供了宝贵的资料，并不辞辛苦帮忙核实材料。另外，还有大量的影像资料和图书资料都是学界朋友从国内外的图书馆、展览馆或阅览室搜集后复印或刻录，再邮寄给我，此中的繁杂和辛劳不一而足。他们的无私帮助使我拥有了相对充分的资料和坚实的研究基础。我的博士导师吴秀明先生给了我很大的勇气来深入这个课题，一直非常关心课题的进展。另外，我的研究也得到孙郁教授、刘勇教授、黄乔生教授、黄健教授、汪卫东教授、张全之教授、李浩先生和张曦女士的鼓励和支持。我的课题组成员给予我很大的支持和配合，还有我的研究生廖彩云、殷友香、白鹭、姜双超和黄临池也给予我很大的帮助。最后，感谢国家社科基金项目提供的资金支持。在课题展开过程中，我寻访鲁迅曾经的住所，绍兴、厦门、上海，甚至还跟随着鲁迅的足迹东渡日本，重走鲁迅当年走过的路，重去鲁迅当年去过的地方……通过生命的感受和理性的思考，不断地返回鲁迅本体，思考鲁迅形象的塑造，体验鲁迅与鲁迅世界的生命互动。我的鲁迅影像研究只是抛砖引玉，这一研究领域还有更大的开拓空间和更多的精彩。书稿的完成不应该意味着结束，而应该是新的开始。